Norbert Frei

1945 UND WIR

Norbert Frei

1945 UND WIR

Das Dritte Reich im Bewußtsein der Deutschen

Verlag C.H.Beck

© Verlag C. H. Beck oHG, München 2005
Satz: Fotosatz Janß, Pfungstadt
Druck und Bindung: Ebner & Spiegel, Ulm
Gedruckt auf säurefreiem, alterungsbeständigem Papier
(hergestellt aus chlorfrei gebleichtem Zellstoff)
Printed in Germany
ISBN 3 406 52954 2

www.beck.de

Inhalt

1945 und wir

Die Gegenwart der Vergangenheit

Soviel Hitler war nie. Die mediale Gegenwart des «Führers» sechs Jahrzehnte nach dem Ende des «Dritten Reiches» übertrifft nicht nur bei weitem seine öffentliche Präsenz in den Monaten vor dem «Untergang» im Bunker; sie läßt auch alle Hitler-Wellen der vergangenen Dekaden flach erscheinen. Eine Flut von Filmen, Fernsehbildern und Erinnerungen bringt uns, den Nachgeborenen, «1945» näher denn je.

Hitler und der Nationalsozialismus, so jedenfalls scheint es, bewegen nun schon die «dritte Generation», und gemessen am Ausstoß der Medien, nimmt das Interesse immer noch zu. Also alles in Ordnung? Oder zumindest alles wie gehabt? Richtig ist ganz sicher, daß nach wie vor kein anderes historisch-politisches Thema dieses Land in vergleichbarer Weise zu erregen vermag. Aber heißt das, die Deutschen halten Linie – und verteidigen einen Ruf: als Erfinder und Weltmeister der «Vergangenheitsbewältigung»? Oder ist, was unter diesem Rubrum verhandelt wird, inzwischen etwas ganz anderes als jene Kultur der selbstkritischen Auseinandersetzung mit der Vergangenheit, die sich seit Anfang der sechziger Jahre herausbildete und die Gesellschaft der Bundesrepublik jahrzehntelang prägte?

Tatsächlich geht eben eine Epoche zu Ende. Die Zeit des «Dritten Reiches» entschwindet der Zeitgenossenschaft, der Nationalsozialismus verabschiedet sich aus dem in unserer Gesellschaft präsenten Vorrat persönlicher Geschichtserfahrung. Gegen dieses Faktum postulieren viele, als ließe Unabwendbares sich aufhalten, mehr denn je die Pflicht des Erinnerns. Aber darin liegt ein Element der Selbsttäuschung, denn die Wahrheit

ist, daß fast niemand mehr sagen kann: «Ich erinnere mich!» Für
die allermeisten von uns ist die Hitler-Zeit keine erlebte Vergangenheit, sondern Geschichte. *History, not memory.*

Schwer zu sagen, mit welchem Ereignis wir später einmal jene
Zäsur in unserem Verhältnis zur NS-Geschichte verbinden werden, deren Entfaltung wir gerade erleben. Einiges spricht dafür,
daß es der Staatsakt werden könnte, mit dem in Berlin am
10. Mai 2005 das Denkmal für die ermordeten Juden Europas
eingeweiht wird. Symbolpolitisch hat es das noch nicht gegeben:
daß eine Nation im Zentrum ihrer Hauptstadt ihr größtes ge-
schichtliches Verbrechen bekennt. Nach mehr als eineinhalb
Jahrzehnten der Debatte markiert der Zeitpunkt, zu dem dies
nun geschieht – zwei Tage nach der 60. Wiederkehr des Kriegsendes in Europa –, auch für den Holocaust die Schwelle des
Übergangs von der Erfahrung zur Geschichte.

Gewiß, manche der Täter sind noch immer unter uns, und die
jüngsten ihrer Opfer, die damals überlebten, werden uns, zu unserem Glück, noch eine Zeitlang begleiten. Aber klar ist doch
bereits, wofür das Stelenfeld in der Nachbarschaft des Branden-
burger Tors fortan steht: für eine Zukunft der Vergangenheit,
die eine Gegenwart ohne die Überlebenden sein wird.

I.

Es ist dieser neu sich eröffnende vergangenheitspolitische Er-
wartungshorizont, vor dem die Entwicklungen der letzten Dekade plötzlich in einem schärferen Licht erscheinen. So ist es,
einerseits, entgegen mancherlei Befürchtungen zwar weder im
Symboljahr 1995 noch in den Jahren danach zu dem schon in
der Ära Adenauer regelmäßig herbeigewünschten «Schlußstrich» unter die Vergangenheit gekommen; andererseits aber
haben sich die Inhalte und Formen ihrer Vergegenwärtigung
dramatisch verändert, seit am 50. Jahrestag des Kriegendes ein
dem Bann des «runden» Datums geschuldeter zwölfjähriger

Turnus des Gedenkens zum Abschluß kam. Im Vergleich zu den medialen Aufbereitungen und Debatten über die NS-Geschichte, die uns seither beschäftigt haben, war, was am 8. Mai 1995 zu Ende ging, eine «komprimierte Inventur» dieser Vergangenheit, die sich noch ganz aus der Tradition der alten Bundesrepublik verstand[1].

Wie anders dagegen das seitdem vergangene Jahrzehnt: Es erwies sich, auf einen einzigen Begriff gebracht, als die Dekade der Zeitzeugen. Täter, Opfer und Mitläufer, sowohl in der historiographischen als auch in der medialen Vergegenwärtigung bis dahin vor allem als Kollektivsubjekte präsent, bekamen Gesichter. Anstelle geschichtlicher Ereigniskomplexe, Strukturen und Prozesse rückten die Menschen in den Vordergrund – ihr Leid wie ihre Verbrechen, ihre Handlungsspielräume wie deren Grenzen[2].

Welche Möglichkeiten der Veranschaulichung sich mit diesem Wechsel der Perspektive verbinden, demonstrierte Steven Spielberg bereits 1994 mit seinem weltweit erfolgreichen Kinofilm über den unheldischen deutschen Helden Oskar Schindler und die von ihm geretteten Juden[3]. Mit den bedrängenden Gewaltszenen von der Räumung des Krakauer Ghettos und der Kamerafahrt in die Gaskammern von Birkenau definierte *Schindlers Liste* die Grenzen des Zeigbaren neu. Hatte Spielberg sich damit über jenes Bilderverbot hinweggesetzt, das den letzten Akt des Judenmords lange umgab, so brach Daniel Goldhagen mit seiner «dichten Beschreibung» des Mordgeschehens und der Brutalität der «Direkttäter» bald danach die Sagbarkeitsregeln der Holocaust-Historiographie.

In dieselbe Richtung wirkten, trotz aller Unterschiede im einzelnen, die Hamburger Ausstellung über den Vernichtungskrieg der Wehrmacht, das Tauziehen um die Entschädigung von Zwangsarbeitern, aber auch die neueren Forschungen und Debatten über «Arisierung», Wiedergutmachung und Restitution[4]. Auf jedem dieser Felder ging und geht es um Konkretisierung und Veranschaulichung, und tatsächlich verfügen wir inzwischen über eine vordem unbekannte Nahsicht auf die Geschichte des «Dritten Reiches» und vor allem des Zweiten Weltkrieges.

Unser Augenmerk hat sich dabei verlagert. In den Mittelpunkt der Geschichte sind die Geschichten der Menschen gerückt, im Zentrum des Interesses stehen die Erfahrungen des einzelnen, aber auch die Schicksale von Familien und Gruppen. Politische und gesellschaftliche Zusammenhänge treten demgegenüber in den Hintergrund. Was fasziniert, sind Fragen nach Schuld und Verhängnis, und Antworten werden eher auf der Ebene des persönlichen Verhaltens gesucht denn im Funktionieren des Regimes[5]. Gesellschaftlich attraktiv geworden ist, kurz gesagt, die Moral in der Geschichte.

Eine Erklärung dafür liegt auf der Hand: Fragen, die den Generationen der Mitläufer und Täter jahrzehntelang nur um den Preis zu stellen waren, daß diese sie als Schuldbezichtigungen verstanden, sind inzwischen kaum mehr ein Problem. Das verschafft den Nachgeborenen Raum für genaueres Hinsehen, erlaubt es in gewisser Weise sogar erst – verleitet jedoch auch zu jenem kostenlosen Bekennermut, der sich der historischen Reflexion gerne in die Wege stellt: «Ich weiß nicht, wie ich mich verhalten hätte.» In der Tat, das können wir nicht wissen, doch heißt das ja nicht, daß wir nicht wüßten, wie wir uns hätten verhalten sollen[6].

Die ins Gewand der gütigen Nachsicht gekleidete Neigung zum wohlfeil verkürzenden Moralisieren ist natürlich weder neu noch auf die NS-Vergangenheit beschränkt. Dennoch birgt sie diesbezüglich ein besonderes Problem insoweit, als sie eine spezifische Form der Enthistorisierung von Geschichte begünstigt. Das gilt zumal dort, wo sie sich mit jener Hypostasierung der Figur des Zeitzeugen verbindet, die seit einiger Zeit vor allem in Hörfunk und Fernsehen, aber auch in der (auto)biographischen Literatur zu beobachten ist. Wenn einschlägige Produktionen sich immer stärker oder gar ausschließlich auf die vermeintliche

«Authentizität» der Zeitzeugen verlassen und deren persönlicher Deutungslogik folgen, dann hat das Konsequenzen für unser Geschichtsbild: Der Nationalsozialismus erscheint dann als ein System, das aus der Summe der retrospektiven Selbsterklärungen seiner (letzten) Zeitgenossen zu begreifen ist. Das aber kann nur wollen, wer den Rückfall in die Deutungsmuster der fünfziger Jahre nicht fürchtet, in denen sich die Deutschen als Hitlers erste – und eigentliche – Opfer verstanden[7].

II.

«Wer sind denn wirklich die Kriegsverbrecher?» So fragte rhetorisch, im Oktober 1952, Bernhard Ramcke beim ersten Nachkriegstreffen der Waffen-SS in Verden an der Aller. Die Antwort des Fallschirmjäger-Generals a. D. war damals weit über seine Zuhörerschaft hinaus populär: Jene, «die ohne taktische Gründe ganze Städte zerstörten, die die Bomben auf Hiroshima warfen und neue Atombomben herstellen»[8].

Solch scheinmoralische Kritik an den Siegermächten war Anfang der fünfziger Jahre im Westen Deutschlands keine Seltenheit, aber auch im Osten anzutreffen – dort freilich seitens des Regimes propagandistisch streng begrenzt auf das Stichwort «Dresden» und die Kriegführung von Briten und Amerikanern. Handelte es sich in der DDR um den «von oben» gelenkten Versuch, jüngstvergangene deutsche Leiderfahrung im Sinne der aktuellen Ost-West-Konfrontation politisch auszumünzen, so in der Bundesrepublik um das «von unten» artikulierte Verlangen nach Rücknahme der politischen Säuberungsanstrengungen der westlichen Alliierten, das in der Forderung nach Freilassung der seit 1945 verurteilten Kriegsverbrecher gipfelte. Unter der Oberfläche allerdings ging es in diesen Diskursen hier wie dort um mehr, nämlich um sozialpsychische Schuldentlastung auf sozusagen breitester Front.

Denn während die außenpolitische Räson der beiden neuen
Staaten es gebot, der «Opfer der nationalsozialistischen Gewaltherrschaft» beziehungsweise der «Opfer des Faschismus» zu gedenken, erwartete die Mehrheit der vormaligen Volksgemeinschaft wie selbstverständlich die Anerkennung *aller* ihrer Opfer
– auch jener, die sich für die Sache des Nationalsozialismus ge-
opfert hatten.

Das größte Interesse an dieser Politik der Schuldeinebnung
lag bei der um 1905 geborenen Funktionsgeneration des Nationalsozialismus, die die Geschicke der westdeutschen Gesellschaft
noch lange bestimmte (und auch im Osten nicht ohne Einfluß
blieb). Es war in aller Regel diese Altersgruppe, aus der – anders
als heute vielfach behauptet: keineswegs erst nach Jahrzehnten,
sondern regelmäßig seit Gründung der Bundesrepublik – das Argument des *tu quoque* und der Hinweis auf Bombenkrieg, Flucht
und Vertreibung kam, wenn sich das offizielle Bonn zu einem
verantwortungsvollen Umgang mit der «jüngsten Geschichte»
bekannte. Mit ihrer reflexartigen Schuldabwehr, die Besucher
wie Hannah Arendt schon in den ersten Nachkriegsjahren kon-
statierten[9], später mit dem beredten Schweigen auf die Fragen
der eigenen Kinder, verstellten sich wohl die meisten aus diesen
Jahrgängen, die an Hitler geglaubt und das System getragen hatten, die Möglichkeit einer echten Trauer auch über das eigene
Leid[10].

Die «skeptische Generation» der Wehler, Walser, Grass und
Habermas zog aus dieser Grundstimmung ihre eigenen Schlüs-
se. Dazu gehörte zunächst die Weigerung, sich dem Selbstmitleid der nach-nationalsozialistischen Volksgemeinschaft anzuschließen, seit den späten fünfziger und frühen sechziger Jahren
dann aber auch zunehmend der Mut, dem fortlebenden Hang
zur Apologie einen anderen, aufklärerischen Diskurs entgegen-
zustellen[11]. «Herrschaftsfrei» war daran freilich wenig; den einstigen Flakhelfern und jungen Frontsoldaten ging es, wie bald
darauf den Achtundsechzigern, um politisch-kulturelle Hege-

monie, die sich nicht zuletzt im richtigen – und das hieß: selbst-kritischen – Sprechen über die Vergangenheit manifestierte.

Für die «deutschen Opfer», für die Bomben- und Vertrei-bungstoten, auch für die gefallenen Soldaten, war in diesem neuen Diskurs tatsächlich wenig Platz – wenngleich, wie die flo-rierende Verbandspublizistik und nicht zuletzt die offiziösen Großdokumentationen über Flucht und Kriegsgefangenschaft belegen, von einer «Tabuisierung» keine Rede sein konnte[12].

Aber der Entschluß der damals um die dreißigjährigen, links bis liberal gesinnten Intellektuellen, den Oktroi des Westens als «zweite Chance» (Fritz Stern) zur Demokratie kraftvoll zu nut-zen, bedurfte einer gewissen Selbstimmunisierung: auch durch die Zurückweisung falsch gestellter Fragen und revisionistischer Antworten.

Aus dieser Einsicht in die demokratiepolitisch notwendige Unterscheidung zwischen privater Erinnerung und staatlicher Geschichtsrepräsentation erklären sich die Stärken wie manche Schwächen jener altbundesrepublikanischen «Vergangenheits-bewältigung», die sich als Gegenentwurf zur fortgesetzten Ver-drängung herausbildete und inzwischen selbst schon Historie geworden ist. Wer ihren gesellschaftlichen Nutzen im Rück-blick bewerten möchte, tut gut daran, die denunziatorische Opposition der Verstockten in Rechnung zu stellen, die in der kritischen Auseinandersetzung mit der Vergangenheit über Jahrzehnte hinweg stets nur eine schwarze Pädagogik der «Umerziehung» erblickten, die den nationalen Selbstbehaup-tungswillen der Deutschen unterminiere[13]. Vielleicht spielte das Nachlassen dieser Abwehrhaltung eine Rolle, ganz sicher aber die veränderte Generationenkonstellati-on und ein die Selbstversöhnung des Alters suchender Blick auf die eigene Biographie, wenn sich im Laufe der neunziger Jahre manche ihrer ursprünglichen Verfechter vom Ethos der «Ver-gangenheitsbewältigung» zu distanzieren begannen. Jedenfalls war jene Selbstentpflichtung aus dem «Erinnerungsdienst», die Martin Walser 1998 in der Paulskirche vortrug[14], nur das spektakulärste Beispiel für sich wandelnde Positionen. Die Suche nach einem Verhältnis zu unserer Vergangenheit, das den neuen Konstellationen angemessen scheint, ist seitdem eröffnet. Vielen geht es dabei, wie Günter Grass in seiner Novelle über den Untergang der «Wilhelm Gustloff»[15], offenbar um mehr Verständnis für die Erfahrungen und Zwangslagen des einzelnen – und um nachgetragene Empathie (auch) für die Opfer unter den Deutschen. Irritierend an diesem «Krebsgang» bleibt allerdings Grass' rhetorischer Trick, in der Gestalt des «Alten» sich selbst als Überwinder eines ungerechtfertigten «Tabus» zu feiern – nämlich der angeblichen Vernachlässigung des Leids der Vertriebenen. Fast mußte man den Eindruck bekommen, als habe der Nobelpreisträger seine *Blechtrommel* beiseite gestellt und eifere der frivolen vergangenheitspolitischen Egozentrik seines Altersgenossen Walser nach.

Inzwischen zeichnet sich deutlicher ab, was bereits in der nicht sonderlich großen, aber signifikanten Gruppe der Soldatensöhne zu beobachten war, die seinerzeit gegen die «Wehrmachtsausstellung» demonstrierte: Auch in Teilen der Achtundsechziger-Generation, nicht zuletzt bei denen, die sich einst als Revolutionäre begriffen, wächst die Bereitschaft zum milderen Urteil, ja zur Revision. Der radikale Perspektivenwechsel – von den Opfern der Deutschen zu den Deutschen als Opfern –, wie ihn der vormalige Linksaußen Jörg Friedrich mit seinen expressionistischen Kaskaden über den Bombenkrieg zelebriert[16], mag immer noch die Ausnahme sein. Aber wer ein wenig darauf achtet, der vernimmt aus Kreisen, die einstmals alles, gerade auch das Private, für «politisch» hielten, unterdessen vielfach erstaunlich unpolitische Töne einer privatistischen Geschichtsbetrachtung, in der sich die Unterschiede zwischen Tätern, Opfern und Mitläufern verwischen.

Wo man vor drei Jahrzehnten (meist vergeblich) nach dem

«roten Großvater» fahndete, dominiert mittlerweile der Wunsch nach Aussöhnung mit den alten Eltern. Und wo diese nicht mehr möglich ist, entdeckt sich – wir leben im Zeitalter der Opferkonkurrenz – neues Leid aus der Scham über die vertane Chance. Entsprechend mahnt eine pathetische Psychohistorie, den «letzten Zeitzeugen» Gehör zu schenken. Unter dem Motto: «Bevor es zu spät ist», geht es nicht mehr nur um Gespräche mit Überlebenden der nationalsozialistischen Verfolgung, sondern ganz unterschiedslos – und gleichwohl emphatisch – um «Begegnungen mit der Kriegsgeneration»[17]. Die deutsche Gegenwartsliteratur reagiert auf dieses Bedürfnis nach weicheren Bildern mit dem grassierenden Genre des «Familienromans»[18].

Doch nicht allein in Büchern wird den Mitläufern und Tätern, die zu Opfern wurden, das späte Mitgefühl ihrer Kinder zuteil; die Therapeutenszene kennt augenscheinlich viele Deutsche der «zweiten Generation», die als «Täter-Kinder» nun versuchen, ihre Väter und Mütter zu verstehen. Die Psychodynamik der Generationenfolge will es, daß sich für die Kinder des Krieges mit dem Verschwinden der letzten aus den Jahrgängen ihrer Eltern die Perspektiven auf die Vergangenheit noch einmal deutlich verändern – bis hin zur Chance, sich selbst und die eigene Kohorte als Opfer zu erkennen: des Bombenkriegs, der Vertreibung, der ererbten Schuldgefühle. Die Identifikation mit den Opfern des Holocaust, einstmals Ausdruck einer bewußten Distanzierung von der Elterngeneration, tritt darüber offenbar in den Hintergrund[19].

Die Folge davon ist ein vielschichtiger Prozeß der Diffusion, wenn nicht des Transfers von Empathie. Denn nicht nur rücken die Deutschen der «ersten Generation» in der Wahrnehmung ihrer Kinder dorthin zurück, wo sie sich selbst am Ende der Hitler-Zeit gesehen hatten, nämlich an die Seite oder gar an die Stelle der Opfer des Nationalsozialismus; darüber hinaus erheischt die «zweite Generation» – für sich selbst und für ihr

Bild von ihren Eltern – die Anerkennung der eigenen Kinder, mithin der «dritten Generation». Damit stehen, weil die Täter fast ausnahmslos gestorben sind[20], den wenigen noch lebenden Opfern des Holocaust und anderer nationalsozialistischer Verbrechen sowie deren Kindern und Kindeskindern inzwischen immer mehr Deutsche gegenüber, die sich ihrerseits als Opfer begreifen.

III.

Seit die Flakhelfer abgewählt sind, seit dem Ende der Ära Kohl, hat ein neuer Ton im Umgang mit der Vergangenheit auch Einzug in die Politik gehalten[21]. Dabei ist es von verstörender Ironie zu sehen, mit welchem Behagen sich die Generation Schröder im Gnadenstand jener «späten Geburt» einrichtet, von der, seine Dankbarkeit zum Ausdruck bringend, der vormalige Hitler-Junge Günter Gaus gesprochen hatte, noch ehe sich ein nur wenig älterer Helmut Kohl damit in Israel blamierte[22].

Doch das ist 20 Jahre her. Seitdem sind weitere Verkündigungen des «Endes der Nachkriegszeit» ins Land gegangen und der Nachfolger im Kanzleramt des «neuen Deutschland» (auch dies schon ein Kohl-Wort von damals[23]), kann vieles äußern, was seinem Vorgänger noch reichlich übelgenommen worden wäre – zum Beispiel den bei Amtsantritt formulierten Wunsch nach einem Holocaust-Denkmal, zu dem die Menschen «gerne hingehen»[24]. Wenn Gerhard Schröder im Irak-Konflikt einen selbstbewußten «deutschen Weg» bezeichnet, wenn er auf einem ständigen Sitz im UN-Sicherheitsrat beharrt – für Deutschland, nicht für Europa – und in der Normandie aus Anlaß des 60. Jahrestages der alliierten Invasion postuliert, für eine Nation zu sprechen, die «den Weg zurück in den Kreis der zivilisierten Völkergemeinschaft» gefunden hat[25], dann ist das alles keineswegs nur die Konsequenz einer durch den Epochenbruch von 1989/90 objektiv veränderten politischen Lage. Es ist vielmehr auch Ausdruck einer subjektiv als derart groß erlebten Distanz zum «alte[n] Deutschland jener finsteren Jahre», daß sogar ein neues Spiel auf der Klaviatur des symbolpolitisch wieder für attraktiv gehaltenen Patriotismus erlaubt zu sein scheint.

Gerhard Schröder, Halbwaise, Jahrgang 1944, aufgewachsen in prekären materiellen Verhältnissen, hat beste Aussichten, zum heimlichen Repräsentanten jener rasch sich ausbreitenden Erinnerungsgemeinschaft der Kriegskinder[26] zu werden, deren Selbsterfindung wir gerade erleben: «Das Grab meines Vaters, eines Soldaten, der in Rumänien fiel, hat meine Familie erst vor vier Jahren gefunden. Ich habe meinen Vater nie kennenlernen dürfen.»[27] – Wer als Staatsmann in diesem Modus des Privaten über die Geschichte spricht, der bekennt sich damit nicht nur zu einer kohortentypischen «Schicksalslage» (Schelsky), der wirkt auch mit an einer Umcodierung der Vergangenheit. In deren Mittelpunkt schieben sich nun: die Deutschen als Opfer.

Dort aber liegen auch die Intentionen jenes «Zentrums gegen Vertreibungen», dessen Errichtung die Vorsitzende des Bundes der Vertriebenen, Erika Steinbach, Jahrgang 1943, seit einiger Zeit mit aller Macht verfolgt. Die beträchtliche mediale Resonanz, die das Projekt im Zeichen des Übergangs von der «Erlebnis-» zur «Bekenntnisgeneration» der Vertriebenen erfährt[28], ist zweifellos einer der Gründe dafür, daß die Bundesregierung dagegen bisher nur parteitaktische Ablehnung zu formulieren wagte, aber kaum inhaltliche Kritik. Ungeachtet der gravierenden Bedenken vieler in- und ausländischer Fachleute[29], vor allem aber auch gegen die öffentliche Meinung in Polen und Tschechien, soll das Zentrum nun im nationalen Alleingang realisiert werden – und zwar in Berlin, in demonstrativer Konkurrenz zum Denkmal für die ermordeten Juden Europas und zu anderen, zum Teil erst noch entstehenden Erinnerungsstätten für die Opfer der NS-Verbrechen, darunter dem Denkmal für die ermordeten Sinti und Roma. Steinbachs wiederholte Beteuerungen, man wolle mit der Stiftung die europäische Dimen-

sion der Vertreibung betonen und ein «weltweit» wirkendes
Instrument schaffen, «das dazu beiträgt, Vertreibung und Genozid grundsätzlich als Mittel von Politik zu ächten»[30], wirken vor
diesem Hintergrund wenig überzeugend. Die Verheerungen,
die das Vorpreschen der Vertriebenenfunktionärin und ihre
unklare Haltung zu den Restitutionsforderungen einer hoch-
obskuren «Preußischen Treuhand» in den deutsch-polnischen
Beziehungen angerichtet haben, bedeuten nicht zuletzt einen
schweren Rückschlag für die Bemühungen um ein gemeinsames
europäisches Geschichtsbewußtsein hinsichtlich des Zweiten
Weltkriegs und seiner Folgen.

Doch die Erinnerung an die Verbrechen des Nationalsozialismus ist unterdessen noch auf einer anderen Ebene der Relativierung ausgesetzt, auf der es ebenfalls um deutsche Opfer geht:
nämlich mit Blick auf die Verbrechen des Stalinismus. Das Problem liegt dabei nicht so sehr, wie noch zu Zeiten des Historikerstreits, in der Frage der «Singularität» des Holocaust und der
Legitimität des Vergleichens, sondern in dem nivellierenden
Anspruch auf Anerkennung einer «doppelten Diktatur». Wo
historisch-politischer Verantwortungssinn es gebietet, auf Ab-
folgen, Kausalitäten und Dimensionen des Terrors zu achten,
neigt eine vor allem in Ostdeutschland (natürlich nicht bei der
PDS) populäre Opferperspektive zur Entdifferenzierung des
Gedenkens. Ausgangspunkt ist dabei das Gefühl, die Stätten
politischer Verfolgung unter der sowjetischen Besatzung und in
der DDR erführen weniger Beachtung und finanzielle Förderung als die Orte der Erinnerung an die Verbrechen des Nationalsozialismus.

Im Deutschen Bundestag hat diese Auffassung ihren Niederschlag in einem Antrag gefunden, mit dem die Unionsfraktion –
symbolträchtig am 17.Juni 2004 – ein «Gesamtkonzept für ein
würdiges Gedenken aller Opfer der beiden deutschen Diktaturen» verlangte. Der «millionenfache Mord an den europäischen
Juden» werde zwar, so hieß es in einer erst nach Protesten in die

Vorlage aufgenommenen, nicht nur sprachlich mißlungenen salvatorischen Klausel, «immer ein spezielles Gedenken erfordern»; im übrigen aber seien beide deutschen Diktaturen «von einer Gewaltherrschaft geprägt [gewesen], die sich in der systematischen Verfolgung und Unterdrückung ganzer Bevölkerungsgruppen manifestiert hat». Die Sorge, daß eine solche Argumentation auf angleichende Deutung zielt, die kategorialen Unterschiede von Gewalt und Genozid verwischt und im übrigen zum Thema Zustimmung, Regimeloyalität und Täterschaft kein Wort verliert, vermag auch der Hinweis nicht zu zerstreuen, mit dem der einstige DDR-Bürgerrechtler Günter Nooke den Antrag im Parlament einbrachte: «Es steht ohne Zweifel: Bautzen ist nicht Auschwitz!»[31]

Diese Rhetorik der Platitüden ist Teil des Problems, das zu lösen sie vorgibt. Ihr Ziel ist eine politische Diskursverlagerung und die staatliche Kanonisierung eines «nationalen Gedenkens», das die historischen Proportionen zugunsten der Erinnerung an die Opfer des deutschen Kommunismus – und nicht zuletzt: an die Vorkämpfer seiner friedlichen Überwindung – verschiebt. Anstelle der deutschen Täter und Mitläufer sollen die deutschen Opfer und Freiheitshelden in den Vordergrund treten, und dazu paßt, daß die Antragsbegründung drei weitere «Ereignisse und Themenkomplexe» aufzählt, die «in der Erinnerungskultur der Deutschen zu Recht einen herausgehobenen Platz beanspruchen»: die «Opfer von Flucht und Vertreibung», die «zivilen Opfer der alliierten Luftangriffe» sowie die «friedliche Revolution und Wiederherstellung der staatlichen Einheit»[32].

Bereits vor dieser aufschlußreichen Geschichtsdebatte des Bundestages, die im Ausland kritischere Beachtung als im Inland fand[33], hatte im Februar 2003, von einer breiteren Öffentlichkeit ebenfalls kaum registriert, der sächsische Landtag ein Gedenkstättengesetz verabschiedet, dessen «Analogisierung und Relativierung von NS-Verbrechen gegenüber denen des Stalinismus

und der Staatssicherheit der DDR» den Zentralrat der Juden in
Deutschland zur Aufkündigung seiner Zusammenarbeit mit der
Stiftung Sächsische Gedenkstätten bewog[34]. Auch die Empö-
rung des stellvertretenden Zentralratsvorsitzenden Salomon
Korn über die ethnozentrische Rede der vormaligen lettischen
Außenministerin und nachmaligen EU-Kommissarin Sandra
Kalniete, die im Frühjahr 2004 auf der Leipziger Buchmesse
«Nazismus und Kommunismus» als «gleich kriminell» bezeich-
net, von der Beteiligung der Letten am Holocaust jedoch ge-
schwiegen hatte, stieß in den deutschen Feuilletons auf wenig
Unterstützung – ganz zu schweigen von den herben Reaktionen
auf Korns Plädoyer gegen die auf Wunsch des Bundeskanzlers
von der Stiftung Preußischer Kulturbesitz präsentierte «Friedrich Christian Flick Collection» in Berlin[35].

Schröders dortige Eröffnungsrede demonstrierte, wie frei
sich der Kanzler im Umgang mit der deutschen Vergangenheit
fühlt: Nicht nur rechtfertigte er die Entscheidung zugunsten
Flicks, dabei Ursache und Wirkung vertauschend, als eine «Ga-
rantie» gegen «Geschichtsvergessenheit»; seinen Kritikern er-
teilte er auch noch Zensuren: «Die öffentliche Debatte, die um
die Ausstellung und ihren Sammler entbrannt ist, ist produktiv
– jedenfalls gelegentlich – und auch lehrreich – nicht immer.»[36]
In den Medien verlief die Sache am Ende so, wie Schröders *spin
doctors* sich das gewünscht haben mußten: im Sande, aber nicht
folgenlos.

Denn inzwischen gilt Gerhard Schröders Auftritt vor der
Flick-Collection manchen Beobachtern bereits als Glied in
einer Kette, die mit den Veranstaltungen zum 60. Jahrestag des
D-Days und des Warschauer Aufstands begann und außenpoli-
tisch mit der Teilnahme an den Moskauer Feierlichkeiten zum
9. Mai 2005 ihren Abschluß finden soll: «Bausteine einer Neu-
positionierung Deutschlands – einer sehr bewußten Vergangenheitspolitik», so ein Kommentator des ZDF[37]. Und unter der
Überschrift «Schlußstrich mit links» feierte im *Stern* einer der

treuesten journalistischen Interpreten des Kanzlers diesen ob
seines Eintretens für Flick gar als «Erlöser, der Schluß macht
mit vergangenheitsverhafteter Selbstkasteiung. Die Bürde der
NS-Verbrechen wird umgeladen von der Schulter drückender
Schuldgefühle auf die Schulter historischer Verantwortung –
und damit leichter»[38].
Das Ende der Schuld scheint also nahe, und von links bis
rechts sind die Erwartungen an diesen Zustand groß. Einem
Land, in dem keine Täter mehr leben, eröffnen sich, so die Au-
guren, bisher nicht gekannte Chancen. Vielleicht noch größer
als in der Politik, wo Europa Halt und Rahmen gibt, sind die
Hoffnungen in der Wirtschaft, deren Wortführer auf den Abschied von «deutscher Selbstzerstörung» durch zuviel Geschichte[39] setzen und wo die erzwungene Zwangsarbeiterent-
schädigung als abgehakter letzter Akt auf dem Weg zu fürderhin
ungestörten Geschäften mit dem Ausland gilt. Von dem Auf-
bruch in eine Unternehmenskultur, die Anfang der neunziger
Jahre Selbstaufklärung und historische Bewußtseinsbildung versprach, ist denn auch kaum mehr geblieben als ein Dutzend un-
gelesener Konzerngeschichten.
Noch unausgegoren, aber unübersehbar, macht sich ein neues Geschichtsgefühl breit[40]. Gewiß, die politisch-normative
Großdeutung der Kapitulation des Deutschen Reiches wird
auch im Abstand von sechzig Jahren der Linie folgen, welcher
Richard von Weizsäcker 1985 – spät genug – zur Durchsetzung
verhalf und die nach einer weiteren Dekade im Westen
Deutschlands so befestigt war, wie sie im Osten bezweifelt wurde: der 8. Mai 1945 als Tag der Befreiung. Doch wenn nicht alle
Zeichen trügen, dann leben wir, was unseren Umgang mit der
Vergangenheit betrifft, in einem Gezeitenwechsel.
Im Unterschied zur Zeitgenossenschaft, die nun ihren Abschluß findet, ist die «Arena der Erinnerungen»[41] gerade
eröffnet. Denn das «Zeitalter des Gedenkens», für dessen Entstehen «Auschwitz» die erste und entscheidende Ursache war[42],

kommt nicht zu Ende, aber es geht nicht mehr in diesem Ur-
sprung auf. In einer Welt vernetzter Gedächtnisse und globaler
Imagologien ist der Holocaust zu einer Metapher geworden,
die für vieles stehen kann, und Hitler – auch – zur Gruselgröße
einer multimedialen Populärkultur[43].

Eine angemessene – und das heißt nicht zuletzt: auf sich ver-
ändernde Fragen Auskunft gebende – Vergegenwärtigung der
nationalsozialistischen Vergangenheit bleibt auch im 21. Jahrhundert politisch-moralisches Gebot und intellektuelle Heraus-
forderung. Nötig allerdings ist dazu Wissen, nicht nur die Bereitschaft zur Erinnerung. Mit Blick auf eine Gegenwart, die
kein persönliches Erinnern an die NS-Zeit mehr kennen wird,
sind deshalb neue Anstrengungen gefragt. Das ist im übrigen
nicht allein eine Frage unseres kulturellen Selbstverständnisses,
sondern von praktischem Sinn und politischem Nutzen: Denn
nur dort, wo aufgeklärtes Geschichtsbewußtsein entsteht, wird
der Abbau kollektiver Mythen möglich, die Europa auch sechs
Jahrzehnte nach dem Ende des Zweiten Weltkriegs noch be-
schweren.

Deutsche Lernprozesse

NS-Vergangenheit und Generationenfolge seit 1945

Im Unterschied zu den zwölf Jahren des «Dritten Reiches» ist die um ein Vielfaches längere Nachgeschichte des Nationalsozialismus erst seit den neunziger Jahren des vergangenen Jahrhunderts zu einem eigenständigen Thema der zeitgeschichtlichen Forschung in Deutschland geworden. Schon deutlich früher allerdings galt die Bereitschaft zur Auseinandersetzung mit der NS-Vergangenheit vielen ausländischen Beobachtern, ebenso wie vielen Deutschen selbst, als ein charakteristisches Merkmal der politischen Kultur der Bonner Republik.

Einen Höhepunkt dieser Fremd- und Selbstwahrnehmung brachte das Frühjahr 1989. Damals wurde die Bundesrepublik 40 Jahre alt, und niemand ahnte, daß ihr im allgemeinen Sprachgebrauch sehr bald schon das Attribut «alt» beigegeben würde. Im Mai 1989 feierte sich die zweite deutsche Demokratie – und ließ sich feiern: «Ein Staat ist angekommen», brachte die *Süddeutsche Zeitung*[1] die Stimmung durchaus optimistisch auf den Punkt. Gemeint war: angekommen bei den Bürgern und angekommen im Westen, als ein in vielerlei Hinsicht erfolgreiches und vor allem politisch stabiles Gemeinwesen. Wo nach den Prämissen dieser Erfolgsgeschichte gefragt wurde, lautete die Antwort jetzt immer auch, und zwar keineswegs erst unter ferner liefen: Zu den Grundlagen dieses Erfolgs gehöre die überzeugende Abkehr *von* und der fortdauernde selbstkritische Umgang *mit* der nationalsozialistischen Vergangenheit.

Rund ein Jahrzehnt später, kurz vor seinem Tod Anfang März 2000, veröffentlichte der Kölner Soziologe Alphons Silbermann ein kleines Buch, das die Ergebnisse einer Befragung prä-

sentiert, die erkunden sollte, was «Auschwitz» der zweiten und
dritten Nachkriegsgeneration in Deutschland bedeutet. 72 Prozent der Befragten – und zwar fast unterschiedslos durch alle
Altersgruppen hindurch – antworteten, sie hielten es «auch
heute noch» für «sehr wichtig» oder für «wichtig», an die, so
die Formulierung der Sozialforscher, «Menschenverfolgungen
und Massentötungen im Dritten Reich» zu erinnern (weitere
18 Prozent hielten das für weniger wichtig, 9 Prozent hielten es
für völlig unwichtig)[2].
Im Kern dürfte dieser Befund weiterhin Gültigkeit haben.
Vermutlich würde sich bei einer erneuten Umfrage eine Mehrheit der Deutschen nach wie vor zu der Notwendigkeit beken-
nen, die Auseinandersetzung mit der nationalsozialistischen
Vergangenheit fortzuführen. Das aber würde nur bestätigen,
was wir ohnehin zu wissen meinen: daß sich mit der Erfahrung
des Nationalsozialismus auch in einer größer gewordenen Bundesrepublik ein wesentliches Moment ihrer politisch-kulturellen
Selbstidentifikation verbindet.
In diesem Sinne wurde auch die breite Ablehnung, auf die im
Frühjahr 2003 der Irak-Krieg in Deutschland gestoßen ist, als
Indiz einer historischen Lernleistung gedeutet: als eine Lernleistung überdies, in der die in Ost und West über vier Jahrzehnte
durchaus markant verschiedenen Formen der Vergangenheits-
verarbeitung[3] ihren gemeinsamen Ausdruck gefunden hätten.
Als Historiker wird man solchen sehr direkten Kausalitätsvor-
stellungen mit Vorsicht begegnen. Dafür spricht zum einen, daß
der Krieg gegen den Irak auch in anderen europäischen Gesell-
schaften auf massive Kritik gestoßen ist. Für eine zurückhalten-
dere Einschätzung spricht aber auch die hiesige Konstellation
vor beziehungsweise während des Kosovo-Krieges 1999. Denn
damals gelang es der neuen rot-grünen Bundesregierung bekanntlich, die gerade in ihrer Wählerschaft zu erwartende Opposition gegen eine militärische Intervention in Rest-Jugosla-
wien weitgehend zu entkräften. Möglich wurde dies unter dem

Eindruck eines tatsächlich oder vermeintlich drohenden Völkermords – und in diesem Zusammenhang nicht zuletzt dadurch, daß der bis dahin nahezu unangefochtene oberste Lernsatz deutscher Vergangenheitsbewältigung eine Zurückstufung erfuhr: An die Rangstelle von «Nie wieder Krieg» trat «Nie wieder Auschwitz».

Diese signifikante Umcodierung im historischen Lernprogramm der Deutschen hat seinerzeit keiner offensiver vertreten als ihr notorisch populärer Außenminister. Im Rückblick erweist sich, daß Joschka Fischer damit auf der Ebene der praktischen Politik jenen Wechsel der Deutungsperspektiven vollzog, der sich in der bundesrepublikanischen Gesellschaft seit längerem vorbereitet hatte – und zwar sowohl generationell als auch kulturell.

War in der Debatte um den Kosovo-Einsatz der Bundeswehr schlagartig offenbar geworden, daß die alten Merksätze vergangenheitskritischen Bewußtseins auf die neuen Gegebenheiten und politischen Herausforderungen in Europa nicht mehr recht paßten, so hat sich dieser Eindruck seitdem angesichts forcierter Entwicklungen im Bereich der Menschenrechts- und Völkerrechtspolitik verfestigt. Zu nennen sind hier vor allem der Internationale Strafgerichtshof in Den Haag sowie das *Stockholm International Forum on the Holocaust* vom Januar 2000 und die damit verbundenen edukatorischen Bemühungen, einschließlich der Bestrebungen für eine globale Genozidprävention.

Wie immer man diese Initiativen und Projekte im einzelnen bewerten mag: Es zeichnet sich ab, daß der Umgang mit der nationalsozialistischen Vergangenheit in Deutschland von alledem nicht unbeeinflußt bleiben wird. Manches spricht dafür, den Prozeß einer Neujustierung des gesellschaftlichen Verhältnisses zu dieser Vergangenheit sogar bereits in vollem Gange zu sehen.

Gleichwohl ist schwer zu sagen, wie sich die Zukunft der NS-Vergangenheit gestalten wird[4]; nicht nur für den Historiker dürfte sich in diesem Zusammenhang die Rekapitulation des Gewesenen empfehlen. Im folgenden soll deshalb eine Skizze der Geschichte des politischen und kulturellen Umgangs mit der NS-Vergangenheit in der Bundesrepublik mit einem Vorschlag zur Periodisierung dieser Geschichte verbunden werden[5]. Anlaß, nach spezifischen Abschnitten in der langen «Nachgeschichte» des «Dritten Reiches» zu fragen, besteht nicht zuletzt angesichts der *für* ihren Verlauf offenkundig bedeutsamen – und *in* ihrem Verlauf sich permanent verändernden – Generationenkonstellationen. In der Schlußphase des Abschieds von den Zeitgenossen der NS-Zeit[6] ist dieser bisher wenig beachtete Gesichtspunkt vielleicht sogar von besonderem Gewicht.

Hinsichtlich der Periodisierung des Umgangs mit der NS-Vergangenheit soll eine *Phase der politischen Säuberung (I)* zwischen 1945 und 1949 unterschieden werden von der mit Gründung der Bundesrepublik beziehungsweise der DDR einsetzenden *Phase der Vergangenheitspolitik (II)*. Letztere prägte maßgeblich die fünfziger Jahre – nicht nur, aber vor allem im Westen, dessen Betrachtung hier im Vordergrund steht – und wurde seit den späten fünfziger Jahren sukzessive abgelöst von einer langen *Phase der Vergangenheitsbewältigung (III)*, die erst Ende der siebziger Jahre ausklang, insgesamt also etwa zwei Jahrzehnte prägte. Die Zeit danach ist noch weniger leicht auf einen klaren Nenner zu bringen; einem Vorschlag von Aleida Assmann[7] folgend, soll sie als *Phase der Vergangenheitsbewahrung (IV)* bezeichnet werden. Gemeint ist damit jene bis in die Gegenwart reichende Entwicklung, in der an die Stelle einer bis dahin stark politisch überformten Auseinandersetzung um die NS-Vergangenheit zunehmend das inzwischen vorwaltende Bemühen um ihre kommemorative Vergegenwärtigung trat. Anders gesagt: Der letzte Phasenwechsel ist charakterisiert durch den Übergang vom Erinnerungskampf zur Erinnerungskultur.

Im Blick auf diesen Übergang ist die Bedeutung des Generationenaspekts evident. Aber er ist auch in den genannten früheren Phasen auszumachen – jedenfalls sofern man, zugegebenermaßen etwas schematisch, von einer spezifischen Abfolge von Erfahrungsgenerationen ausgeht:

– Nämlich erstens von der Generation der um 1905 Geborenen, die als die *Generation der NS-Funktionseliten* bezeichnet und recht deutlich abgehoben werden kann von der Generation der zumeist etwas älteren eigentlichen Führungsfiguren der NS-Bewegung.

– Als die zweite Erfahrungsgeneration stellen sich die um 1925 Geborenen dar, bis in den allgemeinen Sprachgebrauch hinein bekannt als die sogenannte *skeptische Generation* der ehemaligen Flakhelfer und jungen Frontsoldaten.

– Auch die dritte Erfahrungsgeneration, bestehend aus den um 1945 geborenen Kriegs- und Nachkriegskindern, trägt als *Generation der Achtundsechziger* seit langem ein Etikett.

– Bliebe man in dem damit vorgezeichneten 20-Jahres-Rhythmus, so ergäben sich rechnerisch mit den um 1965 und den um 1985 Geborenen zwei weitere Generationen. Leichter als die Benennung von Unterschieden fällt es allerdings, für die heute Vierzig- und Zwanzigjährigen eine wichtige Gemeinsamkeit zu konstatieren: Beide Alterskohorten haben die Auseinandersetzung mit der NS-Vergangenheit seit ihrer Kindheit als kulturelle Praxis erlebt, und für beide fand diese Lernerfahrung noch in der Gegenwart von Zeitgenossen der NS-Zeit statt[8]. Zumindest letzteres wird für die nächste Generation nicht mehr gelten.

I.

Die Geschichte des Umgangs mit der NS-Vergangenheit beginnt im Grunde genommen noch während des Zweiten Weltkriegs, nämlich mit den alliierten Nachkriegsplanungen für Deutschland. Dabei stand die Abrechnung mit dem Nationalsozialismus weit oben auf der Tagesordnung. Gewiß galt diesem

Problem – um es mit dem Titel der berühmten Schrift von Hans Rothfels zu sagen – auch die Aufmerksamkeit der «deutschen Opposition gegen Hitler»[9]. Aber im Frühjahr 1945 wurde doch rasch klar, daß die Alliierten den einheimischen anti- oder nichtnationalsozialistischen Kräften bei der politischen Säuberung allenfalls eine Nebenrolle unter strenger Aufsicht zubilligen würden.

Insofern erscheint es sinnvoll, ja notwendig, die unmittelbaren Nachkriegsjahre als eine *erste Phase* des Umgangs mit der NS-Vergangenheit zu verstehen, in der das Gesetz des Handelns nahezu ausschließlich auf seiten der Siegermächte lag. Die folgenden Stichworte mögen andeuten, daß es zu kurz greift, diese *Phase der Säuberungspolitik* allein unter dem vereinfachenden Begriff der «gescheiterten Entnazifizierung» zu betrachten, wie dies in der Historiographie lange üblich war. Denn zwischen 1945 und 1949 wurden nicht nur «Persilscheine» ausgestellt, sondern auch Kriegsverbrecher hart bestraft, NS-Funktionäre zum Teil für Jahre interniert und sogenannte Mitläufer in durchaus spürbarer Weise zur Rechenschaft gezogen.

Stichwort justitielle Säuberung: Neben und nach dem Nürnberger Prozeß gegen 24 führende Repräsentanten von Partei, Staat und Wehrmacht und gegen sechs NS-Organisationen gab es in den drei westlichen Besatzungszonen Militärgerichtsprozesse gegen annähernd 5000 Angeklagte, von denen etwa 800 zum Tode verurteilt wurden; mindestens ein Drittel dieser Urteile wurde vollstreckt. In den sogenannten Nürnberger Nachfolgeprozessen, die die Amerikaner alleine durchführten, standen 184 ausgewählte Vertreter jener Funktionseliten vor Gericht, die zum Funktionieren des NS-Systems entscheidend beigetragen hatten; vier Fünftel dieser Angeklagten wurden verurteilt, und die Hälfte der 24 Todesurteile wurde vollstreckt.

Stichwort Internierung: Gewissermaßen zur Vorbeugung nahmen die Alliierten nach Kriegsende massenhaft ehemalige Parteifunktionäre und SS-Mitglieder in «automatic arrest». Allein in der amerikanischen Zone belief sich die Zahl der Internierten gegen Jahresende 1945 auf etwa 100 000 Personen, und etwa doppelt so viele dürften insgesamt von den Westmächten teils zwar nur für Wochen, teils aber auch bis zu drei Jahre in Haft gehalten worden sein – übrigens zumeist in ehemaligen Konzentrationslagern, bei freilich besserer Verpflegung und Behandlung.

Stichwort Mitläufer: Hier ist vor allem an die rigorose Politik der Entlassung aus dem öffentlichen Dienst zu erinnern, mit der besonders die amerikanische Militärregierung agierte: Nach zunächst frei verfügten Entlassungen, die im Sommer 1945 auch den Briten und Franzosen als ein probates Mittel erschienen, um etwaige politische Widerstände innerhalb der deutschen Verwaltung zu brechen und NS-Seilschaften zu zerschlagen, mußte in der US-Zone schließlich jeder Beamte seinen Schreibtisch räumen, der der NSDAP vor dem 1. Mai 1937 beigetreten war. Hunderttausende waren von diesen Maßnahmen zumindest vorübergehend betroffen, und daß es dabei auch zu Ungerechtigkeiten kam, läßt sich leicht vorstellen.

Den meisten Deutschen aber kamen diese Fehler, pointiert gesagt, gerade recht: Lieferten sie doch Ansatzpunkte für eine ebenso intransigente wie rasch einsetzende Kritik, die sich dann noch vor Gründung des Weststaats zu einem Generalverdikt gegen das gesamte Projekt der politischen Säuberung auswuchs.

Generationenbiographisch gesehen waren die Träger dieser Kritik vor allem die Jahrgänge der um 1905 Geborenen – also die Funktionsgeneration des Dritten Reiches –, die, neben den etwas älteren Führungsfiguren, von der alliierten Säuberungspolitik am stärksten betroffen waren. Betrachtet man dazu die um 1950 herrschende Generationenkonstellation, so kann nicht überraschen, daß die Kritik an der politischen Säuberung praktisch keinen Widerspruch fand: Die um 1925 Geborenen waren noch zu jung, um die Stimme zu erheben, und die vergleichsweise kleine Gruppe der Weimarer Demokraten, die die Führungspositionen der neuen Demokratie bekleideten, schwieg aus Opportunitätsgründen oder begnügte sich damit, die Forderungen der Säuberungsgegner zu moderieren.

II.

Es ist dieser Hintergrund einer insgesamt also beileibe nicht unerheblichen, sondern individuell und gesamtgesellschaftlich zunächst durchaus folgenreichen politischen Säuberung, vor dem die *zweite Phase* des Umgangs mit der NS-Vergangenheit verstanden werden muß: die *Phase der Vergangenheitspolitik* in den fünfziger Jahren. Pointiert gesagt, ging es in dieser Phase um die Bewältigung der frühen NS-Bewältigung[10].

Die vergangenheitspolitischen Forderungen an das Gründungspersonal der jungen Bundesrepublik waren klar: Erwartet wurde ein «Schlußstrich» unter die politische Säuberung, und der Schlußstrich unter die Vergangenheit war davon nicht weit entfernt.

Tatsächlich standen in Bonn vom ersten Tag an die Zeichen auf Amnestie und Integration. Dies wurden die Leitbegriffe einer (so zwar nicht benannten, aber weitgehend konsensuell praktizierten) Vergangenheitspolitik, die ihr ethisch-moralisches Widerlager im 1949 verkündeten Grundgesetz und der darin postulierten normativen Abgrenzung vom Nationalsozialismus fand – und in den Augen vieler ihre «Rechtfertigung» in der von Adenauer betriebenen Politik der Wiedergutmachung und Aussöhnung mit Israel[11].

Den Auftakt dieser Vergangenheitspolitik bildete zu Jahresende 1949 ein erstes, vom Bundestag einstimmig im Eilverfahren verabschiedetes Straffreiheitsgesetz, das sämtliche Straftaten amnestierte, die vor dem 15. September 1949 begangen worden waren und mit Gefängnis bis zu sechs Monaten geahndet werden konnten. Die Masse der rund 800 000 Personen, denen es zugute kam, hatte sich wegen nichtpolitischer Delikte aus der

Not- und Schwarzmarktzeit zu verantworten. Doch die Amnestie griff natürlich ebenso hinsichtlich noch nicht verjährter Straftaten aus der NS-Zeit. Und ein Spezialparagraph begünstigte explizit auch jene nationalsozialistischen Amtswalter, «Goldfasane» und SS-Leute, die es im Frühjahr 1945 vorgezogen hatten, sich durch Annahme einer falschen Identität der Internierung und Entnazifizierung zu entziehen: Die geheimnisumwitterten «Illegalen» also, deren Zahl niemand kannte und die nun doppelt profitierten, weil sie nicht nur der Strafe für ihr Untertauchen entgingen, sondern auch mit einer inzwischen zur Formsache gewordenen Entnazifizierung rechnen durften.

Dem Straffreiheitsgesetz folgten auf Druck der rechtsnationalen Klientelparteien FDP und DP – beide in Adenauers Koalitionskabinett vertreten – 1950 mehrere lautstarke Bundestagsdebatten, in denen die «Liquidation» der Entnazifizierung gefordert wurde. Im Dezember 1950 schließlich verabschiedete der Bundestag, wiederum praktisch einstimmig, entsprechende Richtlinien, obwohl die Dinge ohnehin nur von den Länderparlamenten geregelt werden konnten und zum Teil durchaus schon geregelt waren.

Was in diesen Debatten seinen Ausdruck fand, war besagtes, in der Bevölkerung seit Jahren herangereiftes Schlußstrich-Denken, das sich mit einer ersten Amnestie und dem Aus für die Entnazifizierung freilich noch keineswegs zufriedengab. Die Versorgung und Wiedereinstellung praktisch aller jener 1945 – wie es beschönigend hieß – «verdrängten Beamten» und ehemaligen Berufssoldaten in den öffentlichen Dienst der Bundesrepublik, 1951 mit dem sogenannten «131er»-Gesetz auf den Weg gebracht, war ein weiteres wichtiges Element dieser Vergangenheitspolitik, in deren Mittelpunkt jetzt allerdings der Kampf um die Begnadigung und Freilassung der von den Alliierten seit 1945 als Kriegs- und NS-Verbrecher verurteilten Deutschen rückte.

In diesem Kontext wurde Anfang der fünfziger Jahre eine

beispiellose Strategie der Verharmlosung, Leugnung und Irreführung aufgeboten, die am Ende selbst ruchlosesten NS-Verbrechern zur Freiheit verhalf; sogar Einsatzgruppenführer, die Tausende von Menschen auf dem Gewissen hatten, kamen damals aufgrund massiven politischen und gesellschaftlichen Drucks frei. Besonders auffällig erscheint, daß es zunächst vor allem die Kirchen waren, die sich in dieser Sache exponierten – und zwar nicht etwa aus christlich motivierter Gegnerschaft gegen die von den Alliierten anfangs durchaus häufig verhängte und auch vollstreckte Todesstrafe, sondern aus kaum verhülltem nationalen Ressentiment gegenüber einer angeblichen «Siegerjustiz».

Dieses Ressentiment verband sich mit einer ebenso aggressiven wie durchsichtigen Instrumentalisierung des sogenannten Kollektivschuldvorwurfs. Mag man auch darüber streiten, inwiefern die alliierte Rhetorik bei Kriegsende in dieser Weise verstanden werden konnte – zu denken wäre hier vor allem an die edukatorische Konfrontation vieler Deutscher mit den Leichenbergen in den befreiten Konzentrationslagern –, so war es in der Praxis der dann folgenden politischen Säuberung doch gerade nicht um kollektive, sondern um individuelle Schuld gegangen; die Entnazifizierung, also das bürokratische Verfahren der massenhaften Prüfung von Einzelfällen, war dafür im Grunde der beste Beweis.

Wenn von deutscher Seite gleichwohl in geradezu agitatorischer Weise an der Behauptung eines Kollektivschuldvorwurfs festgehalten wurde, so diente dies der Legitimation der Vergangenheitspolitik weit über den Kreis derer hinaus, die konkret von ihr profitierten. Die Präsenz der Kollektivschuldthese im deutschen Nachkriegsbewußtsein war Ausdruck der fortbestehenden volksgemeinschaftlichen Solidarisierungsbedürfnisse[12]. Ihre ritualhafte Zurückweisung war, weit über die fünfziger Jahre hinaus, Geschäftsgrundlage jeglichen vergangenheitsbezogenen Redens und Handelns der politischen Klasse der Bundesrepublik.

Ähnlich der Kollektivschuldthese erwiesen sich die unablässig ventilierten juristischen und völkerrechtlichen Einwände gegen die alliierten Urteile aus der zweiten Hälfte der vierziger Jahre bei genauerer Betrachtung praktisch ausnahmslos als konstruiert. Ihrer Wirkung auf die deutsche Öffentlichkeit tat das freilich keinen Abbruch; und in dem Maße, in dem die Westmächte schließlich nachgaben, deutete man dies als Eingeständnis von Fehlern und Ungerechtigkeiten.

Damit bekräftigte die Freilassung verurteilter Kriegsverbrecher Mitte der fünfziger Jahre die bei den Deutschen ohnehin bestehende Neigung, den fundamentalen Unrechtscharakter des NS-Regimes und seines Eroberungskrieges aus dem kollektiven Bewußtsein auszublenden. Geradezu fatale Konsequenzen zeitigte diese Neigung in der Justiz, zumal dort bekanntlich eine besonders starke personelle Kontinuität zur NS-Zeit gegeben war: Unter dem Eindruck der Gnadenwelle und nachdem der Bundestag im Sommer 1954 – wiederum fast einstimmig – ein zweites Straffreiheitsgesetz verabschiedet hatte, sank die Bereitschaft, in NS-Strafsachen überhaupt noch zu ermitteln und zu ahnden, nahezu auf null.

Dies ist denn auch der Punkt, an dem die negativen Folgen der Verdrängung am deutlichsten zu greifen sind: Denn dieser faktische Stillstand bei der Ahndung von NS-Verbrechen bedeutete nicht nur eine aktive Begünstigung der Täter, sondern auch die Perpetuierung eines moralischen Zerrüttungszustands durch bewußten Verzicht auf das Bemühen um die Herstellung von Gerechtigkeit.

Nun mag man argumentieren, wie schon damals argumentiert worden ist: daß nämlich dieser Verzicht auf weitere Strafverfolgung zur Befriedung der Gesellschaft und damit zur politischen Stabilisierung beigetragen habe. Dem wäre freilich entgegenzuhalten, daß Mitte der fünfziger Jahre nichts dafür sprach, die gesellschaftlichen und politischen Verhältnisse in der Bundesrepublik noch als sonderlich prekär zu betrachten. Die

übergroße Mehrheit der «Ehemaligen» war vielmehr längst im
Begriff, sich in dem neuen System pragmatisch einzurichten und
im aufblühenden Wirtschaftswunder ihre Chancen zu nutzen.
Wenn also schon nicht der strafrechtliche Ahndungsstillstand
die politische Integration eines vergleichsweise kleinen Rests
von Ehemaligen befördert hat, dann vielleicht die immerhin
schon Anfang der fünfziger Jahre betriebene Wiedereinstellung
des Heers der «131er» die Stabilisierung der Demokratie? Auch
dies läßt sich leicht behaupten, aber schwer beweisen.

Mindestens ebensogut kann man die gegenteilige These vertreten: daß diese Beamten sich zu Unrecht in ihrer tradierten,
für die Demokratie erwiesenermaßen problematischen Amtsauf-
fassung bestätigt fühlten – und daß durch den «Rückstrom»
(Eugen Kogon) Hunderttausender, die nicht allesamt nur als
formal, sondern zumindest zum Teil auch als ideologisch bela-
stet gelten mußten, dem Aufbau einer demokratischen Staats-
verwaltung eine schwere Hypothek aufgebürdet wurde.

Eine nicht weniger negative Bilanz der Vergangenheitspolitik
läßt sich hinsichtlich der Gnadenwelle ziehen, von der die verurteilten Kriegsverbrecher profitierten: Die damit verbundene
Delegitimierung der im Rahmen der alliierten Prozesse durchaus klar zutage geförderten Verstrickung des Militärs in die Verbrechen des Regimes beförderte die Konstruktion der gegen
diese Erkenntnis angelegten Legende von der «sauber» gebliebenen Wehrmacht in den fünfziger Jahren. Deren Nachwirkungen reichen, wie die Kontroverse vor allem um die erste der beiden sogenannten Wehrmachtsausstellungen gezeigt hat[13], bis in
die Gegenwart.

III.

Wo aber liegt – angesichts solcher nicht unerheblicher partieller
Kontinuitäten – der Bruch mit der Vergangenheitspolitik der
fünfziger Jahre? Wann und mit welchen Gründen läßt sich von

einer sich daran anschließenden *dritten Phase* sprechen? Wann
setzte ein, was als die *Phase der «Vergangenheitsbewältigung»* bezeichnet werden kann? Und wer waren die Trägergenerationen
dieser Veränderung?

Um hier Klarheit zu gewinnen, empfiehlt es sich, die Dinge
aus einer etwas längeren Perspektive und mit ein wenig Sinn für
Dialektik zu betrachten: Dann nämlich kann man argumentieren, daß es nicht zuletzt jene ausgreifende Vergangenheitspolitik
der beiden ersten Bonner Legislaturperioden gewesen ist, deren
politisch-moralisch vielfach skandalöse Ergebnisse seit etwa
Ende der fünfziger Jahre in wachsendem Maße Gegenkräfte
mobilisierte. Das Wort von der «unbewältigten Vergangenheit», das damals aufkam, brachte diese Empfindungen auf den
Begriff, und von hier aus erklärt sich vieles von dem, was seit
Anfang der sechziger Jahre als politischer Generationenkonflikt
greifbar wurde und schließlich in «Achtundsechzig» münden
sollte.

Die Phase der «Vergangenheitsbewältigung», die etwa zwei
Jahrzehnte andauerte, bezog ihre Impulse aus einer schier end-
losen Reihe von Skandalen um personelle und institutionelle
Kontinuitäten, die hier nicht im einzelnen auszuführen sind und
deren seriöse historische Erforschung eben erst beginnt[14]. Immerhin läßt sich sagen, daß diese Bewegung, die aus vergleichsweise zaghaften Ansätzen entstand – man denke etwa an die
Proteste von Studenten und Professoren gegen die Ernennung
eines rechtsradikalen Göttinger Verlegers zum niedersächsischen Kultusminister schon 1955 –, durch eine zunehmende
moralische Aufladung gekennzeichnet war. Gemessen allerdings
an den Protestformen Mitte der sechziger Jahre hielten sich die
vergangenheitskritischen Aktivitäten der «skeptischen Generation», deren Interesse sich eher auf pragmatische Demokratie-
aneignung richtete, noch in engen Grenzen.

Womöglich hing dies auch damit zusammen, daß entscheidende Anstöße zur Skandalisierung der NS-Vergangenheit in

der Bundesrepublik ausgerechnet aus der DDR kamen: Ein Regime, das sich selbst auf den längst schon hohl gewordenen Antifaschismus zurückgezogen hatte, entdeckte im Vorwurf der «unbewältigten Vergangenheit» ein vorzügliches Instrument zur politisch-moralischen Diskreditierung der Bonner Demokratie.

Mit Kampagnen beispielsweise gegen Hans Globke, den Staatssekretär im Kanzleramt und vormaligen Kommentator der Nürnberger «Rassegesetze», gegen den nationalsozialistischen «Ostexperten» und dann zum Vertriebenenminister berufenen Theodor Oberländer oder ganz pauschal gegen «Hitlers Blutrichter in Adenauers Diensten» ließ sich Wirkung erzielen – bei der westdeutschen Jugend ebenso wie im westlichen Ausland.

Instigiert durch die Enthüllung immer neuer biographischer Verstrickungen, zu deren aktenmäßiger Unterfütterung Ost-Berlin nach Kräften beitrug, wuchs der Kreis derjenigen, die sich mit der Forderung nach «Vergangenheitsbewältigung» identifizierten. Intellektuelle wie Theodor W. Adorno und Karl Jaspers, aber auch und nicht zuletzt die junge Disziplin der Zeitgeschichte und eine Reihe liberaler Publizisten mühten sich nun immer stärker darum, in den Medien wie in den Schulen die Aufklärung über die «jüngste Vergangenheit» voranzutreiben.

Hinzu kam ein an den skandalösen Unterlassungen der fünfziger Jahre geschärfter Blick auf die Täter: Der Frankfurter Auschwitz-Prozeß, den Fritz Bauer als hessischer Generalstaatsanwalt mit einer kleinen Gruppe engagierter Kollegen 1963 auf den Weg brachte, markierte die wohl entscheidende gesellschaftliche Wende: Von nun an existierte ein zwar noch minoritäres, aber höchst aktives Netzwerk von Politikern und Juristen, Künstlern und Intellektuellen, das sich den nach wie vor vernehmbaren Forderungen nach einem «Schlußstrich» wirkungsvoll entgegenstellte.

Die quälenden, aber letztlich mit der Unverjährbarkeit von Mord entschiedenen Verjährungsdebatten der sechziger und siebziger Jahre[15] waren für diesen gesamtgesellschaftlichen Klimawechsel ebenso ein Beleg wie die kritischen Nachfragen der Kriegskinder an ihre Eltern. Daß die Auskunftsverweigerung der Funktionsgeneration in den fünfziger Jahren, zusammen mit den überall anzutreffenden wiederhergestellten Personalkontinuitäten, der Achtundsechziger-Revolte in der Bundesrepublik eine sehr spezifische Prägung gab, dürfte die inzwischen angelaufene einschlägige Forschung erweisen.

Als prekärster Befund dieser Phase der «Vergangenheitsbewältigung» zeichnet sich allerdings das Faktum ab, daß das Zentralverbrechen der NS-Zeit, der Mord an den europäischen Juden, nur mit großer Verzögerung in den Fokus der gesellschaftlichen Wahrnehmung geriet. Ungeachtet des von der Zeitgeschichtsforschung und den Medien durchaus schon in den sechziger Jahren vermittelten faktischen Wissens bedurfte es einer 1979 ausgestrahlten amerikanischen Fernsehserie, um – wie das dazugehörige Taschenbuch[16] dann konstatierte – eine ganze «Nation betroffen» zu machen: über den Holocaust. Die nationalsozialistische Funktions- bzw. Tätergeneration war zu diesem Zeitpunkt bezeichnenderweise bereits im Ruhestand.

IV.

Mit dem neuen Begriff «Holocaust», der Anfang der achtziger Jahre rasch an die Stelle der Metapher «Auschwitz» trat, vollzog sich der Übergang in die bald zunehmend deutlicher erkennbare *vierte Phase* der Beschäftigung mit der NS-Vergangenheit. Diese *Phase der Vergangenheitsbewahrung* ist nicht zuletzt dadurch charakterisiert, daß der Begriff der «unbewältigten Vergangenheit» – gerade als Folge der Enthüllungsdiskurse, deren stimulierende Kraft und katalytische Bedeutung für die gesellschaftspolitische Debatte seit den sechziger Jahren so bedeutsam gewesen war –

nun seinerseits schal zu werden begann und daß der aus dieser
Kritik abgeleitete politische Veränderungsanspruch im Zuge des
normalen Generationenwechsels seit etwa Ende der siebziger
Jahre an Brisanz und Überzeugungskraft verlor.

Den symbolischen Auftakt dieser neuen Phase bildete eine
mehrtägige internationale Konferenz zum 50. Jahrestag der nationalsozialistischen Machtübernahme 1983 im Berliner Reichstag[17]. Angestoßen durch diesen «runden» Erinnerungstag kam
es zu einer deutlichen Intensivierung der einschlägigen wissenschaftlichen und publizistischen Produktion über das «Dritte
Reich». War diese zunächst vielfach im Sinne einer Bilanzierung
angelegt, änderte sich im Laufe der zwölfjährigen Abfolge von
Gedenkanlässen auch der Zugriff auf die Themen. Dabei kri-
stallisierte sich heraus, wie weit man von einer detailgenauen
Erforschung der Verbrechen des NS-Regimes noch entfernt war
– und daß es gerade diese verstörenden Verbrechen waren und
sind, die das Interesse nachwachsender Generationen an der
Epoche des Nationalsozialismus immer wieder neu begründen.
Ablesbar war dies an der großen Aufmerksamkeit, die 1995 die
Veranstaltungen zum 50. Jahrestag des Kriegsendes gefunden
haben, kurz davor schon aber an Steven Spielbergs Schindler-
Film (1994) und wenig später an Goldhagens Holocaust-Buch
(1996).

Das fortwährende Bedürfnis gesellschaftlicher Vergewisserung
über die Vergangenheit und die in immer kürzeren Abständen
eintreffenden Wellen intensiver öffentlicher Diskussion ließen
auch die schmaler werdenden Generationen der Zeitgenossen
des «Dritten Reiches» nicht unberührt.

So erscheint im nachhinein bereits der Historikerstreit der
Jahre 1985/86 vor allem als eine von den Erfahrungsgenerationen der Flakhelfer und jungen Frontsoldaten geführte Auseinandersetzung über die Präsenz des Nationalsozialismus im Bewußtsein der Gegenwart – und als der gescheiterte Versuch
eines Teils dieser Generationen, diese Präsenz zurückzudrän-

gen[18]. Als ein neuerlicher Versuch, dem breiten gesellschaftlichen Interesse an der Vergangenheit Einhalt zu gebieten, erwies sich letztlich auch jenes Insistieren auf seinem Recht zum «Wegsehen», das Martin Walser 1998 in seiner Friedenspreisrede vorgetragen hat – wiederum übrigens offensichtlich motiviert durch die eigene Generationenerfahrung.

Eine analytisch distanzierte Beschreibung dieser bis in die Gegenwart reichenden vierten Phase fällt naturgemäß nicht leicht. Immerhin läßt sich sagen: Vor dem Hintergrund des sich vollziehenden Abschieds von den Zeitgenossen der NS-Zeit geht es inzwischen weniger um die praktische Bewältigung benennbarer politischer Folgen der Vergangenheit – obwohl auch diese, wie zuletzt die Debatte um die Entschädigung der Zwangsarbeiter zeigte[19], noch keineswegs zu Ende ist. Zunehmend in den Mittelpunkt gerät allerdings vielmehr die Frage, *welche* Erinnerung an diese Vergangenheit künftig bewahrt werden soll.

In diesem Kontext ist der Streit um die Wehrmachtsausstellung ebenso zu sehen wie die über ein Jahrzehnt hinweg intensiv geführte Diskussion um das Berliner Holocaust-Mahnmal, das zweifellos ein Kristallisationspunkt vergangenheitsbezogener Reflexion bleiben wird – insbesondere auch der Reflexion über die Frage nach dem historischen «Ort» des Genozids an den europäischen Juden. Bot schon der Historikerstreit einen Vorschein dieser Debatte, so hat sie mit der eingangs erwähnten Stockholmer Proklamation vom Januar 2000 eine signifikante Akzentuierung erfahren.

Indem sie den Holocaust zur warnenden Botschaft des 20. an das 21. Jahrhundert erklärten, haben sich die Unterzeichner der Stockholmer Übereinkunft zu neuen Anstrengungen für eine «Erziehung über den Holocaust» verpflichtet[20]. Dies bedeutet, daß Kenntnisse darüber auch in Ländern vermittelt werden sollen, in denen kein unmittelbarer Zusammenhang mit der eigenen Geschichte besteht. Es geht also tatsächlich um eine Universalisierung der Holocaust-Erinnerung, um ihre Verankerung im globalen Gedächtnis. Aus politischer und edukatorischer Sicht mag man dies begrüßen, vielleicht auch im Rahmen einer emphatischen Zeitdiagnostik[21]. Mindestens aus geschichtswissenschaftlicher Perspektive stellt sich jedoch die Frage, ob und wie es auf dem Weg in eine solche «Globalisierung» gelingen kann, eine Entkontextualisierung des historischen Geschehens zu vermeiden.

Die Risiken einer solchen Entkontextualisierung liegen nicht allein in der damit fast zwangsläufig einhergehenden Verkürzung der Geschichte des «Dritten Reiches» just in jenem Moment, da das Ende der Zeitgenossenschaft die Möglichkeit eröffnet – aber auch die Notwendigkeit begründet –, die historische Auseinandersetzung mit dem Nationalsozialismus nicht mehr als Kritik an der Bundesrepublik, sondern sui generis zu betreiben[22].

Hinzu kommt, daß eine ganz auf «Globalisierung» gerichtete Gedächtnispolitik zur Überforderung werden könnte: für die von Deutschland seit 1939 überfallenen Völker, mehr noch aber für all jene Individuen, die mit der Vergangenheit des Zweiten Weltkrieges mehr verbindet als ein auf die Zukunft gerichtetes moralisches Postulat – mithin für die letzten Überlebenden und die Nachkommen der Opfer[23], doch auch für die in der Erbfolge der Täter stehenden Deutschen.

Insofern erscheint es gegenwärtig durchaus fraglich, ob und wie sich die «deutschen Lernprozesse» aus der zweiten Hälfte des 20. Jahrhunderts in die Zukunft der nächsten Generationen hinein bewahren und entwickeln lassen.

Abschied von der Zeitgenossenschaft

Der Nationalsozialismus und seine Erforschung
auf dem Weg in die Geschichte

Der Sachverhalt ist auf so unspektakuläre Weise evident, wie es der Ablauf von Zeit nun einmal zu sein pflegt, und im Grunde könnte man ihn in dem Satz zusammenfassen: Die Zeitgenossen der NS-Zeit sterben aus.

Natürlich trifft dieser Satz nicht erst heute zu, sechs Jahrzehnte nach dem Ende des «Dritten Reiches», doch er gewinnt nun forciert an Bedeutung. Eindringlich zeigte das bereits im Herbst 1995 eine großangelegte Historikerkonferenz in Weimar, die den Forschungsstand zur Geschichte der nationalsozialistischen Konzentrationslager zu bilanzieren suchte: Zur Eröffnung wollte dort Hermann Langbein über das Verhältnis zwischen Zeitzeugen und Zeithistorikern sprechen – eine Beziehung, die er selbst jahrzehntelang wohl insgesamt als fruchtbar, nicht selten allerdings auch als spannungsvoll erlebt hatte. Der Plan blieb leider unausgeführt, denn wenige Wochen vor dem Treffen starb Langbein 83jährig in Wien.

Als junger österreichischer Kommunist war Hermann Langbein nach dem «Anschluß» zu den Internationalen Brigaden in Spanien geflohen und im Februar 1939, nach dem Ende der Republik, in Frankreich interniert worden. Aus dem Pyrenäenlager Gurs hatte man ihn im Frühjahr 1941 an die Gestapo ausgeliefert, die ihn nach Dachau brachte. Im Sommer 1942 wurde der Häftling weiter nach Auschwitz verschickt, wo er als Schreiber im SS-Revier überlebte und die Sterbebücher[1] des sogenannten Stammlagers führte. Über all die Jahre seiner «Lagerkarriere», zuletzt in Neuengamme, war Langbein im geheimen Häftlings-

Widerstand aktiv, und nach 1945 engagierte er sich zunächst als
Sekretär des Internationalen Auschwitz-Komitees, dann aber
auch (zumal nach seinem Ausschluß aus der KPÖ 1958) als rast-
los tätiger einzelner für die justitielle Ahndung wie für die wissenschaftliche Erforschung des Geschehens in den nationalsozialistischen Konzentrations- und Vernichtungslagern. Der
Frankfurter Auschwitz-Prozeß 1963 kam nicht zuletzt dank seiner Hartnäckigkeit zustande; Langbein war es, der das Verfahren anschließend in zwei wichtigen Bänden dokumentierte[2].
Und weil er überzeugt war, daß die historisch-politische Aufklärung schon in den Schulen beginnen müsse, tat er dafür bis in
seine letzten Lebenstage viel.

Wenn man nun weiß, daß die besagte Konferenz[3] zu dem er-
nüchternden, für manche auch überraschenden Ergebnis kam,
dem zufolge die zeitgeschichtliche Konzentrationslager-For-
schung noch derart schwerwiegende Lücken aufweist, daß unser
einigermaßen gesichertes Wissen geradezu wie eine Kette von
Inseln in einem Meer des Unerforschten erscheint[4], dann stellt
sich natürlich die Frage, wo wir ohne Zeitgenossen wie Hermann Langbein wären. Gewiß, auch er hat die seit Jahrzehnten
ausstehende große Auschwitz-Monographie nicht geschrieben,
aber sein Buch über «Menschen in Auschwitz» gilt zu Recht als
die bis heute beste Darstellung der komplizierten Innenverhält-
nisse im größten der nationalsozialistischen Konzentrations-,
Arbeits- und Vernichtungslager[5].

Hermann Langbein war nicht nur ein außergewöhnlicher
Mensch; als Zeitgenosse, der faktisch zum Zeithistoriker geworden war[6], als Historiker der eigenen Zeitgenossenschaft war er
eine Ausnahmeerscheinung. Dennoch gilt: letztlich nahm Langbein nur eine dem Zeitgenossen stets offenstehende Möglichkeit
zur Mitwirkung wahr.

Diese Möglichkeit unterscheidet die Zeitgeschichtsschreibung in ebenso prinzipieller wie charakteristischer Weise von
der übrigen Geschichtswissenschaft – und verschärft jenes Span-

nungspotential noch weiter, das durch den vielfach ganz unmittelbaren Gegenwartsbezug der Zeitgeschichte ohnehin gegeben ist. Mit Blick auf den Nationalsozialismus galt das um so mehr, als sich die Chance zur Beeinflussung seiner historiographischen Deutung nach 1945 nicht nur dem einstigen KZ-Häftling eröffnete, sondern auch dessen vormaligem Peiniger. Tatsächlich meldeten sich Täter schon bald wieder zu Wort – oft lauter als ihre Opfer. Und systematischer als diese okkupierten jene spätestens seit Anfang der fünfziger Jahre strategische Erinnerungsfunktionen.

Mit anderen Worten: Zeitgenossen der NS-Zeit beanspruchten damals vielfach die Rolle des authentischen Interpreten historischer Quellen, und wo diese fehlten, etablierte man sich mit besonderer Wirksamkeit als sogenannter Zeitzeuge. Dies geschah natürlich keineswegs nur, oft nicht einmal in erster Linie, in historiographischer Absicht, sondern vielfach aus sehr spezifischem politischen – genauer: vergangenheitspolitischem – Interesse.

Um aus den Reihen dieser historiographisch-vergangenheitspolitisch aktiven einstigen Partei- und Zeitgenossen nur jenen zu nennen, den man – auch mit Blick auf die Dauer seines «Engagements» – geradezu als den heimlichen Gegenspieler von Hermann Langbein bezeichnen könnte: Vor dem Hintergrund der in den späten fünfziger Jahren endlich in Gang kommenden Ermittlungen der bundesdeutschen Justiz koordinierte Werner Best, der ehemalige zweite Mann im Reichssicherheitshauptamt, die Interessen der Gestapo-Mörder und -Schreibtischmörder, und um seine Sicht der Dinge auch bei den damals vielfach als Gerichtsgutachter bestellten Zeithistorikern anzubringen, stellte er sich der einschlägigen Forschung jahrzehntelang als höflicher und auskunftsfreudiger Zeitzeuge zur Verfügung. Kurz vor seinem Tod im Jahre 1989 betätigte sich Best schließlich auch noch als Historiograph in eigener Sache und publizierte ein Buch über seine Zeit als Reichsbevollmächtigter in Dänemark[7].

Mit Werner Best (Jahrgang 1903) und Hermann Langbein
(Jahrgang 1912) sind – exemplarisch – zwei Angehörige einer
Generation benannt, die in bezug auf die Gesamtgeschichte des
«Dritten Reiches» als die mittlere bezeichnet werden kann.
Diese war 1933 zwischen 20 und 30 Jahre alt, damit etwa zehn
bis zwanzig Jahre jünger als die – selbst auffallend junge – Generation der Hauptprotagonisten der NS-Bewegung und späteren
Mitglieder der engeren Regimeführung (Jahrgänge 1885–1900),
aber doch auch deutlich abgrenzbar von den Kernjahrgängen
der Weimarer Republik, die zu Beginn von Hitlers Herrschaft
mehr oder weniger noch Kinder waren und aus denen später die
erste Generation empirischer NS-Forscher hervorgehen sollte.

Betrachtet man dieses tentative Generationenmodell aus der
Perspektive des Jahres 1995, so wird schlagartig klar, was «Abschied von der Zeitgenossenschaft» bedeutet: Die Generation
der Hauptakteure des «Dritten Reiches», sofern sie dessen Ende
und die anschließenden alliierten Prozesse überlebte[8], war (bei
einer angenommenen Lebenserwartung von 80 Jahren) bereits
seit zehn oder zwanzig Jahren tot, die mittlere Generation war
im vorangegangenen Jahrzehnt gestorben, und die frühen Weimarer Jahrgänge gingen bereits auf das Greisenalter zu, waren
jedenfalls seit mindestens einem halben Jahrzehnt im Ruhestand. Ihnen folgten gerade die Kinder aus der Anfangszeit des
«Dritten Reiches».

Anders ausgedrückt: Mehr als 85 Prozent der 1995 lebenden
Deutschen waren zu jung, um während der NS-Zeit eine Möglichkeit der politischen Mitwirkung gehabt zu haben, und ziemlich exakt zwei Drittel – so hoch nämlich war bereits der Anteil
der nach 1945 Geborenen – waren zu jung, um mit diesem Abschnitt der deutschen Geschichte eine eigene, und sei es früh-
kindliche Erinnerung zu verbinden.

Worin liegt nun die Bedeutung der skizzierten demographi-
schen Entwicklung für die historische Erforschung des Nationalsozialismus? Unter drei Gesichtspunkten soll dieser Frage im

folgenden nachgegangen werden: Der erste Abschnitt verbindet
einen (sehr knappen) disziplingeschichtlichen Rückblick mit der
Vermutung, daß Zeitgeschichte – weil per definitionem immer
schon auf dem Weg in die Geschichte – durchgängig spezifischen Problemlagen begegnet, die die Geschichtsschreibung ansonsten nicht kennt, die in ihrer institutionellen Formierungs-
phase in Westdeutschland nach 1945 besonders anschaulich
geworden sind – und deren Vergegenwärtigung Anlaß sein
könnte, ein Phänomen wie den die zweite Hälfte der achtziger
Jahre bestimmenden Historikerstreit wenigstens im nachhinein
etwas gelassener zu betrachten (I). Ein zweiter Abschnitt behandelt einige bislang vielleicht zu wenig beachtete generationenspezifische Aspekte in der historiographischen Debatte über den
Nationalsozialismus (II). Schließlich geht es um die Frage, was
die anstehende, jenseits denkbarer terminologischer Hilfskon-
struktionen[9] in der Sache unvermeidliche Entlassung der Periode des Nationalsozialismus aus der Zeitgeschichte bedeuten
könnte: welches die fachwissenschaftlichen Konsequenzen, Risiken, aber auch die Chancen dieser Entwicklung schon sind oder
in absehbarer Zeit womöglich sein könnten (III).

I.

Zeitgeschichte in dem Sinne, daß historische Gelehrte, zumal
nach epochalen Umbrüchen, sich als Chronisten ihrer Zeit betä-
tigen, hat es natürlich schon immer gegeben, wenngleich der
Terminus im Deutschen wenig gebräuchlich blieb. Dennoch
war die Etablierung der Zeitgeschichte als eine eigene historische
Teildisziplin in Deutschland nach 1945 etwas Neues. Sie war,
pointiert gesagt, eine intellektuelle Reparationsforderung der
Alliierten, und das heißt: Sie hatte vom Start weg kritisch zu
sein, nicht nur anti-nationalsozialistisch (das verstand sich von
selbst), sondern auch nicht-nationalistisch, dezidiert liberal im
westlichen Sinne und demokratisch engagiert.

Fraglos gab es autochthone Entsprechungen zu diesen Erwartungen, die vor allem Amerikaner und seinerzeit in die USA
emigrierte deutsche Intellektuelle hegten. Aber für die Vermutung, daß dem aufklärerischen Gründungsimpuls ohne fortbestehenden Druck von außen die Spitze schon bald vollständig
genommen worden wäre, spricht der Blick auf die Entste-
hungsgeschichte und das erste Jahrzehnt des ab 1947 in München errichteten «Instituts zur Erforschung der nationalsozialistischen Politik»[10] ebenso wie etwa die Tatsache, daß die
Besatzungsmächte die Rückgabe der deutschen Akten aus der
NS-Zeit ausdrücklich an die Bedingung ihrer freien Zugäng-
lichkeit für die Forschung knüpften. Zeitgeschichtliche Aufklärung, das hatten ja auch die Nürnberger Prozesse demonstriert, galt gewissermaßen als Voraussetzung und Teil der
Reeducation. Und Zeitgeschichte war, das ist damit implizit
ebenfalls schon gesagt, faktisch ein Synonym für die Geschichte des Nationalsozialismus.

So verstand das auch die kleine Schar politisch mehr oder weniger unbelasteter Historiker der mittleren Generation, die den
Gedanken einer institutionellen Verankerung der NS-Forschung mittrug, noch bevor dies der aus den USA zurückgekehr-
te Hans Rothfels[11] in der ersten Ausgabe der *Vierteljahreshefte für
Zeitgeschichte* ganz pragmatisch begründete. Zeitgeschichte war
für Rothfels die «Epoche der Mitlebenden und ihre wissenschaftliche Behandlung»[12]. Aber der Fluchtpunkt der Epoche,
als deren Beginn sich ihm der Erste Weltkrieg darstellte, war
eindeutig die NS-Zeit.

Läßt man die in den frühen fünfziger Jahren florierende,
weitgehend apologetische Memoirenliteratur und eine Reihe
erster wissenschaftlicher Quellenveröffentlichungen (vor allem
Hitlers Tischgespräche[13]) beiseite, so lag die konkrete zeitgeschichtliche Produktion in Deutschland eigentlich von Beginn
an fast ausnahmslos in den Händen einer relativ kleinen Gruppe
auffallend junger Forscher. Gegen das tiefe, gelegentlich bös-

artige Mißtrauen der konservativen Zunft abgeschirmt durch
politische Symbolfiguren wie Rothfels oder auch Hans Herzfeld
in Berlin, machten sich diese jungen Leute an eine Arbeit, die
allen Grundsätzen des Historismus schon dadurch zuwiderlief,
daß plötzlich Staat und Nation in den Mittelpunkt einer fundamentalen politischen Kritik gerückt wurden.

Der kritisch-aufklärerische Elan dieser ersten Generation empirischer NS-Forscher war nun aber keineswegs von außen auf-
genötigt; er speiste sich vielmehr in erster Linie aus dem genui-
nen persönlichen Interesse, den verbrecherischen Methoden und
Strukturen eines Regimes auf die Spur zu kommen, durch das
man sich selbst – sei es in der Hitlerjugend, sei es an der Front –
zutiefst mißbraucht sah. Die aus jenem «eigenen Betroffensein»,
von dem auch Rothfels sprach, geborene Neugier auf strukturel-
le Zusammenhänge war zum einen der Sachlage höchst angemessen, denn alles, was man bis dahin über das «Dritte Reich»
wußte, war im wesentlich personenbezogen – sprich: es handelte
von Hitler und seinen Granden –; zum anderen aber entsprach
eine betont strukturgeschichtlich orientierte Forschung auch
dem nur allzu verständlichen Bedürfnis einer entschiedenen me-
thodischen Distanzierung vom Historismus und seinen ja noch
höchst präsenten Verfechtern.

Hinzu kam freilich: Ein im Zweifelsfalle nicht nach Personen,
sondern nach Strukturen fragender Ansatz bei der Erforschung
des «Dritten Reiches» war ein probates Mittel, um einer ansonsten kaum zu vermeidenden Enthüllung biographischer Verstrickungen und Kontinuitäten unterhalb der Ebene der ohnehin bekannten NS-Größen aus dem Weg zu gehen. Vermutlich
spielten solche Motive – selbst dort, wo die eigene Familienge-
schichte dafür Anschauungsmaterial bot – eher unbewußt als bewußt eine Rolle; aber dazu läßt sich wenig sagen, solange die
disziplingeschichtliche Forschung noch kaum begonnen hat[14],
obwohl die Anfänge der Zeitgeschichte längst ihrerseits Zeitgeschichte geworden sind und ihre Bedeutung auch im Kontext

der inneren Entwicklung der jungen Bundesrepublik auf der
Hand liegt. Wenn die frühe Geschichtsschreibung über den Nationalsozialismus mit so auffallend wenigen handelnden Personen aus-
kam – die damals kaum zum Gegenstand empirischer Forschung
gemachte Judenverfolgung beispielsweise hatte sich, studiert
man die dürren Ausführungen, offenbar geradezu von selbst
vollzogen[15] –, so hing das auch mit einer stark politikwissen-
schaftlichen Wendung zusammen, die das neue Fach seit Anfang
der fünfziger Jahre insbesondere an der Freien Universität Berlin unter dem Einfluß von Hans Herzfeld, bald auch des aus dem
amerikanischen Exil zurückgekehrten Ernst Fraenkel nahm.
Gewiß gab es dafür gute Gründe: Man interessierte sich für die
Frage der «Legalität» der «Machtergreifung», für die dabei angewandte «Stufentaktik», für den totalitären Machtapparat des
Regimes. Dahinter stand die nicht selten sogar ausgesprochene
Frage, wie eine Demokratie gegen solche Formen ihrer Zerstörung künftig gesichert werden könne. Die wichtigste Studie aus
diesem Kreis, zugleich das erste große zeitgeschichtliche Werk
überhaupt, war bekanntlich Karl Dietrich Brachers 1955 er-
schienene Habilitationsschrift unter dem bezeichnenden Titel
Die Auflösung der Weimarer Republik[16].

Nichtsdestotrotz erweisen sich die blinden Flecken der frühen
Zeitgeschichtsschreibung im Rückblick als höchst aufschlußreich: Sie entstanden im Grunde überall dort, wo ein genaueres
Hinsehen individuelle Biographien beschädigt und/oder wichtige Gruppeninteressen tangiert hätte. Das sicherlich gravierendste Beispiel dafür ist – neben der konkreten Verfolgungsge-
schichte der Juden und der ignorierten Rolle der Justiz als
Instrument des Terrors – die geradezu provozierende Nichtbeachtung der Mitwirkung der Wehrmacht an der Ermordung der
Juden in Osteuropa, wobei es sich immerhin um ein Faktum
handelte, das spätestens seit den Nürnberger Nachfolgeprozessen im Prinzip bekannt war (und außerhalb Deutschlands auch

im historischen Bewußtsein blieb). Hierzulande hingegen gelang
es den «soldatischen Kreisen» seit Anfang der fünfziger Jahre,
dieses Wissen wieder so weit zurückzudrängen, daß es bis in die
frühen achtziger Jahre dauerte, ehe die Zeitgeschichtsschreibung
diese Zusammenhänge offenlegen konnte – wobei freilich auch
dann noch die Proteststürme nicht ausblieben[17]. Die Tatsache
allerdings, daß derselbe Sachverhalt weitere 15 Jahre später anläßlich der sogenannten Wehrmachtsausstellung[18] in den Medien
erneut als «Tabubruch» präsentiert werden konnte, verweist
nicht nur auf die Frage nach dem Gedächtnis der Öffentlichkeit,
sondern auch auf die spezifischen Möglichkeiten und Grenzen
zeitgeschichtlicher Aufklärung.

II.

Seit Anfang der achtziger Jahre befindet sich die NS-Forschung
mit wachsendem Tempo auf dem Weg in die Geschichte. Der
Einschnitt läßt sich sogar noch genauer datieren: auf 1983, als
ein beispielloser Zyklus öffentlicher Gedenkveranstaltungen
und Diskussionen begann, in dem das «Dritte Reich» zwölf
Jahre lang gleichsam kommemorierend nacherlebt wurde. An
vielen Beispielen ließe sich zeigen, wie sehr die Forschung seitdem durch den Rhythmus «runder» Erinnerungsdaten geprägt
wird – aber auch, daß die Auseinandersetzung mit dem Nationalsozialismus in diesen Jahren weit über den Bereich der akademischen Wissenschaft hinausgewachsen ist. Zeitweise konnte
man den Eindruck haben, als entwickle sich die Beschäftigung
mit der NS-Geschichte – und das Bedürfnis, diese in Denkmäler
und Museen zu fassen – zu einem eigenständigen Element der
deutschen Innen- und selbst der Außenpolitik.

Die überwältigende Resonanz des Goldhagen-Buches im
«Sommer danach», im 51. Jahr nach Kriegsende[19], hat jene
widerlegt, die seinerzeit befürchteten, mit dem Abschluß des
50-Jahres-Zyklus werde das große Vergessen einsetzen. Doch es

bleibt abzuwarten[20], ob sich das durch die spektakuläre Veröffentlichung zweifellos aktualisierte Interesse an der Geschichte des Holocaust in den nächsten Jahren auch in subtileren Bahnen fortsetzen und insofern die These bestätigt wird, wonach die NS-Zeit in der öffentlichen Wahrnehmung um so lebendiger hervortritt, je weiter wir uns historisch von ihr entfernen: ob also das Verschwinden der Zeitgenossenschaft tatsächlich auf Dauer zu dem paradoxen Ergebnis führt, daß sich die Intensität der kollektiven Erinnerung erhöht statt verringert.

Den Anfang der öffentlichen Großinszenierungen bildete 1983 jene internationale Mammutkonferenz zum 50. Jahrestag der nationalsozialistischen Machtübernahme, auf der dem Publikum im Berliner Reichstag einerseits die in rund drei Jahrzehnten zeitgeschichtlicher Spezialforschung erreichte Kenntnis- und Problemhöhe demonstriert und andererseits im Abschlußvortrag von Hermann Lübbe erklärt wurde, daß es so, wie es seit den späten vierziger Jahren mit der «Vergangenheitsbewältigung» gekommen war, nicht nur unvermeidlich, sondern bis zur Studentenbewegung eigentlich auch gut gewesen sei[21]. In der Rückschau ist es nicht besonders kompliziert, in dieser Behauptung schon einen Keim des dann drei Jahre später losgebrochenen Historikerstreits zu erkennen.

Noch vor diesem Fundamentalkonflikt allerdings hatte Martin Broszat, aus Anlaß des 40. Jahrestages des Kriegsendes, sein Plädoyer für eine «Historisierung» des Nationalsozialismus veröffentlicht[22]. Was Broszat damit meinte, war natürlich weder eine politisch-moralische Relativierung der NS-Zeit noch gar eine methodologische Rückkehr zum Historismus. Im Grunde genommen ging es ihm genau um das, wozu er innerhalb seiner Wissenschaft seit Jahrzehnten maßgeblich beigetragen hatte, was sich nach seinem Eindruck aber vor allem in der öffentlichen Behandlung des Themas nicht in demselben Maße entwickelt hatte, ja vielleicht sogar regrediert war: um den differenzierten, alles Plakative, alle Dämonisierungen – und gerade

damit gerade auch alle gesellschaftlichen Entlastungsmöglich-
keiten – verweigernden, nach allen Seiten kritisch-subtilen Umgang mit der Geschichte des «Dritten Reiches». Broszat verlangte, daß sich Journalismus und Politik nicht weiter mit
Schwarzweißdarstellungen oder inhaltsleer gewordenen Ge-
denkformeln begnügten und daß die Historiographie zur NS-
Zeit in Sprache, Stil und Methode nach den ansonsten üblichen
geschichtswissenschaftlichen Standards verfahre. Nicht zuletzt
freilich war seine polemische Wendung gegen die wohlfeile
«Pauschaldistanzierung von der NS-Vergangenheit» eine Spitze
gegen jene Konservativen innerhalb und außerhalb der Zunft,
die sich seit dem Ende der sozialliberalen Ära anschickten, gewissermaßen um den Nationalsozialismus herum nationalge-
schichtliche Kontinuität zu stiften.

Aber in Broszats «Plädoyer» fand noch ein anderes, letztlich
wohl lebensgeschichtliches Motiv seinen Ausdruck, auf das, mit
höflicher Vorsicht, allein Saul Friedländer reagierte, sein späterer
Korrespondenzpartner in Sachen «Historisierung»[23]: Es ging
auch um die Möglichkeit einer Generation von Zeithistorikern,
die im Zenit ihrer öffentlichen Wirksamkeit angekommen war,
mit Blick auf ihre Jugend im Nationalsozialismus die Dignität
der eigenen Erinnerung zu wahren – und darum, diesbezüglich
eine gewisse Milde walten zu lassen. Es ging, ganz kurz gesagt,
um die Distinktion von Geschichte und Gedächtnis; um persönliche Erinnerung, die in der so erfolgreich betriebenen politischen Strukturgeschichte nicht aufgegangen war; um etwas, das
man bis dahin als historiographisch irrelevant, als «bloß privat»
betrachtet hatte, das getrennt zu halten war (und getrennt gehalten werden konnte) von der gesellschaftlichen Aufgabe des Zeit-
historikers – das sich aber nun, mit zunehmendem Alter, emo-
tional bemerkbar machte.

Die von der ersten Generation empirischer NS-Forscher von
Anfang an immer wieder betonte «Sachlichkeit» ihrer Arbeit[24],
das «Pathos der Nüchternheit»[25], dem sie sich verschrieben hat-

te: Gewiß, man wird sagen können, daß sich ein Aufklärer wie Broszat – und andere, etwa Hans Mommsen[26], ließen sich hier ebenso nennen – darauf auch in den achtziger Jahren weiterhin berief und daß er diese Nüchternheit tatsächlich gerade jetzt gefährdet wähnte, in den Medien wie bei manchen der jüngeren Fachkollegen. Deren Engagement und Entdeckerfreude (vor allem in der «Geschichte von unten») war einerseits als Fortsetzung und Ergänzung der eigenen Arbeit willkommen, rief andererseits aber auch Irritationen hervor.

Ein wenig war dabei sicher auch schlichte Generationenkonkurrenz im Spiel, mehr aber noch handelte es sich wohl um eine gewisse untergründige Verstörung angesichts der Thematisierung von Aspekten der NS-Geschichte, die der älteren Generation als solche kaum in den Sinn gekommen wären. Plötzlich geriet manches als Spezifikum der NS-Zeit in den Blick einer distanzierten Erforschung und Beurteilung, was man aus eigener Erfahrung mit viel mehr Verständnis betrachtete, in dem man vielleicht sogar einen Teil der eigenen Lebensgeschichte sah. Und mitunter stellte sich dabei heraus, daß die kritischen Maßstäbe, mit denen die erste Generation empirischer Zeithistoriker einst angetreten war und die nicht wenige von ihnen jahrzehntelang mit erstaunlicher Konsequenz durchgehalten hatten, doch auch ihre Abnutzung erfahren hatten: nicht zuletzt das in den Anfängen der Disziplin geradezu existentiell bedeutsame selbstauferlegte Empathieverbot.

Einiges von dem, was Martin Broszat im Kontext des vielgelobten Bayern-Projekts[27] schrieb, läßt sich jedenfalls in diesem Sinne deuten, und ich selbst muß gestehen, daß mir die Bedeutung unserer damals ganz in den Mittelpunkt gerückten Suche nach Resistenz innerhalb der deutschen Gesellschaft erst nachträglich bewußt geworden ist: In unserer kritischen Wendung gegen den historiographisch monumentalisierten Widerstand des 20. Juli hatten wir das über die längste Phase der NS-Herrschaft tatsächlich vorwaltende Phänomen, nämlich den außerordentlich hohen Konsens zwischen Regime und Bevölkerung, vernachlässigt[28].

Ohne die individuellen Unterschiede innerhalb einer höchst produktiven, über einen ungewöhnlich langen Zeitraum tätigen Generation zu negieren, wird man konstatieren können: Das im Zuge ihrer Professionalisierung zunehmend abgespaltene Moment der Zeitgenossenschaft holte die empirischen NS-Forscher der ersten Stunde zu einem Zeitpunkt ein, als die öffentliche Aufmerksamkeit für das Thema Nationalsozialismus dank der Dramaturgie des 50-Jahres-Gedenkens, dank einer sich ausbreitenden Alltagsforschung und dank einer hochaktiven Geschichtswerkstätten-Bewegung größer war als je zuvor. Eine Wissenschaftlergeneration, die sich bis dahin selbst nie so gesehen hatte – und, wollte sie gegen die Schlußstrich-Mentalität in den fünfziger Jahren ihre Arbeit leisten, vermutlich auch nicht hatte sehen dürfen –, erlebte sich in Anbetracht nachgewachsener Kollegen-Generationen plötzlich doch auch als Zeitgenossen des «Dritten Reiches».

Generationenspezifische Motive speisten, was seinerzeit wenig beachtet wurde, auch den bald nach Broszats «Plädoyer» durch Jürgen Habermas in Gang gebrachten Historikerstreit[29]; man denke etwa an Andreas Hillgrubers Werturteilskrise angesichts des zwar nicht zu verhindernden, von der Wehrmacht gegen die vorrückende Rote Armee jedoch immerhin aufgehaltenen «Untergangs» des deutschen Ostens[30]. In erster Linie handelte es sich allerdings um einen – freilich fundamentalen – politischen Symbolkonflikt ohne eigentlichen wissenschaftlichen Kern und ohne historische Substanz.

Im Rückblick fällt daran vor allem dreierlei auf: erstens die Härte der Auseinandersetzung und die Tiefe der bis heute nachwirkenden wechselseitigen Verletzungen, zweitens die provokatorische Qualität, die im Grunde beide Parteien dem Vergleich der Massenverbrechen des Nationalsozialismus und des Stalinismus beimaßen. Nicht, daß ein Systemvergleich gerade hinsichtlich dieser Aspekte als besonders ergiebig erschiene[31] – oder gar, daß Ernst Noltes ominöses «faktisches Prius» sich damit erhärten ließe: Aber die damalige Scheu vor dem Instrument des Vergleichs dünkt seit dem Zusammenbruch des sowjetischen Imperiums nicht mehr so recht verständlich.

Zum dritten schließlich sticht die altersmäßige Homogenität in der Gruppe der Hauptwortführer des Historikerstreits ins Auge: Die meisten von ihnen gehörten den Kernjahrgängen der Weimarer Republik an, hatten die NS-Zeit mithin als Heranwachsende, oft in der Hitlerjugend oder als junge Soldaten, durchlebt. Gewiß, das «oder» zwischen HJ und Wehrmacht definierte seinerzeit eine scharfe Erfahrungs- und somit Generationengrenze. Aber wenn man die Teilnahme an der Debatte nicht bloß als Ausdruck gesellschaftlich empfundener Prominenz verstehen will, dann liegt die Vermutung nahe, daß der Auseinandersetzung untergründig auch ein Element intragenerationell strittiger Selbstinterpretation innewohnte.

Jedenfalls fällt auf, daß sich die Historikerinnen und Historiker der Achtundsechziger-Generation in dem Streit nur spärlich und die der Nachkriegsgenerationen fast überhaupt nicht zu Wort meldeten. Der Historikerstreit, so könnte man etwas überspitzt und mit der Gewißheit dessen formulieren, der die Dinge von ihrem Ende her betrachtet, war die sich lange hinziehende, durch die deutsche Einigung dann aber jäh beendete politische Abschiedsvorstellung einer Generation von NS-Forschern und an der NS-Forschung schon aus autobiographischen Gründen Interessierten, deren Emeritierung Anfang der neunziger Jahre eingesetzt hat.

Das heißt nun aber nicht, der Streit sei letztlich folgenlos geblieben – in der Politik so wenig wie unter den Historikern. Allerdings zeigen sich seine Auswirkungen in einer eigentümlichen Verkehrung früherer Verhältnisse: Die Politik, und zwar gerade auch das konservative Lager, hat aus den Peinlichkeiten der gescheiterten Versuche einer «Normalisierung» der Vergan-

genheit in den achtziger Jahren offenbar gelernt und ist zur
Praxis des offenen, mitunter fast schon offensiven Bekenntnisses
zu den deutschen Schandtaten übergegangen; der Gedenkma-
rathon des Jahres 1995 bot zahlreiche Gelegenheiten, unsere
Staatsspitzen dabei zu studieren. Die politische Klasse, so könnte man sagen, zeigte sich dabei in aller Regel historisch korrekt –
und den Historikern fiel es um so schwerer, darin ein Negati-
vum zu erkennen, als innerhalb ihrer Zunft eine genau gegen-
läufige Entwicklung zu beobachten war.

Denn wie zum Ausgleich für eine in dieser Hinsicht recht
unproduktiv gewordene Politik machten sich seit Anfang der
neunziger Jahre Historiker anheischig, Anstößiges zum Thema
Nationalsozialismus in die Welt zu setzen. Völlig gefehlt hat es
daran zwar nie; neu aber war, daß die sattsam bekannten Argu-
mentationsmuster der Apologeten nun auch akademische Forscher attrahierten, zumal wenn sich – wie etwa im Falle der Prä-
ventivkriegsthese – die Gelegenheit bot, altes (Propaganda-)
Material mit solchem aus neu zugänglich gewordenen Archiven
zu vermengen[32]. Doch bedurfte es, wie die mit besonderer Verve
wiederholte Debatte über «Nationalsozialismus und Modernisierung»[33] zeigte, keineswegs neuer Quellen, um trübe Relati-
vierungsversuche in Gang zu setzen, die wahlweise (und völlig
beliebig) unter Schlagworten wie Historisierung, Enttabuisie-
rung, Normalisierung oder Entpädagogisierung daherkommen.

Auch in diesem Kontext ist freilich ein interessanter Gene-
rationenaspekt zu beobachten: So fällt auf, daß sich der Reiz
des Modernisierungsthemas vor allem jüngeren Historikern er-
schloß. Das hat sicherlich mit dem erst von den späteren Nachkriegsgenerationen als prägend erfahrenen globalen Brüchen des
tradierten Fortschrittsdenkens zu tun, die Detlev Peukert Anfang
der achtziger Jahre zu der nicht unproblematischen, aber alles
andere als apologetisch zu verstehenden Formel vom Nationalsozialismus als einer «Krankengeschichte der Moderne» verar-
beitete[34]. Ein Teil derer, die sich zehn Jahre später des Moderni-

sierungsvokabulars bedienten, tat dies allerdings mit handfesten revisionistischen Zielen und offensichtlich in der Annahme, ein «modernisierter» Nationalsozialismus lasse sich leichter noch einmal verkaufen. Am bedenklichsten war jedoch, daß ein so wenig innovatives, überdies in bemerkenswerter Naivität gegenüber den Quellen inszeniertes Thema der Historikerschaft und der Öffentlichkeit ohne besondere Schwierigkeiten diktiert werden konnte. Möglicherweise muß die Modernisierungsdebatte als ein gleichsam vorauseilendes Beispiel für jene Risiken betrachtet werden, die der NS-Forschung drohen, wenn das korrigierende Korsett der Zeitgenossenschaft erst einmal vollständig abgestreift sein wird.

III.

Die Gefahr besteht, daß sich mit dem Ende der Zeitgenossenschaft das Politisch-Spekulative, das Zufällige und Beliebige, das bloß intellektuell Ausgedachte zu Lasten seriöser Fragestellungen und quellengestützter Forschung noch in sehr viel stärkerem Maße breitmachen wird, als wir es bereits erleben. Die Scheu davor, allein der Profilierung halber weit überzogene Thesen in die Welt zu setzen (eine zweifellos nicht nur in der Geschichtswissenschaft anzutreffende Praxis, die aber mit Blick auf das Thema Nationalsozialismus bisher doch die Ausnahme war), dürfte weiter zurückgehen, wenn das Korrektiv der kontrollierenden Kennerschaft des Zeitgenossen, zumal der Historiker unter diesen, erst einmal fehlt und mit dem Widerspruch direkt Betroffener – seien es vormalige Täter, Opfer oder Zuschauer – nicht mehr gerechnet werden muß. Die Goldhagen-Debatte gab darauf bereits einen gewissen Vorgeschmack: Die auf schnellen Umschlag möglichst provozierender «Neuigkeiten» ausgelegte Medienmaschine präsentierte die These des Buches tendenziell als «Faktum», gegenüber dem die Einwände von Historikern (und Zeitzeugen) strukturell – nämlich schon aus Gründen der medialen Repräsentationslogik – in der Defensive verblieben. Es läßt sich leicht vorstellen, wie reibungslos sich die Durchsetzung historischer Konstrukte mit Hilfe der Medien gestalten könnte, wenn der Abschied von der Zeitgenossenschaft erst einmal ganz vollzogen ist.

Freilich werden sich für eine aus der Zeitgeschichte entlassene NS-Forschung nicht nur Risiken ergeben, sondern auch neue Notwendigkeiten und Chancen. So erlebt im Kontext der Alltagsgeschichte, deren Boom nicht zuletzt mit dem Verlust von gesellschaftlich vorhandenem Wissen über den Alltag in der NS-Zeit zu tun hatte und weiter hat, beispielsweise auch die Erforschung des kulturellen Lebens im «Dritten Reich» seit Jahren einen bemerkenswerten Auftrieb. Die ältere Literatur konzentrierte sich hier ganz auf die Beschreibung jener politischen Formierungs- und Kontrollansprüche, wie sie in einem ausschließlich als «totalitär» wahrgenommenen Regime erwartet werden konnten. Im Zentrum der Aufmerksamkeit standen damit automatisch die repressiv-bevormundenden Elemente nationalsozialistischer Kulturpolitik. Weitgehend unbeachtet blieb demgegenüber alles das, was nicht dem unmittelbaren politischen Zugriff unterlag, die kulturelle Lebenswirklichkeit aber gleichwohl weiterhin mit prägte: sei es das ideologisch nicht beanstandete traditionelle Repertoire der Schönen Künste, seien es die Hervorbringungen einer auch unter dem Nationalsozialismus weiter expandierenden Massenkultur.

An diesem Punkt setzen immer wieder neue Fallstudien und Einzeldarstellungen an. Sie weisen nicht nur übertriebene Vorstellungen vom Ausmaß totalitärer Kultursteuerung zurück, sondern frappieren gewissermaßen ein ums andere Mal das jüngere Publikum mit eingängigen Beschreibungen einer Ästhetik jenseits der Lichtdome Albert Speers: Sei es die Entdeckung, daß man in Nazi-Deutschland Coca-Cola trank, sei es die Erkenntnis, daß Swing und Jazz, obwohl offiziell mißbilligt, geradezu prosperierten und selbst im Ghetto von Theresienstadt zur Aufführung gelangten[35]. Natürlich gab es alles das, sagen die ob solcher Forschungen mitunter etwas verwunderten Zeitgenossen. Ihre Stimme freilich wird von Jahr zu Jahr dünner, und schon deshalb gilt: Was einst als gewußt vorausgesetzt werden konnte, kann heute ein sinnvoller, ja notwendiger Gegenstand wissenschaftlicher Darstellung sein. Wenn die komplizierte Realität einer präzedenzlosen Diktatur nicht hinter dürren Begriffen wie dem der «Gleichschaltung» – oder einem nicht minder inhaltsleer gewordenen Begriffspaar wie «Widerstand und Verfolgung» – verschwinden soll, dann sind es durchaus auch solche Themen, die weiterhin bearbeitet werden müssen.

Ungleich wichtiger noch ist allerdings die erneute, vertiefte Beschäftigung mit den singulär verbrecherischen Dimensionen dieser Herrschaft, und gerade dafür bietet der Abschied von der Zeitgenossenschaft auch große Chancen. Dabei ist keineswegs nur an die eingangs erwähnte Konzentrationslagerforschung zu denken, die nun ihre letzten Zeitzeugen verliert (und nicht einmal Steven Spielbergs weltumspannendes Multimedia-Projekt wird das verhindern können), sondern vor allem auch an die Etappen der Ausgrenzung, Beraubung und Verfolgung, die dem Genozid vorausgegangen sind und deren sozialgeschichtliche Erforschung noch ganz in den Anfängen steckt[36].

Gerade hier werden sich die Forschungsmöglichkeiten in dem Maße verbessern, in dem nicht mehr länger falsche Rücksicht auf die Biographien und Interessen einstiger Täter, Mittäter und Nutznießer genommen werden muß, wie dies insbesondere bei dem Massenphänomen der «Arisierung» lange der Fall gewesen ist, das seinerzeit ja nicht nur massenhaft Opfer, sondern auch massenhaft Profiteure produzierte[37]. Mit dem Ende der Zeitgenossenschaft eröffnet sich die Chance, die ausstehende Wirkungsgeschichte der «Arisierung» zugleich als Wirkungsgeschichte der Restitution in die Nachkriegsgeschichte hinein fortzuschreiben[38].

Sinngemäßes gilt im Grunde für fast alle Bereiche der nationalsozialistischen Ausgrenzungs- und Vernichtungspolitik[39]. In ihrer epochenübergreifenden sozial-, alltags- und mentalitätsgeschichtlichen Erforschung wird sich die Bedeutung der politikgeschichtlichen Zäsur des Jahres 1945 spezifizieren[40]. Und vieles wird sich, darauf deuten erste entsprechende Untersuchungen hin[41], als kontinuitätsbeladener erweisen, als es eine aus dem Geist der sogenannten Stunde Null geborene, nicht zuletzt legitimatorisch angelegte Bundesrepublik- und DDR-Forschung lange Zeit wahrhaben mochte.

Insgesamt dürfte es einer NS-Historiographie jenseits der Zeitgenossenschaft leichter werden, sich detaillierten Untersuchungen individuellen und kollektiven Verhaltens zuzuwenden, ohne deshalb wie automatisch mit dem Vorwurf der Denunziation oder, nicht weniger gravierend, der Apologie rechnen zu müssen. Zurücktreten wird, kurz gesagt, die öffentliche Wahrnehmung der NS-Forschung als Historiographie im Gestus der politisch-moralischen Anklage, im Ton der Enthüllung. Ungeachtet ihrer frühzeitigen Akademisierung war dies die Form, in der sie im Bewußtsein des Publikums lange Zeit präsent gewesen ist und wogegen sie, gelegentlich auch mit falschen Mitteln und auf falschen Wegen, versucht hat anzugehen.

Beispiel für einen solchen falschen Weg ist der Umgang mit einem Quellenkorpus, der in der Anfangsphase der Zeitgeschichtsforschung eine zentrale Rolle spielte, dann aber geradezu in Acht und Bann getan wurde: die sogenannten Nürnberger Dokumente, die während der Vorbereitung des Internationalen Militärtribunals und der Nachfolgeprozesse aus den erhaltenen NS-Registraturen zusammengestellt worden waren und angesichts der generellen Beschlagnahme der deutschen Akten dann bis gegen Ende der fünfziger Jahre die wichtigste Materialgrundlage der empirischen NS-Forschung bildeten. Schon bald nach Ende der Besatzungszeit verfielen aber nicht nur die alliierten Sühnebemühungen aus der Sicht der meisten Deutschen

dem Verdikt der Siegerjustiz, auch den Nürnberger Akten haftete nun zunehmend das Odium an, aus dem Zusammenhang
gerissene «Anklagedokumente» zu sein. Als Folge davon ver-
schwand fast völlig die Bereitschaft, diesen außerordentlich
reichhaltigen Bestand noch weiter auszuwerten – darunter immerhin viele Unterlagen von Verteidigern und Verhörprotokol-
le, zu denen sich in den amtlichen deutschen Akten selbstverständlich nichts Vergleichbares findet.

Im Kontext der endlich stärker in Gang kommenden Erforschung der Rolle der Industrie im Rahmen der deutschen Groß-
raumpolitik erweist sich nun – konkret etwa am Engagement der
IG Farben in Auschwitz-Monowitz[42] –, welche große Beachtung
das Nürnberger Quellenmaterial (in diesem Fall die Akten des
IG-Farben-Prozesses) tatsächlich verdient. Andere Beispiele ließen sich anfügen, doch sie alle würden nur zeigen, daß es der
NS-Forschung schon lange nicht mehr an Quellen fehlt; wohl
aber gebrach es über lange Strecken der «inneren Freiheit», diese Quellen umfassend auszuwerten. Seit einiger Zeit jedoch
wächst erfreulicherweise sogar in der deutschen Wirtschaft die
Bereitschaft, diese Freiheit zu gewähren[43] – auch dort wohl ein
Zeichen nachlassender Zeitgenossenschaft.

Die im Prinzip natürlich stets gegebene, inzwischen aber
auch genutzte Möglichkeit, alte Quellen neu zu befragen, min-
dert jedoch nicht die Bedeutung der durch die veränderte Welt-
lage seit 1989/90 in Osteuropa neu zugänglich gewordenen Akten. War die Existenz eines Teils des Materials, vor allem in den
polnischen Archiven und Konzentrationslager-Gedenkstätten,
wenigstens in Umrissen auch vorher schon bekannt – einiges
konnte dort mit Einschränkungen auch benutzt werden –, so
galten die in den Moskauer Spezial- und Sonderarchiven aufbe-
wahrten Bestände (die sich keineswegs nur auf die NS-Zeit beziehen) bis dahin als verschollen. Gerade für die quellenmäßig
bisher besonders schlecht dokumentierten Bereiche des nationalsozialistischen Repressions- und Terrorapparates finden sich

in Moskau wichtige Dokumente: etwa aus dem Reichssicherheitshauptamt, dem SS-Wirtschafts- und Verwaltungshauptamt und dem SD, dessen Judenpolitik in den dreißiger Jahren nun schlagartig sichtbar wird und manche seit langem vermeintlich sichere Interpretation als korrekturbedürftig erweist[44].

Doch bei aller Begeisterung für die neuen Quellen: Es wäre falsch, der von jeher gerne gestellten Frage, was denn die NS-Forschung immer noch zu forschen habe und ob es nach 20, 30, 40 oder 50 Jahren nicht «endlich genug» damit sei[45], nun mit dem Hinweis auf eine neue Materialgrundlage begegnen zu wollen. Ein solches Hilfsargument käme der prosperierenden Forschung zur Geschichte des 19. und frühen 20. Jahrhunderts bezeichnenderweise gar nicht in den Sinn, und es hieße, eine Chance zu vergeben, würde man es anstelle der grundlegenden Einsicht propagieren, wonach jede Zeit ihr Bild von der Vergangenheit neu gewinnen muß. Für die Epoche des Nationalsozialismus, die sich nunmehr aus der Zeitgeschichte löst und im Begriffe steht, Geschichte zu werden, gilt dies in besonderem Maße.

Mit «Normalisierung» hat das alles nichts zu tun, und schon aus semantischen Gründen wäre die Zunft gut beraten, diesen Begriff weit von sich zu weisen. Denn als anormal kann die NS-Forschung der vergangenen Jahrzehnte nur demjenigen erscheinen, der die Rückkehr zu einer affirmativen Staatshistoriographie ersehnt, wie sie für die NS-Zeit von vornherein nicht möglich war und wie sie der inzwischen nachgewachsenen Zeitgeschichte nicht zu wünschen ist.

Auch wenn, in einem fachwissenschaftlichen Sinne, der Nationalsozialismus eines nicht mehr allzu fernen Tages ganz Geschichte geworden sein wird – die historisch-politische Erfahrung dieser Herrschaft wird Quelle intellektueller Beunruhigung und Anstoß moralischer Auseinandersetzung bleiben: Dies nicht etwa, weil die Welt seitdem (und parallel dazu) keine Menschheitsverbrechen mehr gesehen hätte, sondern weil, wie Primo

Levi wußte, auf immer möglich bleibt, was einmal möglich war. Der skeptischen Hoffnung, die der Auschwitz-Überlebende im Moment seiner Befreiung gleichwohl noch haben konnte, sind wir Zeitgenossen des ausgehenden 20. Jahrhunderts beraubt. Das aber ist kein Grund, sich mit dem Nationalsozialismus nicht mehr zu befassen, sondern ganz im Gegenteil Anlaß, damit aufs neue zu beginnen: in der durch den Abschied von der Zeitgenossenschaft veränderten Konstellation.

Ob dieser faktische Abschied uns in der Zukunft auch als Abschied erscheinen wird, ist heute freilich noch gar nicht zu sagen. Was wir jetzt sagen können, ist, daß die Kinder der Zeitgenossen die Erinnerung ihrer Eltern weitertragen, und im Blick auf die Verbrechen des Nationalsozialismus hat diese Erinnerung auch in der zweiten und dritten Generation nicht selten traumatischen Charakter. Die Unmittelbarkeit dieser Erfahrung – als Opfer, als Täter, als Zuschauer, als Historiker – geht nun verloren, aber vielleicht bleibt so etwas wie eine gelernte Zeitgenossenschaft. Gewiß scheint jedenfalls: So wie die Zeitgeschichte der NS-Zeit den Deutschen nie allein gehört hat, wird auch die Geschichte der NS-Zeit ein internationales Forschungsthema bleiben. Die paradigmatische Bedeutung dieser Vergangenheit ist nicht vergangen. Sie wird, allen neurechten Hoffnungen zum Trotz, auch künftig nicht vergehen.

Die Rückkehr des Rechts

Justiz und Zeitgeschichte nach dem Holocaust

Als der Prozeß von Nürnberg im Sommer 1946 nach nur
200 Verhandlungstagen sich seinem Ende näherte, bekundete
Hannah Arendt in einen Brief an Karl Jaspers ihre grundsätz-
lichen Zweifel gegenüber diesem historisch beispiellosen Versuch, einem historisch beispiellosen Verbrechen mit den Mitteln
des Rechts zu begegnen. Anders als ihr wiedergefundener ver-
ehrter Lehrer, der durchaus einverstanden war mit dem Konzept, die politischen Verbrechen der Nationalsozialisten als
«kriminelle Schuld» zu begreifen und auch als solche zu ahnden[1], meinte Arendt, diese Schuld lasse sich «juristisch nicht
mehr fassen». Gerade das mache ihre «Ungeheuerlichkeit» aus.
Für die Verbrechen des «Dritten Reiches» gebe es keine angemessene Strafe mehr, befand Hannah Arendt in diesem halb
hingeworfenen, halb durchkomponierten[2] Text, um dann ihr be-
rühmtes Diktum folgen zu lassen: «Göring zu hängen, ist zwar
notwendig, aber völlig inadäquat. Das heißt, diese Schuld, im
Gegensatz zu aller kriminellen Schuld, übersteigt und zerbricht
alle Rechtsordnungen. Dies ist auch der Grund, warum die Nazis in Nürnberg so vergnügt sind; die wissen das natürlich.»[3]
Hannah Arendt ahnte in diesem Moment nicht, daß justa-
ment Hermann Göring das Vergnügen dann doch noch ein paar
Stunden früher als von seinen Richtern geplant mit einer Gift-
kapsel beenden würde. Erschießen hätte er sich lassen, erklärte
Göring in einem hinterlegten Schreiben an den Alliierten Kontrollrat, aber «den Deutschen Reichsmarschall durch den Strang
zu richten» habe er «um Deutschlands willen nicht zulassen»
können[4]. Der Öffentlichkeit wurden diese Zeilen damals nicht

bekannt, doch daß Göring sich vor seinem Abtritt noch einmal
der Rhetorik des völkischen Heroismus bedient haben würde,
lag zu vermuten nahe. Denn das entsprach nicht nur der Pose,
die er während des Prozesses eingenommen hatte; es entsprach
auch populären Erwartungen. Ein Indiz dafür sind jene Reaktionen, die Karl Jaspers in diesen Oktobertagen 1946 beobachtete:
Viele Deutsche, so schrieb er an Hannah Arendt, sähen in dem
Selbstmord «schon wieder etwas Großartiges – während es nur
die einfache Unfähigkeit des Gefängnispersonals ist»[5].

Mit seinem scheinbar selbstbestimmten Abgang war es dem
zweiten Mann des «Dritten Reiches» offensichtlich gelungen,
jenen Verdacht noch einmal zu nähren, den Goebbels' Durch-
haltepropaganda gegen Ende des Krieges zum Zwecke der Mobilisierung letzter Kampfreserven systematisch ausgestreut hatte: den Verdacht nämlich, die Justiz der Sieger werde sich als
rächende Siegerjustiz erweisen. Dieses Vorurteil begleitete die
justitiellen Ahndungsbemühungen der Alliierten von der ersten
Stunde an, und das fatalste daran war, daß es sich dabei um ein
Wahrnehmungsmuster handelte, dem auch viele Deutsche an-
hingen, die persönlich gar nichts zu befürchten hatten.

Solche Fakten und Zusammenhänge sind es, die unserer Aufmerksamkeit bedürfen, wenn wir als Historiker versuchen wollen, die Geschichte der seit 1945 unternommenen Anstrengungen zu schreiben, nationalsozialistisches Unrecht mit den
Mitteln des Rechts zu ahnden. Daß diese Geschichte nicht zuletzt – vielleicht sogar in erster Linie – als eine Geschichte der
Unterlassungen geschrieben werden muß, ist unschwer zu
erahnen. Das ändert aber nichts daran, daß es triftige Gründe
gibt, diese Aufgabe entschlossen anzugehen[6]:
– Zunächst und vor allem ist das Faktum zu nennen, daß es sich
bei der justitiellen Auseinandersetzung mit dem Nationalsozialismus um einen zentralen Aspekt seiner Nachgeschichte
handelt – einer Nachgeschichte, die insgesamt als spezifisches
Element der Geschichte der beiden deutschen Nachfolge-

staaten des «Dritten Reiches» viel zu lange im Schatten des historiographischen Interesses geblieben ist.

– Weiter ist darauf hinzuweisen, daß es sich dabei um einen ebenso langwierigen wie komplizierten (und im doppelten Sinne des Wortes historischen) Prozeß handelt, der am Ende einen wohl fünfmal so langen Zeitraum umfassen wird wie die Zeit der Unrechtsherrschaft selbst, der sich nun aber, wie damit implizit schon gesagt ist, erkennbar diesem Ende nähert.

– Erforderlich ist deshalb wenn nicht ein Wechsel, so doch eine fundamentale Ergänzung der von der Zeitgeschichtsforschung in diesem Zusammenhang bisher eingenommenen Perspektive: Während die im Rahmen staatsanwaltschaftlicher Ermittlungen und der Rechtsprechung in NS-Strafsachen produzierten Akten bisher fast ausschließlich als Quellen für die historische Erforschung der zu ahndenden Verbrechenstatbestände herangezogen wurden, geht es nunmehr darum, diese Akten als Dokumente der Ahndungsbemühungen beziehungsweise der Ahndungsverhinderung zu lesen.

– Für diesen Perspektivenwechsel spricht, daß er einen Einstieg in die überfällige Historiographie der Zeitgeschichtsforschung nach 1945 eröffnen könnte. Denn spätestens seit Anfang der sechziger Jahre prägten Zeithistoriker als Gutachter und Sachverständige die Verfahren wegen nationalsozialistischer Gewaltverbrechen (NSG-Verfahren) in erheblichem Maße mit. Es wird deshalb auch darauf ankommen, die Möglichkeiten der Befragung von Zeithistorikern als Zeitzeugen zu nutzen.

– Schließlich ist 1989/90 ein neues Argument hinzugekommen: Seit dem Ende der DDR drängt sich nicht nur der Vergleich von «zweierlei Bewältigung» des Nationalsozialismus auf[7], sondern auch die Frage, inwiefern die Erfahrungen mit der politischen Säuberung nach 1945 im Westen als Maßstab und Motivation bei der justitiellen Aufarbeitung des DDR-Unrechts dienen können und sollen. Das Problem mit dieser

Frage ist allerdings, daß ihre abstrakte Beantwortung immer
schon unmöglich war. Denn jedes wissenschaftliche oder politische Nachdenken über den Sinn und die Möglichkeiten
einer Ahndung von DDR-Unrecht stand a priori unter dem
Einfluß eines mittlerweile doch recht ausgeprägten öffentlichen Bewußtseins hinsichtlich der Versäumnisse und Leistungen der Aufarbeitung der NS-Vergangenheit, und zwar
sowohl bei den «alten» als auch bei den «neuen» Bürgern der
Bundesrepublik[8].

Stellt man den zuletzt genannten Aspekt angesichts der damit
noch verbundenen tagespolitischen Kalküle einstweilen zurück,
so ergibt sich mit Blick auf das NS-Unrecht: Der Schlüssel für
eine historiographisch angemessene Darstellung und Deutung
der darauf bezogenen justitiellen Bemühungen und Unterlassungen liegt in ihrem politischen und gesellschaftlichen Kontext
– und er liegt nicht in dem Versuch der retrospektiven Validie-
rung der von diesem Kontext ja nur vorgeblich losgelösten for-
malrechtlichen Einwände, wie sie seit 1945/46 immer wieder erhoben worden sind und zum Teil noch heute hartnäckig
verteidigt werden.

Wenn es gelingt, darüber Klarheit herzustellen, mag man sich
erneut auch jenen ernsten rechtsphilosophischen Vorbehalten
nähern, die Hannah Arendt im Angesicht von Nürnberg formulierte und deren schwacher Widerschein sich 15 Jahre später
noch in ihrem damals so umstrittenen Bericht über den Jerusale-
mer Eichmann-Prozeß findet[9]. Dann nämlich wäre es möglich
zu prüfen – und zwar ohne die Befürchtung, dies könnte apologetischen Interessen dienen –, inwiefern Arendts Kritik an den
Prozessen fruchtbar zu machen ist: Als Frage nach dem spezifischen Ort, nach der Funktion von Gerichtsverfahren im Rahmen einer vielleicht nicht prinzipiell, aber noch auf lange Dauer
unabschließbaren Nachgeschichte des Nationalsozialismus –
und allgemein im Rahmen demokratischer Nachgeschichten
von Diktaturen im 20. Jahrhundert[10].

I.

Wer die Anfänge der justitiellen Auseinandersetzung mit dem Nationalsozialismus verstehen will, muß zunächst Klarheit gewinnen über die Befindlichkeit der Deutschen bei Kriegsende. Zu den überraschendsten Erfahrungen, die Deutschland im ersten Sommer nach Hitler bereithielt, gehörte das fast völlige Ausbleiben von Akten der Rache. Selbst auf lokaler Ebene, dort also, wo die Erfahrung von Terror und Unterdrückung Gesichter hatte, kam es kaum zu Tätlichkeiten gegen die Repräsentanten des untergegangenen Regimes. Von Äußerungen des Volkszorns, von einem breiten gesellschaftlichen Bedürfnis nach Vergeltung, konnte keine Rede sein. Statt dessen bewegte sich die Abrechnung mit dem Nationalsozialismus und seinen Dienern praktisch von Anfang an in den Bahnen formalisierten Rechts.

Daß die politische Säuberung in Deutschland, anders als etwa in Italien oder in Frankreich[11], nicht geprägt war durch blutige Rachenahme, sondern durch justitielle und bürokratische Verfahren, hatte einen wichtigen Grund gewiß in der massiven Präsenz der Besatzungsmächte und in der von ihnen zunächst vollständig beanspruchten Regierungsgewalt. Zugleich aber war es Ausdruck einer nicht nur politisch, sondern auch mental völlig anderen Ausgangslage.

Diese Ausgangslage bestand, pointiert gesagt, darin, daß die Mehrheit der Deutschen sich im Frühjahr 1945 zunächst weniger befreit als vielmehr besiegt empfand. Gewiß waren die meisten dankbar, den Krieg überlebt zu haben, und viele waren wohl auch erleichtert darüber, aus der Indienstnahme durch das Regime entlassen zu sein. Aber diese Dankbarkeit verband sich doch häufig mit dem zumindest untergründigen Gefühl einer volksgemeinschaftlichen Verstrickung: mit der Ahnung, moralisch nicht unbeschädigt durch die «große Zeit» gekommen zu sein – und deshalb besser nicht über den Nachbarn zu richten. Selbstverständlich gab es in den kleinen Zirkeln entschiede-

ner NS-Gegner autochthonen deutschen Säuberungswillen,
und ebenso wie im politischen Exil hatte man sich im Kreisauer
Kreis schon im Sommer 1943 unter dem Eindruck der Massenverbrechen des Regimes intensiv Gedanken gemacht über die
Frage der «Wiederaufrichtung der Herrschaft des Rechts»[12].
Von einem verbreiteten Bedürfnis nach politischer Abrechnung,
nach einer wie auch immer gearteten Prozedur der gesamtgesellschaftlichen Säuberung, in der schließlich jeder einzelne auf
dem Prüfstand stehen würde, konnte angesichts der vorherr-
schenden sozialpsychischen Ausgangslage allerdings nicht die
Rede sein.

Konfrontiert mit der säuberungspolitischen Entschlossenheit
der Alliierten, begann sich die Mehrheit vielmehr sehr rasch als
«Opfer» zu sehen: nicht nur als Opfer von Bombenkrieg, Flucht
und Vertreibung, sondern als Opfer einer in der Tat empfind-
lichen Praxis der Internierung[13], als Opfer einer spätestens aufgrund der Ungerechtigkeiten des ausgedehnten «Persilschein»-
Wesens zur Farce geratenen Entnazifizierung – und ganz allgemein als Opfer einer vermeintlich postulierten Kollektivschuldthese[14]. Deren Abwehr setzte bereits ein, als in der Umgebung
der eben befreiten Konzentrationslager jene Mehrheit, die sich
ganz und gar unschuldig wähnte, von den Besatzungstruppen
gezwungen wurde, das dortige Grauen zur Kenntnis zu nehmen.
Die mit den Toten und Überlebenden der sogenannten Evaku-
ierungsmärsche vollgestopften Lager vermittelten auf diese
Weise ein paar Wochen lang wenigstens eine Ahnung von dem
ansonsten noch weitgehend unaufgedeckten Zentralverbrechen
der NS-Zeit, dem «im Osten» abgewickelten Mord an den europäischen Juden.

Zweierlei ist damit implizit bereits gesagt: Zum einen, daß die
Abrechnung mit dem Nationalsozialismus zunächst und vor
allem ein Projekt der Alliierten, nicht der Deutschen war, und
zum andern, daß der viel später erst so genannte Holocaust *nicht*
im Zentrum dieser Ahndungsbemühungen stand. Hinzuweisen

ist drittens schließlich noch einmal auf die Präzedenzlosigkeit des mit dem Nürnberger Prozeß eröffneten Verfahrens: Zum ersten Mal in der Geschichte war es gelungen, Prinzipien des Völkerrechts systematisch an die Stelle von Rache und Vergeltung zu setzen.

II.

Mit dem *International Military Tribunal* kehrte das Recht nach Deutschland zurück. Doch daß dieses Recht willkommen war, wird man nicht behaupten können. Aufschlußreich dafür sind die seinerzeit im Auftrag der Amerikaner erhobenen demoskopischen Befunde: Während der Laufzeit des Nürnberger Prozesses, das heißt zwischen dem 20. November 1945 und dem 1. Oktober 1946, hielten erstaunliche 78 Prozent der Befragten das Verfahren gegen Göring und Konsorten für «fair». Nur vier beziehungsweise sechs Prozent meinten, es sei «unfair», wie die einstigen Spitzen von Partei, Staat und Wehrmacht vor dem Internationalen Militärgerichtshof zur Rechenschaft gezogen wurden. Vier Jahre später allerdings, im Herbst 1950, hatte sich das Bild radikal geändert: Genau 30 Prozent meinten nun, der Prozeß sei «unfair» gewesen, und nur noch 38 Prozent fanden weiterhin, die sogenannten Hauptkriegsverbrecher seien «fair» behandelt worden[15]. Wie ist dieser dramatische Umschwung zu erklären? Was war zwischen 1945/46 und 1950 geschehen, das so vielen Deutschen Anlaß gab, ihre Meinung zu revidieren?

Bei aller Sorgfalt, die man der damaligen Umfrageforschung unterstellen darf: Vieles spricht für die Annahme, daß die Demoskopen mit ihrer Frage hinsichtlich der Fairneß von «Nürnberg» im Abstand von vier Jahren anderes gemessen hatten als der Deutschen Mitleid mit den Spitzen des Regimes. Zu vermuten ist, daß das ablehnende Votum in weit stärkerem Maße ein Urteil über die gesamte Phase der justitiellen Säuberung darstellte, die, wie bereits angedeutet, mehrheitlich eindeutig nega-

tiv erlebt worden war; daß die Antwort jedenfalls keineswegs nur
den erbetenen retrospektiven Kommentar zu jenem «Jahrhundertprozeß» bedeutete, an dessen Weisheit im Zeichen des Kalten Krieges nun übrigens auch jenseits des Atlantiks die nach-
träglichen Zweifel wuchsen.

In das Urteil der Deutschen floß, so scheint es, fast unvermeidlich auch die Erfahrung und Bewertung jener Prozesse ein,
in denen sich – anders als vor dem IMT – in erster Linie Angehörige der militärischen, wirtschaftlichen und bürokratischen
Eliten zu verantworten hatten: Das waren vor allem die zwölf
sogenannten Nürnberger Nachfolgeprozesse, aber auch zahlreiche Verfahren vor den Militärgerichten in den einzelnen Besatzungszonen, die ihre Tätigkeit zum Teil bereits im Sommer
1945 aufgenommen hatten und vor denen sich etliche tausend
Beschuldigte angeklagt sahen[16].

Wenn deutsche Rechtsgelehrte gegen Ende der vierziger Jahre beleidigt bemerkten, es sei fremdes, nämlich das «angelsächsische Recht» gewesen, das 1945 in Deutschland Einzug gehalten habe, so war dies nicht ganz falsch. Geflissentlich übersehen
wurde dabei allerdings, daß sich die für die Urteilsbildung
schließlich relevanten Unterschiede im wesentlichen auf das
Prozeßrecht beschränkten, jedenfalls nicht in der Strafbarkeit
von Raub, Mord und Totschlag lagen[17].

Die zunehmende Schärfe dieser Klagen reflektierte nicht nur
den Umstand, daß der Nürnberger Hauptprozeß ohne das Engagement der Amerikaner schwerlich zustande gekommen wäre[18]; wohl mehr noch zielte sie auf die Tatsache, daß es die Amerikaner waren, die das Konzept einer systematischen justitiellen
Ahndung der nationalsozialistischen Verbrechen in den Nachfolgeprozessen auch nach dem Zerbrechen der Anti-Hitler-
Koalition bis Mitte 1949 im Alleingang weitergeführt hatten.

Immerhin 184 handverlesene Vertreter jener gesellschaftlichen Eliten, die das Funktionieren des NS-Systems garantiert
und zu seinen Verbrechen entscheidend beigetragen hatten,

mußten sich in den Nürnberger Nachfolgeprozessen verantworten: Generäle, Wirtschaftsführer, Juristen, hohe Beamte, Einsatzgruppenkommandeure, Ärzte. Und das Ergebnis der Verfahren ließ an Eindeutigkeit nichts zu wünschen übrig: Vier Fünftel der Angeklagten wurden verurteilt, 12 von 24 Todesurteilen vollstreckt.

Dies alles war auch insofern von hoher Symbolkraft, als es sich keineswegs um Verfahren der ersten Stunde handelte; die spätesten der Nachfolgeprozesse gingen erst zu Ende, als das Grundgesetz bereits verabschiedet war, und die letzten sieben Todesurteile wurden vollstreckt, als die neue Verfassung bereits seit zwei Jahren in Kraft war – eine Verfassung im übrigen, die die Todesstrafe, ebenso wie die Möglichkeit der Auslieferung deutscher Staatsbürger, eindeutig auch mit Blick auf jenes «angelsächsische Recht» für abgeschafft erklärt hatte, dessen Fortwirken inzwischen zu vielfältigen Solidarisierungsaktionen mit den verurteilten Kriegsverbrechern führte[19].

Nicht, daß man in den Kreisen der Großwirtschaft nicht alles getan hätte, um den in Nürnberg ja in der Tat nur exemplarisch vor Gericht gestellten Krupps und Flicks und ihren Managern Unterstützung zuteil werden zu lassen; doch das war wenig im Vergleich zu jener nur mit Mühe gebändigten Empörung, die durch die westdeutsche Oberschicht ging, als die Amerikaner es wagten, den langjährigen Staatssekretär des Auswärtigen Amts, Ernst von Weizsäcker, im sogenannten Wilhelmstraßen-Prozeß noch im April 1949 zur Rechenschaft zu ziehen.

Marion Gräfin Dönhoff kämpfte in der *Zeit* beharrlich für die Freilassung des trotz aller Mühen von Zeugen und Verteidigern zu sieben Jahren Haft Verurteilten, der ihr – und nicht nur ihr – als Inbegriff jener aristokratisch-preußischen Staatsauffassung galt, die gegenüber deren nationalsozialistischen Usurpatoren klar abgegrenzt und gegenüber den Besatzungsmächten unbedingt verteidigt werden sollte. Nur einmal, in einem Kommentar anläßlich der Auslieferung des ostpreußischen Gauleiters

Erich Koch an Polen, verlor die Gräfin in aufschlußreicher Weise die Contenance: «Wir sind es satt mitanzusehen, daß Männer wie Weizsäcker und andere, die unter ständiger Gefährdung ihres eigenen Lebens gegen Leute vom Schlage Kochs gekämpft haben, von alliierten Gerichten verurteilt werden – so als ginge uns das alles gar nichts an.»[20] Aus diesem Aufschrei sprach nicht nur die Überzeugung, daß den deutschen Führungseliten Unrecht geschehen war; er war ein Zeichen für die eher noch zu- als abnehmenden Aversionen gegen das – wie es inzwischen längst und mit durchaus absichtsvollem Bezug auf Weimar hieß – «System von Nürnberg»[21].

III.

Wenn für die Phase zwischen Kriegsende und Gründung der beiden deutschen Staaten von justitieller Abrechnung mit dem Nationalsozialismus die Rede ist, wird oft vergessen, daß es in diesen Jahren neben den Nürnberger Prozessen und den Militärgerichtsverfahren in allen vier Besatzungszonen auch Anstrengungen der deutschen Justiz gegeben hat, NS-Unrecht zu sühnen. Über Qualität und Gehalt dieser Rechtsprechung ist bis heute allerdings nur wenig bekannt; die zeitgeschichtliche Forschung ist auf diesem Feld eher noch weiter zurück als hinsichtlich der Rechtsprechung der Alliierten.

Verbessert hat sich dieser Zustand inzwischen in bezug auf die sowjetisch besetzte Zone, für die allerdings lange Zeit auch nur sehr grobe Zahlen und vage Eindrücke vorlagen. Danach sind bis 1950 etwa 8300 Urteile in NS-Strafsachen ergangen, darunter etwa 50 Todesurteile. In den berüchtigten Waldheimer Prozessen, in denen im Sommer 1950 gegen diejenigen Internierten aus den aufgelösten sowjetischen Lagern verhandelt wurde, die man nicht freigelassen, sondern der ostdeutschen Justiz zur Aburteilung überstellt hatte, gab es noch einmal 3400 Verurteilungen, darunter 33 Todesurteile. Tatsächlich hingerichtet wurden

in der SBZ bzw. der DDR insgesamt 24 der als NS- oder Kriegsverbrecher Verurteilten[22].

Für die Westzonen ist Martin Broszat in einem bahnbrechenden Aufsatz aus dem Jahre 1981 zu dem Ergebnis gekommen,
daß die Anstrengungen einer – wie er es nannte – strafrechtlichen «Selbstreinigung» sowohl quantitativ als auch qualitativ
beachtlich gewesen seien[23]. Insgesamt wurden in der amerikanischen, britischen und französischen Zone von deutschen Gerichten bis Ende 1949 rund 4400 NS-Täter rechtskräftig verurteilt; die Zahl der eingeleiteten Ermittlungsverfahren lag sogar
bei 13 600[24].

Eine vorläufige Würdigung dieser Ahndungsbemühungen
kann an den objektiven Beschränkungen nicht vorbeisehen, denen die seit etwa Ende 1945 sich reorganisierende westdeutsche
Justiz gegenüberstand. So behinderten nicht nur allgemeine
Schwierigkeiten, die sich aus den Kriegszerstörungen ergaben,
ihre Ermittlungstätigkeit; im Zuge der Entnazifizierung war anfangs auch die Personaldecke beträchtlich ausgedünnt. Vor allem
aber ist zu berücksichtigen, daß die Alliierten mit dem Kontrollratsgesetz Nr. 4 (vom 30. November 1945) die Zuständigkeit der
deutschen Gerichte für Straftaten aufgehoben hatten, die «von
Nazis oder von anderen Personen begangen wurden und die sich
gegen Staatsangehörige Alliierter Nationen oder deren Eigen-
tum richten»[25]. Damit lagen insbesondere der Mord an den europäischen Juden sowie das Gros der Konzentrationslager- und
der Kriegsverbrechen einstweilen außerhalb der deutschen Juris-
diktionsbefugnis.

Der deutschen Gerichtsbarkeit entzogen blieben zunächst
auch «Versuche zur Wiederherstellung des Naziregimes oder
zur Wiederaufnahme der Tätigkeit der Naziorganisationen»,
und spätestens daraus wird deutlich: Hinter den Einschränkungen stand unausgesprochen ein massiver politischer und moralischer Vorbehalt. Dahinter stand, kurz gesagt, die Vermutung,
eine Justiz, die sich trotz vorgeschalteter Entnazifizierung nach

Lage der Dinge im wesentlichen aus Richtern und Staatsanwäl-
ten zusammensetzte, die auch schon unter Hitler Dienst getan
hatten, könnte schwerlich in der Lage – und womöglich nicht
einmal willens – sein, den überlebenden Opfern der NS-Herrschaft Gerechtigkeit zu verschaffen. Besonders naheliegend erschien diese Annahme den Alliierten im Blick auf die nichtdeut-
schen NS-Verfolgten. Bei Verfahren, die diesen Kreis betrafen,
waren deshalb nicht einmal Ausnahmegenehmigungen an die
deutsche Justiz vorgesehen, wie sie das Kontrollratsgesetz Nr. 10
vom 20. Dezember 1945, das die «Bestrafung von Personen [re-
gelte], die sich Kriegsverbrechen, Verbrechen gegen den Frieden oder gegen die Menschlichkeit schuldig gemacht haben»,
ansonsten durchaus gestattete.

So wurde in der britischen und in der französischen Zone
deutschen Gerichten die Zuständigkeit für die Aburteilung von
Verbrechen, die «deutsche Staatsbürger oder Staatsangehörige
gegen andere deutsche Staatsbürger oder Staatsangehörige oder
gegen Staatenlose begangen haben», generell erteilt, in der
amerikanischen Zone jeweils fallbezogen. Damit hatten auch
deutsche Gerichte explizit die Möglichkeit, Kriegsverbrechen,
Verbrechen gegen den Frieden und Verbrechen gegen die
Menschlichkeit zu verfolgen, sofern diese von Deutschen an
Deutschen (oder an Staatenlosen) begangen worden waren.

Adalbert Rückerl, der langjährige Leiter der Zentralen Stelle
der Landesjustizverwaltungen zur Aufklärung nationalsozialistischer Verbrechen in Ludwigsburg, hat dazu später bemerkt, diese Ermächtigung habe vielen deutschen Richtern und Staatsan-
wälten «arges Kopfzerbrechen» bereitet. Denn, so Rückerl: «Sie
sahen sich gezwungen, besatzungsrechtliche Vorschriften rück-
wirkend anzuwenden und damit gegen den nicht nur im deutschen Recht[,] sondern in den Kodifikationen aller modernen
Rechtsstaaten verankerten fundamentalen Grundsatz des Rück-
wirkungsverbotes zu verstoßen.»[26]

Allerdings wurde die Schwere dieser Gewissensnot damals

auch gerne übertrieben. Zum einen nämlich handelte es sich bei den zur Ahndung anstehenden Verbrechen durchwegs um Taten, die auch mit dem gewöhnlichen, zur Tatzeit in Deutschland geltenden Strafrecht wirkungsvoll geahndet werden konnten; zum andern demonstrierten offenbar nicht wenige Richter in der britischen Zone immer wieder, daß sich das vermeintliche Problem bei ernsthaftem Ahndungswillen einfach lösen ließ: Und zwar, indem man den Urteilsspruch sowohl mit den alliierten Strafbestimmungen als auch mit den entsprechenden Paragraphen des deutschen Strafgesetzbuches begründete[27]. Insofern erscheint Rückerls vorsichtiger Hinweis mehr als begründet, wonach bereits in dieser Phase deutscher Rechtsprechung in NS-Sachen nicht selten ein «durch den echten oder vermeintlichen Zwang einer rückwirkenden Gesetzesanwendung ausgelöstes inneres Widerstreben erkennbar [war], das in freisprechenden Urteilen oder auch in einer zögerlichen Verfahrensführung ihren Ausdruck fand»[28].

Leider ist die Forschung noch nicht so weit, konkret zeigen zu können, wie sich dieses «innere Widerstreben» auf die Rechtspraxis der späten vierziger Jahre ausgewirkt hat. Manches spricht allerdings dafür, auch schon für diese Phase eine weitverbreitete Abwehrhaltung anzunehmen, möglicherweise sogar eine systematisch betriebene Obstruktionspolitik. Betrachtet man den Organisationsgrad vergangenheitspolitischer Interessen in den frühen fünfziger Jahren, so ist die Vermutung jedenfalls mehr als naheliegend, daß die Aversionen gegen das «System von Nürnberg» nicht erst seit Gründung der Bundesrepublik bis in die Gerichtssäle hinein durchgeschlagen haben.

IV.

Vergegenwärtigt man sich die Schwere der Verletzungen, die dem Recht und dem Rechtsbewußtsein in den Jahren der NS-Herrschaft unter maßgeblicher Hilfe, ja unter Anleitung von Juristen beigebracht worden waren, dann erscheinen die Defizite, die mit seiner Rückkehr einhergingen, nicht unerklärlich. Dennoch bleibt vieles schockierend, was uns beispielsweise als Rechtsprechung in Entschädigungs- und Wiedergutmachungssachen aus den fünfziger und sechziger Jahren – und zum Teil darüber hinaus – entgegentritt. Die historisch-empirische Erforschung dieser die überlebenden Opfer nicht selten ein zweites Mal diskriminierenden Rechtspraxis, die bis heute im wesentlichen auf der Kenntnis einiger schon zeitgenössisch auf Empörung gestoßener Urteile fußt[29], ist ein dringendes wissenschaftliches und politisch-moralisches Desiderat.

Gleiches gilt für die Rechtspolitik und die Rechtspraxis gegenüber den NS-Straftätern. Daß der Ahndungswille einer nahezu vollständig restaurierten deutschen Justiz angesichts der vergangenheitspolitischen Signale aus Bonn schon in den frühen fünfziger Jahren rapide nachließ und gegen Mitte des Jahrzehnts praktisch zum Erliegen gekommen war, ist mittlerweile bekannt. Und bekannt ist auch, daß erst der 1958 – durch einen Zufall – in Ulm zustande gekommene Prozeß gegen das Einsatzkommando Tilsit eine größere Öffentlichkeit aufhorchen ließ.

Weniger ins allgemeine Bewußtsein gedrungen ist bisher, daß es nicht zuletzt der permanente propagandistische Druck aus Ostberlin war, der gegen Ende der fünfziger Jahre zu jenem langsamen Wandel der Situation beitrug. Die hartnäckige Kampagne gegen «Hitlers Blutrichter in Adenauers Diensten» gab nicht nur den Bonner Rechtspolitikern zu denken; sie schädigte auch nach Meinung weltreisender deutscher Industrieller das Ansehen und damit die Exportinteressen der Bundesrepublik im Ausland. Und schließlich dürfte das Faktum von Bedeutung gewesen sein, daß für 1960 die Verjährung von Totschlagsverbrechen bevorstand. Sollte diese Verjährung ohne größeren Protest aus dem Ausland eintreten, mußte vorher noch etwas geschehen, das den Ahndungswillen zumindest gegenüber den noch bis 1965 zu belangenden Mördern demonstrierte.

Zwar sind die damit angedeuteten Zusammenhänge, die Ende 1958 zur Einrichtung der Zentralen Stelle in Ludwigsburg führten, zu Teilen noch spekulativ[30]; aber sie vermögen zu zeigen, von welcher Bedeutung sowohl die genaue Erforschung dieser Gründungsgeschichte als auch der Rechtspolitik in den sechziger Jahren ist – und daß die zeithistorische Beschäftigung mit der Nachgeschichte des Nationalsozialismus hier eine genuine Aufgabe vor sich hat.

Vielleicht – es wäre sehr zu wünschen – kommt es dabei zu einer ähnlichen Kooperation zwischen Juristen und Historikern, wie sie seit Anfang der sechziger Jahre im Zuge eines erneuerten Ahndungswillens entstand und wie sie im Frankfurter Auschwitz-Prozeß von 1963 ihren zweifellos eindrucksvollsten Niederschlag fand. Ein Ergebnis dieser Anstrengungen waren jene grundlegenden Arbeiten zum System der Konzentrationslager, zur nationalsozialistischen Judenpolitik, zu den Einsatzgruppen der SS und zu einer Reihe anderer zentraler Fragen, die auf Initiative des hessischen Generalstaatsanwalts Fritz Bauer als Gutachten in das Verfahren eingebracht und danach unter dem berühmt gewordenen Titel *Anatomie des SS-Staates* veröffentlicht wurden[31].

Bei aller berechtigten Kritik, die etwa Martin Walser schon damals an dem Faktum übte, daß in dem Frankfurter Prozeß nur die ausführenden Mordgesellen, nicht aber die Schreibtischtäter vor Gericht standen[32], war die politische Bedeutung des Verfahrens doch nicht zu übersehen. Jene «Selbstaufklärung» der deutschen Gesellschaft, die der unbeirrbare Fritz Bauer sich von diesem – durchaus auch in exemplarischer Absicht geführten – Prozeß erhoffte, trat doch zumindest teilweise ein, und vor allem in der jüngeren Generation fielen die historisch-politischen Aufklärungsbemühungen auf fruchtbaren Boden.

Aber auch mit dieser Aussage bewegt man sich schon wieder mehr auf dem Feld der Spekulation als der gesicherten Erkenntnis: Die Geschichte des gesellschaftlichen Umgangs mit der

NS-Vergangenheit seit den sechziger Jahren ist noch zu schreiben, und erst wenn wir hinter die Kulissen etwa der Verjährungsdebatten von 1965, 1969 und schließlich 1979 gesehen haben, deren sich der Bundestag schon damals selbst in einer Art *instant historiography* zu berühmen suchte[33], werden wir wissen, in welchem Umfang auch über die fünfziger Jahre hinaus Vergangenheitspolitik betrieben wurde.

Anhaltspunkte dafür gibt es allerdings bereits: Einige davon hat Fritz Bauer 1965 noch selbst zusammengetragen, drei Jahre vor seinem Tod und mit spürbarer Frustration über die, wie er es nannte, «weitgehende Passivität der Rechtspflege»[34]. Als Beitrag zu einer deutschen «Bilanz nach 20 Jahren» prangerte er beispielsweise den Mißstand an, daß Richter und Staatsanwälte der Sondergerichte und des Volksgerichtshofes nur deshalb nicht verurteilt worden waren, weil der BGH den praktisch nicht zu erbringenden Nachweis vorsätzlicher Rechtsbeugung verlangt hatte. Und er kritisierte, daß die Gerichte – etwa durch die Annahme von Beihilfe statt Täterschaft – völlig von dem abwichen, «was sonst in unseren Strafprozessen üblich, ja selbstverständlich ist». Aus seiner Enttäuschung über die im eben zu Ende gegangenen Auschwitz-Prozeß verhängten Strafen machte Bauer dabei keinen Hehl: «Die Sach- und Rechtslage war ungewöhnlich einfach: Es gab einen Befehl zur Liquidierung der Juden in dem von den Nazis beherrschten Europa; Mordwerkzeug waren Auschwitz, Treblinka usw. Wer an dieser Mordmaschine hantierte, wurde der Mitwirkung am Morde schuldig, was immer er tat, selbstverständlich vorausgesetzt, daß er das Ziel der Maschinerie kannte, was freilich für die, die in den Vernichtungslagern waren oder um sie wußten, von der Wachmannschaft bis zur Spitze, außer jedem Zweifel steht. Wer einer Räuberbande im Stil von Schiller oder einer Gangsterbande im Stil von ‹Murder Inc.› angehört, ist, woran kein Strafjurist hierzulande zweifeln dürfte, des Mordes schuldig, gleichgültig, ob er als ‹Boß› am Schreibtisch den Mordbefehl erteilt, ob er die Revolver verteilt, ob er den Tatort ausspioniert, ob er eigenhändig schießt, ob er Schmiere steht oder sonst tut, was ihm im Rahmen einer Arbeitsteilung an Aufgaben zugewiesen ist. Von dieser hierzulande sonst ganz üblichen, schon dem jungen Strafjuristen geläufigen Praxis wichen unsere NS-Prozesse vielfach ab, wahrscheinlich, um das kollektive Geschehen durch Atomisierung und Parzellierung der furchtbaren Dinge sozusagen zu privatisieren und damit zu entschärfen.»

Daß es – ungeachtet der Tätigkeit der Zentralen Stelle in Ludwigsburg und einer Reihe engagierter Juristen in manchen der sogenannten Schwerpunktstaatsanwaltschaften – in der bundesdeutschen Justiz insgesamt auch weiterhin an Entschlossenheit fehlte, die «im Osten» begangenen Vernichtungsverbrechen konsequent zu ahnden, zeigt auch der Blick auf das krasse Mißverhältnis zwischen der Zahl der neu eingeleiteten Ermittlungs- und Vorermittlungsverfahren und der Zahl der tatsächlichen Verurteilungen: Während sich letztere nach 1950 nur noch um etwa 800 auf bis heute insgesamt rund 6000 erhöhte, betrifft die Gesamtzahl der Ermittlungen und Vorermittlungen inzwischen mehr als 106 000 Personen. Nimmt man die in den ersten Nachkriegsjahren von den Alliierten und im Ausland verurteilten rund 50 000 NS-Täter hinzu, so gelangt man in jene Größenordnungen, die in der neueren Holocaust-Literatur als Täterzahlen geschätzt werden; etwa jeder dritte dieser identifizierten Täter wurde in irgendeiner Weise gerichtlich belangt.

Ein weiteres gewichtiges Indiz für fortwirkende vergangenheitspolitische Interessenwahrnehmung sind die Umstände der Neufassung des Einführungsgesetzes zum Ordnungswidrigkeitengesetz (§ 50,2 StGB) im Jahre 1968. Vergegenwärtigt man sich die hohe personelle Kontinuität innerhalb der Bonner Ministerialbürokratie, so fällt es schwer zu glauben, es sei damals lediglich übersehen worden, daß durch diese Neuregelung die Möglichkeit der Verfolgung insbesondere der sogenannten Schreibtischtäter praktisch beendet wurde. Diese konnten fortan nämlich, wie der über das Werk seiner Referenten erschütterte Bundesjustizminister Gustav Heinemann einräumen mußte, nur noch verurteilt werden, wenn ihnen als beteiligten Tatgehilfen nachzuweisen war, daß sie aus einem persönlichen Motiv des Rassenhasses gehandelt hatten[35].

Manches spricht dafür, auch in diesem Zusammenhang wieder das Wirken eines Werner Best und seiner Helfer zu vermuten, die es ja schon in den fünfziger Jahren höchst erfolgreich verstanden hatten, die vergangenheitspolitischen Interessen der mittleren und höheren Exekutoren des Holocaust zu wahren[36]. Faktum jedenfalls ist, daß der in Berlin lange und mit großem Aufwand geplante Prozeß gegen die Funktionäre des Reichssicherheitshauptamts auch aufgrund der angeblichen Panne von 1968 nie zustande kam.

Vergegenwärtigt man sich also den Abbruch des alliierten Säuberungsprojekts und den faktischen Stillstand der Rechtspflege in NS-Strafsachen während der fünfziger Jahre, so erscheint es nicht länger verwunderlich, daß das Faktum der systematischen Ermordung der europäischen Juden erst im Laufe der sechziger Jahren stärker ins öffentliche Bewußtsein der bundesrepublikanischen Gesellschaft trat – ungeachtet allen ritualisierten Gedenkens der politischen Klasse, welches diese selbstverständlich auch schon in den Bonner Anfängen praktiziert hatte. Zugleich aber wird man sagen müssen, daß die verschleppte juristische Ahndung, so unbefriedigend sie unter dem Aspekt der Sühne dann bleiben mußte, für die gesellschaftliche Vergegenwärtigung des Menschheitsverbrechens von großer Bedeutung war. Das gilt besonders für den im November 1975 in Düsseldorf eröffneten Maidanek-Prozeß, der mit einer Gesamtdauer von über fünfeinhalb Jahren zum längsten Verfahren in der Geschichte der NS-Prozesse werden sollte.

Eberhard Fechners Dokumentation dieses Verfahrens bildete zweifellos die eindringlichste Leistung einer inzwischen durchaus engagierten bundesrepublikanischen Publizistik, auch wenn es dann eine amerikanische Fernsehserie war, die die Tat Ende der siebziger Jahre in nicht mehr rückholbarer Eindringlichkeit auf den Begriff brachte. Schon vor *Holocaust* allerdings war, und dies aufgrund der Anstrengungen Fritz Bauers, zumindest in Teilen der deutschen Gesellschaft «Auschwitz» zum Begriff und Synonym für jenes Menschheitsverbrechen geworden[37], von dem viel zu lange in der unerträglichen Terminologie der Täter gesprochen worden war: als «Endlösung» oder als «Judenvernichtung».

V.

Wenn eine neue Generation von Zeithistorikern nunmehr versucht, die Geschichte des Holocaust mit der Erforschung seiner Nachgeschichte zu verbinden, so geht damit unausweichlich auch ein Wechsel der Perspektive einher: Neben die Erforschung des Genozids an den europäischen Juden, die ja erst seit einigen Jahren empirische Dichte gewinnt, tritt nunmehr die Geschichte der gesellschaftlichen Auseinandersetzung *mit* dem Holocaust; insbesondere also die Frage, wie Politiker, Juristen und Zeithistoriker damit nach 1945 umgegangen sind.

Die Gefahr von Mißverständnissen ist dabei sicherlich gegeben. So mag die Tatsache, daß nun Ergebnisse der Auseinandersetzung mit dem «Dritten Reich» nicht mehr ausschließlich dessen Verständnis, sondern dem Verständnis der Nachkriegszeit dienen sollen, gerade denen als ein moralisches Problem erscheinen, die an dieser Produktion von Erkenntnis und Verarbeitung auf die eine oder andere Weise Anteil hatten und oft noch haben. Und in der Tat kann man ja fragen: Wird die Auseinandersetzung mit dem Holocaust dadurch nicht in ungehöriger Weise relativiert? Werden dadurch nicht Lebensleistungen einem ganz unangemessenen moralischen Zensurverfahren ausgesetzt?

Das Risiko besteht vielleicht, aber es wird nicht zu umgehen

sein, wenn man versuchen will, den neuen ethischen und moralischen Fragen gerecht zu werden, die allein schon durch den
wachsenden zeitlichen Abstand zu den Ereignissen entstehen.
Letztlich geht es darum, daß Historiker, nicht anders als Juristen, Politiker und Pädagogen, an der Formulierung und Vermittlung dessen mitwirken müssen, was man eine «intergenera-
tionelle Ethik» nennen könnte – und das meint gerade nicht: an
der Postulierung einer tradierten Schuld.

Epochenjahr 1933

Der 30. Januar entschwindet dem
historischen Bewußtsein

Fragte man die Deutschen nach den Schlüsseldaten ihrer Geschichte, der 30. Januar 1933 würde wohl noch immer am häu-
figsten genannt. Die Entscheidung des Reichspräsidenten Paul
von Hindenburg, dem Führer der Nationalsozialistischen
Deutschen Arbeiterpartei das Amt des Reichskanzlers zu über-
tragen, Hitlers Machtantritt: ein Ereignis, jeder weiß es, von
epochaler Bedeutung für Deutschland und Europa, ja eine
weltgeschichtliche Zäsur. Und dennoch – ein Datum, das dabei
ist zu verblassen.

Wie fern uns 1933 geworden ist, demonstriert seit Jahren –
und das ist nur scheinbar ein Paradox – jenes nicht abreißende
Defilee von Angehörigen unserer politischen Klasse, die mit
schiefen Geschichtsvergleichen rund um dieses Ereignis im Ta-
gesgeschäft zu punkten versuchen. Sieht man einmal von den
mehr oder minder großen Geschmacklosigkeiten ab, die dabei
in Kauf genommen werden, so spricht aus solchen Versuchen
historischer Analogiebildung meist gerade der Mangel an historischer Bildung.

Gewiß, der rhetorische Rückgriff auf die Erfahrung des
«Dritten Reiches» bildet in der Bundesrepublik von jeher die
Ultima ratio des parteipolitischen Schlagabtauschs, und mit etwas Abstand zum jeweils jüngsten Ärgernis wird dies oft auch als
Zeichen eines eigentlich ganz gesunden Bestrebens gedeutet, das
absolute Negativ deutscher Geschichte im Bewußtsein der Gegenwart zu halten. Inzwischen aber scheint es kaum noch um
solche «Lehren aus der Vergangenheit» zu gehen; vielmehr ent-

steht der Eindruck, als löse sich der vertraute Zusammenhang
zwischen dem Aufruf historischer Erkenntnis und der Bemü-
hung um demokratiepolitische Normbekräftigung.

Sollte diese Beobachtung zutreffen, so hätte das sicherlich mit
den epochalen Veränderungen zu tun, die das Ende des «kur-
zen» 20. Jahrhunderts 1989/90 gerade auch für Deutschland gebracht hat. Mehr noch aber scheint das Verblassen der Zäsur
von 1933 auf den Ablauf von Zeit zurückzuführen zu sein, die
seitdem vergangen ist – und auf die Veränderung der Erinnerungsverhältnisse, die mit jedem Vergehen von Zeit unabweis-
bar einhergeht. Hitlers Wähler sind nicht mehr unter uns. Von denen, die ihr
Quentchen Mitverantwortung dafür zu tragen hatten, daß die
NSDAP seit 1930 zur Massenpartei anwuchs und auf Reichsebe-
ne im Juni 1932 mit 37 Prozent der Stimmen ihr bestes Ergebnis
in freier und geheimer Wahl erringen konnte, ist fast niemand
mehr am Leben. Selbst die Erstwähler des Jahres 1933 sind inzwischen über 90 Jahre alt. Persönliche Erinnerung an die sogenannte «Machtergreifung» ist in unserer Gesellschaft praktisch
nicht mehr präsent.

Das war, selbstredend, vor zwei Jahrzehnten noch anders, als
sich aus Anlaß des 50. Jahrestages der nationalsozialistischen
Machtübernahme ein großes Aufgebot aus Politik, Wissenschaft
und Publizistik zu einer repräsentativen Konferenz im Berliner
Reichstag einfand. Aber Erinnerung im Sinne von Zeitzeugen-
schaft war in diesem Rahmen nicht vorgesehen. Bezeichnenderweise verzichtete man sogar darauf, jene Handvoll demokratischer Abgeordneter einzuladen, die noch miterlebt hatte, wie
sich die Hitler-Truppe im Reichstag inszenierte. Im Januar 1983
lautete dort das Gebot: akademische Betrachtung, nicht aufwüh-
lende Vergegenwärtigung. Nicht historisch-politische Nachhut-
gefechte waren gefragt, sondern eine Bilanz der Forschung –
und am Ende die Würdigung des bekannten Lernerfolgs: daß
aus Bonn nicht Weimar geworden war[1].

Das enorme Medienecho, das die dreitägige Veranstaltung im Inland wie im Ausland fand, ließ sich als Zeichen dafür lesen, wie tief die Zäsur des Jahres 1933 im Gedächtnis der Deutschen und ihrer Nachbarn nach wie vor verankert war. Zugleich aber signalisierte die ausgeprägte Nüchternheit, der fast schon entrückte Ton, in dem über die Tagung berichtet wurde: Die Gegenwartsbedeutung dieser Zäsur hatte im Laufe der Jahrzehnte deutlich nachgelassen, wenngleich im Osten des auf noch unabsehbare Dauer geteilten Europas vielleicht etwas weniger als im Westen. (Immerhin war diese Teilung, unter der der Osten, nicht der Westen litt, das Ergebnis des von Hitler-Deutschland entfachten Zweiten Weltkrieges.)

Von heute aus gesehen, im Rückblick auf den Rückblick von 1983, ist es offenkundig: Die politische und gesellschaftliche Aufmerksamkeit, die dem Ereignis der nationalsozialistischen Machtübernahme im Abstand eines halben Jahrhunderts noch einmal zuteil geworden war, trug bereits die Züge erkaltender Erinnerung. Was damals im Reichstag stattfand, aber auch in zahlreichen weiteren Veranstaltungen in der gesamten Bundesrepublik und vermittels einer dichten begleitenden Buchproduktion, war der Übergang von der Kontroverse zur Kanonisierung.

Worauf beruhte dieser Übergang? Was hatte die einstmals so «heiße», umstrittene Erinnerung an die Zäsur von 1933 derart «abkühlen» lassen? Und was bedeutete das hinsichtlich der Gesamtgeschichte des «Dritten Reiches», die nun zwölf Jahre lang, bis 1995, ihrem Unheilsrhythmus folgend, aufgerufen wurde?

Wer Antworten auf diese Fragen sucht, muß zurückgehen in die Anfänge der Zeitgeschichtsschreibung, und das heißt: in die Anfänge der Bundesrepublik. Denn tatsächlich war es ja keineswegs so, daß die historische Erforschung der «deutschen Katastrophe», von der 1946 das hilflose Traktat des alten Friedrich Meinecke kündete[2], sofort nach dem Ende des Zweiten Weltkrieges eingesetzt hätte. Vor der empirischen Auseinandersetzung mit den Quellen, die freilich erst nach den Nürnberger Prozessen in größerem Umfange zur Verfügung standen, kam die meist faktenferne Apologie. Denn nach Aufhebung der alliierten Informationskontrolle Ende der vierziger Jahre erlebten die Westzonen eine Hochblüte der autobiographischen Rechtfertigungsliteratur. Zu ihr trugen bei, um nur ein paar von Hitlers Helfern des Jahres 1933 zu nennen: Rudolf Diels, der erste Gestapo-Chef, Ex-Reichsbankpräsident Hjalmar Schacht, Otto Meissner, der ewige Staatssekretär im Büro des Reichspräsidenten, und, natürlich, Franz von Papen[3].

Es waren die Erzählungen dieser und anderer Protagonisten jenes im Zuge der Weltwirtschaftskrise angeblich unabweisbaren und von ihnen in bester Absicht geförderten, dann nur leider aus dem Ruder gelaufenen reaktionären Staatsumbaus, die Anfang der fünfziger Jahre einer illusionslosen Auseinandersetzung mit dem Ende der Weimarer Republik und dem «Dritten Reich» im Wege standen. Aber es waren auch die Vorbehalte einer nach Entnazifizierung und zeitweiliger Suspendierung in beträchtlichem Maße rekonsolidierten Geschichtswissenschaft nationaler Provenienz, gegen die eine erst im Entstehen begriffene Zeitgeschichtsschreibung sich zu behaupten hatte – und beweisen mußte.

Zwar hatte sich die deutsche Historiographie auch bereits nach dem Ersten Weltkrieg mit der – wie man damals und jetzt wieder sagte – «jüngsten Vergangenheit» befaßt. Im Unterschied zu den zwanziger Jahren war nun aber selbst konservativen Geistern klar, daß die Aufgabe nicht erneut in blanker Schuldabwehr bestehen konnte. Dagegen standen nicht nur der faktische Verlauf und der Ausgang des Krieges, dagegen standen auch die realen macht- und ideenpolitischen Verhältnisse: Nationalapologie im Gewande historischer Wissenschaft würden die alliierten Siegermächte, die sich den Zugriff auf die deutschen Akten auch aus solchen Gründen gesichert hatten, schwerlich gestatten.

Vor allem die Amerikaner ließen seit 1945 keinen Zweifel daran, daß zu den geistigen Hauptaufgaben der Nachkriegsdeutschen eine ernsthafte Auseinandersetzung mit den ungeheuren Folgen ihrer Gewaltpolitik in der ersten Hälfte des Jahrhunderts gehören würde. Kritische Zeitgeschichtsforschung zum Zwecke der deutschen Selbstaufklärung und als Bestandteil einer praktischen Erziehung zur Demokratie: Das war in der Tat das Konzept, gleichviel ob man es «Reeducation» nannte, «politische Pädagogik» oder «Umerziehung» – letzteres allerdings war bald die besondere Reizvokabel der ressentimentgeladenen Gegner jeder «Verwestlichung».

Dezidiert zu der nun aber bekannten sich die jungen Vorreiter der Zeitgeschichte, und an erster Stelle muß in diesem Zusammenhang von Karl Dietrich Bracher die Rede sein, dessen Habilitationsschrift über *Die Auflösung der Weimarer Republik* 1955 Maßstäbe setzte[4]. Das Vorwort der berühmten Studie lieferte einen zwar nur indirekten, aber unmißverständlichen Hinweis auf die Intentionen des damals gerade 33jährigen: Nach 1918 hätten Wissenschaft und Publizistik es weithin versäumt, der «neuen Staatsordnung einen historisch verständlichen, auf die deutschen demokratischen Traditionen aufbauenden Rahmen zu geben». Diesen Fehler nunmehr zu vermeiden war das erklärte Ziel Brachers und seiner zeitgeschichtlichen Arbeitsgruppe im neubegründeten Institut für politische Wissenschaft der Freien Universität Berlin, das sein rasch entwickeltes Forschungsprofil der Rückkehr eminenter Fachkollegen wie Franz Neumann[5] und Ernst Fraenkel[6] aus dem amerikanischen Exil, aber auch einer beträchtlichen Förderung durch die Rockefeller Foundation verdankte. Zeitgeschichte als Demokratiewissenschaft, das war die Idee.

Bracher hatte Amerika 1943 als Kriegsgefangener kennengelernt. 1948 in Tübingen mit einer althistorischen Untersuchung über *Verfall und Fortschritt im Denken der frühen römischen Kaiserzeit* promoviert, ging er bereits 1949/50 als Postdoc nach Har-

vard; im Sommer 1954 war sein Weimar-Buch abgeschlossen.
Als es bald darauf erschien, zehn Jahre nach Kriegsende und gut
zwanzig Jahre nach den dargestellten Ereignissen, lag erstmals
eine umfassende Analyse der politischen Entwicklung vor, die
zum 30. Januar 1933 geführt hatte: empirisch-historisch vorbild-
lich abgesichert, zugleich aber – wie bereits im Untertitel an-
nonciert – einem auf durchaus praktische Erkenntnis zielenden
Ansatz der systematischen Politikwissenschaft verpflichtet. Als
eine «Studie zum Problem des Machtverfalls in der Demokratie» hatte Bracher sein Werk charakterisiert, und erklärtermaßen suchte er nach einer «Typologie der Machtverschiebung»,
deren «sachliche Folgerungen» ihm nicht nur historisch von
Bedeutung dünkten, sondern auch «für die Beobachtung der
Gegenwart»[7].

Diese demonstrative Bereitschaft gerade des politologisch
orientierten Zweigs der neuen Zeitgeschichtsforschung, ungeachtet aller wissenschaftlich gebotenen Zurückhaltung doch
auch nach normativer Nutzanwendung ihrer Erkenntnisse zu
fragen und das klare Werturteil nicht zu scheuen: Wen konnte
es wundern, daß solches in einer auf vergangenheitspolitische
Integration und individualbiographische Diskretion bedachten
jungen Bundesrepublik nicht überall Beifall fand?

Diejenigen jedenfalls, die das Projekt der historisch-politischen Aufklärung vorantrieben, sei es in Berlin oder am Institut
für Zeitgeschichte in München, zeigten sich von Gegenreaktio-
nen nicht überrascht. Bis in die sechziger Jahre hinein konnte
kaum allgemeine Zustimmung erwarten, wer wie Bracher die
autoritären Traditionen der deutschen Staatsbürokratie betonte
und die antidemokratischen Intentionen in Wirtschaft und
Reichswehr, kurz: wer die Verantwortung der alten Eliten für
das Ende der Weimarer Republik letztlich höher bewertete als
die zerstörerische Potenz der nationalsozialistischen Bewegung.

Mancher Aspekt der Bracherschen Deutung des Jahres 1933
war in der Beharrlichkeit, mit der er vorgetragen wurde, am

Ende freilich weniger der historischen Erkenntnis als dem di-
daktischen Argument verpflichtet, so etwa sein Insistieren auf
der «Pseudolegalität» der nationalsozialistischen «Machtergreifung». Die dahinterstehende Überlegung war damals leicht zu
begreifen – inzwischen bedarf sie der Erläuterung: Das Argument richtete sich nämlich an die Adresse einer Nationalapolo-
getik, die ihre Vorbehalte gegenüber der parlamentarischen Demokratie sorgsam kultivierte und in der Behauptung, Hitler sei
mit legalen Mitteln unabwendbar gewesen, sowohl ein Argument gegen die Demokratie als auch eine schöne Selbstent-
schuldigung gefunden zu haben glaubte. Das Beispiel zeigt: Der
mentale Kontext, in dem die junge Zeitgeschichtsforschung sich
bewegte, ist nicht mehr ohne weiteres verständlich; ihre
gesellschaftlichen Rahmenbedingungen sind zur Nachgeschichte des Nationalsozialismus geworden, die ihrerseits erforscht
und vermittelt werden muß.

Das gilt auch für einen weiteren Aspekt der Legalitätsdebatte,
den manche allerdings noch 1983 auf der Agenda zu halten
suchten: Die Frage, ob Hitlers Machtübernahme eine «Revolution» gewesen sei oder nicht[8]. Die begrenzte Ergiebigkeit dieser
Problemstellung hatte sich in der empirischen NS-Forschung
seit langem gezeigt; der Versuch ihrer Wiederaufnahme diente
denn auch eher wissenschaftspolitischen Zwecken: Es sollte der
Nutzen eines vergleichenden totalitarismustheoretischen Ansat-
zes bekräftigt werden, zu dem sich vor allem die Berliner Politikwissenschaft seit den fünfziger Jahren explizit bekannte. In
der historischen Detailanalyse allerdings war weder Brachers
Weimar-Arbeit noch seine 1960 mit Wolfgang Sauer und Gerhard Schulz vorgelegte große Anschlußstudie über *Die nationalsozialistische Machtergreifung*[9] sonderlich stark von der Totalita-
rismustheorie geprägt.

Ebenfalls nur historisch zu begreifen, nämlich vor dem Hintergrund jener politischen Schulddebatte, die in den Anfangsjahren der Bundesrepublik über aller historischer Betrachtung

stand und immer wieder aufflackerte, ist die Auseinandersetzung um das Ermächtigungsgesetz. Nolens volens beteiligte sich die Zeitgeschichtsforschung daran intensiver, als es von der faktischen Bedeutung eines Ereignisses her gerechtfertigt war, das im Schatten jener Reichstagsbrandverordnung stand, die Ernst Fraenkel schon 1941 als die «Verfassungsurkunde» des «Dritten Reiches» charakterisiert hatte[10].

Der Selbstausschaltung des Reichstags am 23. März 1933 zugestimmt zu haben galt als der große Makel des bürgerlichen Lagers, in dessen Nachfolge, personell zum Teil sogar in dessen Kontinuität, sich die Parteien des Bonner Parlaments mit Ausnahme der SPD (und anfangs auch der KPD) verstehen mußten. Entsprechend gereizt waren zum Beispiel die Reaktionen, als Paul Löbe, der sozialdemokratische Alterspräsident, am 7. September 1949 den Ersten Bundestag mit einer Erinnerung an das schwarze Datum der deutschen Parlamentsgeschichte eröffnete. Als Löbe des mutigen Neins seiner einstigen Fraktionskollegen gedachte – nicht ohne noch im selben Atemzug darauf hinzuweisen, daß den Nationalsozialisten auch außerhalb der Sozialdemokratie Widerstand begegnet war[11] –, da wirkte dies wie eine unausgesprochene Anklage all derer, die Hitler damals ihr Ja gegeben hatten, darunter bekanntlich auch Theodor Heuss.

In gewisser Weise lenkten solche parteipolitisch akzentuierten Auseinandersetzungen von einem Faktum ab, mit dem sich lange Zeit nicht nur die Politik, sondern auch die Zeitgeschichtsforschung schwertat: Sie lenkten ab von der Erkenntnis, daß der 30. Januar 1933 nur zum einen das Ergebnis einer zuletzt im kleinsten Kreis arrangierten Machtübertragung gewesen war, daß er zum anderen aber in der Logik jenes breiten Unbehagens an der Demokratie und jener Gleichgültigkeit gegenüber politischer Freiheit begründet lag, aus der heraus die dann so rasche Hinwendung einer großen Mehrheit der Deutschen zu Hitler überhaupt nur zu erklären ist.

Von heute aus gesehen mag es kaum überraschen, daß die

Deutschen die Popularität der nationalsozialistischen Machtübernahme in den ersten Jahrzehnten nach 1945 wie ein kollek-
tives Geheimnis behandelten; daß jeder davon wußte, aber keiner davon sprach. Und dennoch frappiert es zu sehen, mit
welcher Vorsicht gerade auch die akademische Zeitgeschichtsschreibung dieses Thema umschlich.

Gewiß, bei Bracher/Sauer/Schulz, im Standardwerk zur
«Machtergreifung», konnte man in der Einleitung lesen: «Ohne
die wenigstens latente Bereitschaft eines großen Teils der Bevölkerung wäre die Kapitulation von 1933 nicht zu verstehen.»[12]
Aber auch das war doch nur die gnädig geschönte Wahrheit,
denn weder war die «Bereitschaft» eines großen Teils der Deutschen 1933 nur «latent», noch handelte es sich aus deren dama-
liger Sicht um eine «Kapitulation». Hitler war gewollt: zunächst
und vor allem vom Heer seiner glühenden Anhängerschaft, so-
dann von den konservativen Eliten, schließlich aber, und schneller als die Nationalsozialisten es selbst erwarteten, von der übergroßen Mehrheit der Deutschen.

In ihrer differenzierten, empirisch-zeitgeschichtlichen An-
wendung auf den Nationalsozialismus eignete der Totalitaris-
mustheorie fraglos eine beträchtliche Erklärungskraft, doch ihre
populären *windfall profits* waren nicht zu übersehen: Wo der
Blick auf den totalitären Zugriff der NS-Bewegung gerichtet
war, auf die erzwungene Gleichschaltung der gesellschaftlichen
Organisationen und auf die parasitäre Durchdringung des Staa-
tes, da blieb im Schatten, in welch hohem Maße dies auch ein
Selbstverwandlungsprozeß der deutschen Gesellschaft war. Da
blieb Raum für einen öffentlichen Diskurs, der die «Machtergreifung» schilderte wie eine Besetzung Deutschlands durch
Außerirdische. Da blieb im Hintergrund, wie groß die Anpas-
sungsbereitschaft war und wie begeistert die Loyalitätsbekundungen, die man dem «Führer» allerorten entgegenbrachte;
noch immer werden damals verliehene Ehrenbürgerschaften
kassiert, und längst nicht alle Hitler-Eichen sind gefällt.

Heute steht uns klarer vor Augen, was die Forschung noch in
den sechziger und siebziger Jahren kaum thematisiert hat: Die
«lebendige Ineinswerdung» der Deutschen, die Idee der «Volksgemeinschaft», von der Hitler so gerne sprach[13] – sie bestimmte
früher die psychosoziale Realität des «Dritten Reiches», und sie
prägte sie länger, als eine in die Ernüchterung gebombte Nachkriegsgesellschaft dies dann wahrhaben wollte, vielleicht auch
wahrhaben konnte. Das aber heißt nicht, daß die ungeheure Sog-
kraft des neuen Regimes und die alle Grenzen sprengende Bereitschaft der Deutschen zur Selbstnazifizierung nicht schon im
Moment des Geschehens zu erkennen waren[14].
Läßt man die frühe Fixierung der westdeutschen Historiographie auf den Widerstand des 20. Juli 1944 einmal beiseite[15],
so gerieten die Jahre 1933/34 zweifellos zu dem am stärksten
kanonisierten Abschnitt in der Geschichte des «Dritten Reiches». Damit zwangsläufig einher ging die Entwicklung einer
Formelsprache, die weniger auf kritische Einsicht setzte denn
auf erträgliche, (damals) sozusagen politisch korrekte Nacher-
zählung: in der Betonung des nationalsozialistischen Terrors
als Voraussetzung einer allgemeinen «Gleichschaltung»[16] (wobei schon die Herkunft des Bildes aus der Elektrotechnik hätte
mißtrauisch machen können), in der euphemistischen Formel
des «Versagens» vor allem der Parteien oder in der Vorstellung
einer «Zerschlagung» der Gewerkschaften. Wie schon gesagt:
Momente der Anverwandlung aus freiem Willen, des Defätis-
mus und des populären Appeals[17] blieben demgegenüber un-
terbelichtet.
Es ist ja wahr: Die wissenschaftliche Zeitgeschichtsschreibung
hat von Anfang an viel dafür getan, die NS-Zeit in gewisser
Weise zu entdramatisieren. Sie arbeitete sich durch ein wild
wucherndes Gestrüpp aus Lügen und Legenden, sie positionierte
sich gegen eine notorisch verharmlosende Individualerzählung
und gegen das Kolportagehafte der kollektiven Erinnerung. Sie
interessierte sich statt dessen für die Veränderungen des politi-

schen Systems, für dessen innere Verfassung, für Strukturen und
Prozesse. Damit setzte sie sich ab von einer nicht zuletzt im
Kontext des Nationalsozialismus als problematisch erkannten
historiographischen Tradition, in der die großen Männer Geschichte machen – ein Konzept im übrigen, das fabelhaft zu jener
populären Vorstellung gepaßt hätte, der zufolge die Schandtaten
des «Dritten Reiches» allein auf das Konto von ein paar «Haupt-
kriegsverbrechern» gingen, denen, soweit noch verfügbar, in
Nürnberg der Prozeß gemacht worden war.

Aber im Umkehrschluß die (vermeintlich) «kleinen Leute» in
den Blick zu nehmen, die zwölf Jahre lang politisch mobilisiert
gewesen waren wie nie zuvor in der deutschen Geschichte: Das
kam der jungen Disziplin nicht in den Sinn, so wenig wie die
kritische Durchleuchtung der wiederverwendeten Funktioneli-
ten, die inzwischen ins Fadenkreuz der Ost-Berliner Propaganda geraten waren. Die Breite der gesellschaftlichen Partizipation
im «Dritten Reich» mit Namen und Gesichtern zu verbinden
blieb Außenseitern vorbehalten – zum Beispiel Joseph Wulf,
einem Überlebenden des Holocaust, der dies mit einer Serie von
Büchern über die «Kultur im Dritten Reich» versuchte sowie
mit Dokumentationen zum Judenmord[18].

In der akademischen Entdramatisierung der NS-Geschichte
war mithin eine spezifische Entpersonalisierung angelegt, und
in diesem Punkt unterschieden sich die später so genannten «Intentionalisten» kaum von denen, die dann als «Funktionalisten»
galten. Richtig ist aber auch: Gegen die in den fünfziger Jahren
beliebte Dämonisierung der Hitler, Himmler und Heydrich
setzte die junge Zeitgeschichte zwar nicht die heikle Frage nach
dem Verhalten der Gesellschaft in ihrer Gesamtheit, wohl aber
die ebenso brisante Frage nach der Verantwortung der Funk-
tioneliten. Nur die Namen ersparte man sich meist[19]. Sie zu
nennen, hätte als Denunziation verstanden werden können –
und man kannte doch, teilte zu einem gewissen Grade sicher
auch, die Ablehnung, auf die das Investigatorische der Nürnber-

ger Nachfolgeprozesse bei den Deutschen gestoßen war; und
man hatte miterlebt, mit wieviel Energie ein ganzes Volk die
verhaßte Entnazifizierung unterlaufen hatte.

Das Pädagogisch-Verhaltene, das Plädoyer für die «nüchterne Analyse», zu der sich die «skeptische» erste Generation
empirischer NS-Forscher immer wieder bekannte: es gründete
vermutlich auch in solchen Erfahrungen. Zu der diffusen Un-
sicherheit hinsichtlich dessen, was einer größeren Öffentlichkeit
an historischer Erkenntnis zuzumuten war, addierten sich weitere Befürchtungen. Sie erwuchsen aus dem noch keineswegs un-
bestrittenen Status der neuen Teildisziplin in einer Geschichtswissenschaft, die, wie wir heute wissen, sehr viel stärker von
apologetischen Bedürfnissen geprägt war, als es nach außen hin
den Anschein haben mochte[20].

Hinzu kam schließlich aber auch die Überzeugung, dem Projekt der zweiten Demokratie in Deutschland wäre mit der Erforschung funktionaler Defizite der Weimarer Republik und
struktureller Fehlentwicklungen, die den Übergang in den Nationalsozialismus beförderten, besser gedient als mit plakativen
Anklagen und personenbezogenen Enthüllungen.

So bildete «1933» denn tatsächlich jahrzehntelang den
Fluchtpunkt aller Fragen an die jüngere deutsche Geschichte,
und das ist durchaus in doppeltem Sinne gemeint: Der Zeitgeschichtsschreibung in ihrer «klassischen Periode» ging es zu-
vörderst darum, das Scheitern der Demokratie in Deutschland
zu verstehen und damit einen Beitrag zu deren aktueller Be-
wahrung zu leisten – recht eigentlich in dem Sinne, in dem
schon die Väter und Mütter des Grundgesetzes an ihr Werk gegangen waren. Das damals gewiß nicht so gesehene, aber faktisch gegebene Fluchtmotiv dieser Fokussierung auf «1933»
bestand darin, daß der Krieg und damit auch «Auschwitz» im
Hintergrund blieben. Wer in den großen zeitgeschichtlichen
Werken der fünfziger und sechziger Jahre blättert, wird diesen
Eindruck mühelos bestätigt finden, und als die Phase der struk-

turgeschichtlichen Grundlagenforschung in den siebziger Jahren zu Ende ging, war dies doch noch nicht das Ende dieser Selbstbeschränkung.

Inzwischen, so wird man mit einiger Zuversicht sagen dürfen, ist eine zweite und dritte Generation der NS-Forschung daran, dieses Manko auszugleichen; seit Ende der achtziger Jahre hat sich der Schwerpunkt eindeutig verlagert: auf die Geschichte der Kriegsjahre, der deutschen Besatzungsherrschaft in Europa, vor allem aber auf die nationalsozialistische Vernichtungspolitik. Die Bedeutung der Zäsur von 1933 tritt darüber fraglos ein Stück weit zurück. Wenn sie zugleich auch im kollektiven Gedächtnis verblaßt, so dürfte dies weniger auf den veränderten Gang der historischen Forschung zurückzuführen sein als auf ein nicht hinreichend entwickeltes Geschichtsbewußtsein, das mit den dramatisch sich wandelnden Erinnerungsverhältnissen nicht mitzuhalten vermag.

Wir alle können es beobachten: Es sind mit wachsender Ausschließlichkeit die Generationen der «Flakhelfer» und Kriegskinder, die die Reste des derzeit so hochgeschätzten «authentischen» Diskurses über die NS-Vergangenheit prägen. Ihre Erinnerungen richten sich ganz selbstverständlich auf die Erfahrung des Bombenkrieges, auf Flucht und Vertreibung, und augenscheinlich neigen sie dazu, es als einen Vorteil zu verstehen, an Hitler keine persönliche Schuld zu tragen. Das scheint die Erinnerung freier zu machen: für das eigene Leid, vielleicht aber auch für «Auschwitz» und den Holocaust, der als das monströse Kernereignis der NS-Zeit und des Krieges erst seit den neunziger Jahren in den Mittelpunkt der Wahrnehmung gerückt ist[21].

Daß wir den Nationalsozialismus inzwischen mehr von seinem Ende als von seinem Anfang her verstehen, mag man einen Paradigmawechsel nennen. Jedenfalls ist, was das Interesse der Welt an der «deutschen Katastrophe» im 20. Jahrhundert aufrechterhält, nicht länger «1933», das Ende einer parlamentarischen Demokratie unter dem Druck einer totalitären Bewe-

gung, sondern der Völkermord an den europäischen Juden.
Zugleich scheint der Holocaust zum verbindenden Element
einer europäischen Erinnerung an den Zweiten Weltkrieg zu
werden, die begonnen hat, sich von nationalen Mythen und Le-
benslügen der Nachkriegszeit zu trennen. Über Europa hinaus
wird der Holocaust inzwischen als eine globale Mahnung verstanden, genozidalen Entwicklungen rechtzeitig Einhalt zu gebieten. Das ist wenig genug, aber vielleicht mehr, als viele von
uns noch vor nicht allzu langer Zeit, sagen wir 1983, zum
50. Jahrestag der nationalsozialistischen Machtergreifung, er-
hofft und erwartet hätten.

Mythos Stalingrad

Die «Kriegswende» in der Wahrnehmung der Deutschen

Als Historiker kennen wir eine Vielzahl von Ereignissen – so viele, daß man fast von einer Regelmäßigkeit sprechen könnte –, deren zeitgenössische Wahrnehmung sich fundamental unterscheidet von der späteren historischen Fachinterpretation. Und in vielen Fällen stellen wir fest: Was die Zeitgenossen über ein bestimmtes Ereignis dachten, verhält sich geradezu konträr zu der Deutung, mit der die Geschichtswissenschaft dieses Ereignis im nachhinein versieht.

Ganz ohne Zweifel trifft dies auf die Schlacht um Stalingrad zu, auf den – um es in der heroisierenden Sprache der nationalsozialistischen «Volksgemeinschaft» zu sagen, die in der Wortwahl der Nachkriegsdeutschen noch lange nachschwang – «Untergang» der 6. Armee zu Jahresanfang 1943. Denn wenn es in diesem Zusammenhang überhaupt angemessen ist, von einer Wende zu sprechen, dann bedeutete die Kapitulation der Wehrmacht an der Wolga ja gerade nicht die *Wende des Krieges*, sondern die *Wende in der Wahrnehmung des Krieges* durch die Deutschen. Die militärische Wende war bekanntlich bereits ein Jahr zuvor eingetreten, mit dem Sieg der Roten Armee in der Schlacht vor Moskau Anfang Dezember 1941[1].

Ist also, was wir beim Thema Stalingrad beobachten, lediglich die übliche Idiosynkrasie zwischen zeitgenössischem Erleben und geschichtswissenschaftlicher Erkenntnis? Etwas scheint doch besonders zu sein an diesem Fall: Schon ein flüchtiger Blick auf die öffentliche Präsenz von Stalingrad zeigt nämlich, daß es auch nach sechzig Jahren kaum gelingt, die notorische Spannung zwischen Geschichte und Erinnerung wenigstens zu lockern. Noch immer gibt es diesen hartnäckigen Hiatus, noch immer hält sich im Zusammenhang mit Stalingrad das Gerede von der Kriegswende, und noch immer ist es nicht gelungen, anderslautende Ergebnisse der historischen Forschung einer breiteren Öffentlichkeit wirkungsvoll zu vermitteln.

Dazu würde zum Beispiel das Wissen gehören, daß Stalingrad für die Deutschen bei weitem nicht die blutigste Schlacht des Zweiten Weltkrieges gewesen ist, daß hingegen schätzungsweise etwa eine Million sowjetischer Soldaten starben – und eine unbekannte Zahl von Zivilisten. Und dazu würde die Erkenntnis gehören, daß die deutschen Soldaten vor Stalingrad gewiß zu Opfern wurden, nämlich zu Opfern einer verantwortungslosen obersten Militärführung, daß eine unbestimmte Zahl von ihnen aber auch bereits zu Tätern geworden war, nämlich zu Tätern im deutschen Weltanschauungs- und Vernichtungskrieg gegen die Sowjetunion und des darin eingelagerten Krieges gegen die Juden.

Nun ist es sicher richtig: Im Fall der Stalingrad-Interpretation ist die mangelnde Erreichbarkeit der Öffentlichkeit für die Erkenntnisse der Geschichtswissenschaft – anders gesagt: der Eigensinn des kollektiven Gedächtnisses der Deutschen – politisch-edukatorisch von weniger grundsätzlicher Bedeutung, als das etwa beim Thema «Verbrechen der Wehrmacht» lange Zeit der Fall war. Dessen öffentliche Wahrnehmung kam bekanntlich erst seit Mitte der neunziger Jahre in einer mühsamen Auseinandersetzung um die sogenannte Wehrmachtsausstellung zustande, obwohl entsprechende historische Erkenntnisse seit langem vorlagen. Dennoch: Ganz unproblematisch sind die blinden Flecken der deutschen öffentlichen Stalingrad-Erinnerung nicht.

I.

Fragt man zunächst, *warum* die Vermittlung eines komplexeren Begriffs von Stalingrad bis heute nicht recht gelungen ist, so liegt es mit Sicherheit nicht daran, daß das Thema nicht genügend öffentliche Aufbereitung findet. Eher könnte man ein Problem des Zuviel vermuten: Nach der massiven Vergegenwärtigung, die Stalingrad 1993, aus Anlaß des 50. Jahrestages fand, überraschte es, wie intensiv auch der 60. Jahrestag sich niederschlug. Seit Ende 2002 war Stalingrad hierzulande wochen- und monatelang ein weiteres Mal in unübersehbarer Weise medial präsent.

Auch dem an Geschichte weniger interessierten Fernsehzuschauer war es in dieser Zeit nahezu unmöglich, den auf fast allen Kanälen gesendeten historischen Bildern und den Interviews mit Zeitzeugen zu entgehen. Und die Presse hielt mit: Tageszeitungen, Nachrichtenmagazine und viele Zeitschriften brachten Aufsätze und Artikel. Ein Blick ins Internet zeigt schließlich, daß Stalingrad auch dort eine große Rolle spielt[2].

Obgleich also die öffentliche Thematisierung im vergangenen Jahrzehnt nicht nur nicht abgenommen hat, sondern im Gegenteil sogar noch gewachsen ist, stellt sich kein klarer Begriff von Stalingrad ein, und die blinden Flecken bleiben. Wie können wir das erklären? Und hängt das eine mit dem anderen womöglich zusammen?

Befriedigende Antworten auf diese Fragen sind vermutlich *nicht* in der Entwicklung der einschlägigen Historiographie zu finden, die unbestreitbar gerade in den neunziger Jahren erhebliche Fortschritte gemacht hat[3]. Denn wie es scheint, ist es weniger den Historikern zuzuschreiben, wenn dem Thema Stalingrad im gesellschaftlichen Gespräch heute eine so herausgehobene Bedeutung zukommt, als vielmehr der gleichsam naturwüchsigen, von der Geschichtswissenschaft jedenfalls nur bedingt zu beeinflussenden Dynamik gesellschaftlicher Erinnerungsverhältnisse. Anders gesagt, und das wäre die These: Die Ursachen sind in den Veränderungen des kollektiven Gedächtnisses zu suchen.

Nun verweist der Begriff der Erinnerungsverhältnisse beziehungsweise des kollektiven Gedächtnisses auf zwei durchaus

voneinander zu unterscheidende, gleichwohl aufeinander ein-
wirkende Phänomene: zum einen auf die Entwicklung des öffentlichen gesellschaftlichen Umgangs mit der NS-Vergangenheit in Deutschland, zum anderen auf die sich permanent
verändernden Relationen zwischen den Zeitgenossen der NS-
Zeit und den Nachgeborenen. Auswirkungen beider Phänomene lassen sich, wie ein skizzenhafter Durchgang durch die einzelnen Jahrzehnte der deutschen Geschichte seit 1945 zeigt,
auch in bezug auf das Thema Stalingrad feststellen.

II.

Die ebenso unbestrittene wie breit entfaltete Stalingrad-
Interpretation der fünfziger Jahre war die des «Opfergangs»
der deutschen Soldaten, die Wahrnehmung der Niederlage als
«Anfang vom Ende» – und die eindeutig, nämlich mit Verweis
auf Hitler, beantwortete Frage nach der Schuld daran. Im
Grunde führte diese Interpretation nur fort, was halbwegs in-
formierte und wachere Zeitgenossen bereits zu Jahresanfang
1943 dachten.

So vertraute zum Beispiel die junge Berliner Journalistin Ursula von Kardorff unter dem Datum des 23. Januar 1943 ihrem
Tagebuch an: «Heute in der Pressekonferenz die Nachricht, daß
Stalingrad aufgegeben wird. 90 000 Mann. 160 000 waren es.
[Tatsächlich waren es 300 000.] Unvorstellbar. Man wird verrückt, einfach verrückt. Was sie durchgemacht haben in den
letzten sechs Wochen, und dann alles umsonst. Der Gesandte
Schmidt soll gesagt haben: Die größte Tragödie der Kriegsgeschichte. Wer ist schuld daran?»[4] Zwei Tage später, am 25. Januar 1943, registriert die junge Frau die Diskrepanz zwischen
ihrem noch immer als vergleichsweise bequem empfundenen
Dasein und dem «Unbeschreiblichen», das sich in Stalingrad
vollziehe – und sie übt Kritik sowohl an der «Stalingrader Strategie» als auch an der medialen Präsentation: «Radio und Zei-

tung tun das Ihre mit einem Trommelfeuer der Stalingrader Leiden. Eine Tragödie, die bereits wieder als Propaganda frisiert wird.»[5]

Nach Kriegsende artikulierte sich die Kritik an der nationalsozialistischen Propaganda und am «Führer» natürlich auch öffentlich, der Gedanke des «Opfergangs» hingegen wurde nur modifiziert, aber keineswegs aufgegeben. Im Zeichen eines im Westen bald wieder hochaktuellen Antikommunismus, der nun freilich auch im Gewand des demokratischen Antitotalitarismus auftrat, erledigte sich nicht allein die Frage nach der Legitimität und Sinnhaftigkeit des nationalsozialistischen Krieges – eine Frage, die die Alliierten im Nürnberger Prozeß ja durchaus aufgeworfen und auch eindeutig beantwortet hatten –; vielmehr erschien Stalingrad nun geradezu wie ein vorweggenommener Blutzoll, den die unerledigte Gefahr des «Bolschewismus» gefordert hatte.

Dazu paßte, in den fatalen Worten des Generalfeldmarschalls Erich von Manstein, die Vorstellung der «verlorenen Siege»[6], die in der Memoiren-Konjunktur der fünfziger Jahre und in unzähligen Landser-Heftchen hunderttausendfach bekräftigt wurde. Eine eingehende historische Untersuchung dieser Broschüren-Literatur und ihrer Rezeption steht noch aus[7], ebenso die der Publikationsorgane der Stalingrad-Bünde, die allerdings nicht auf öffentliche Wirkung angelegt waren[8].

Als der Bundeskanzler 1955 schließlich in Moskau die Aufnahme diplomatischer Beziehungen vereinbarte und mit der Ankündigung der Freilassung der letzten deutschen «Kriegsgefangenen in sowjetischem Gewahrsam» nach Hause kam, war das Bild der einstigen NS-Volksgenossen von sich selbst perfekt: Sie waren die ersten Opfer Hitlers gewesen, der sie auf dämonische Weise verführt, unterjocht und mißbraucht hatte. Es sollte Jahrzehnte dauern, ehe kritisch befragt wurde, was als populärster Triumph Adenauers in die Geschichtsschreibung der Bundesrepublik Eingang fand und zu seinem überwältigenden Wahlsieg von 1957

zweifellos beigetragen hat: die Tatsache nämlich, daß unter den
«Spätheimkehrern» sehr wohl auch Gestalten waren, die in der
Sowjetunion zu Recht wegen Kriegs- und NS-Verbrechen zu ho-
hen Strafen verurteilt worden waren[9].

Der öffentliche Stalingrad-Diskurs der fünfziger Jahre war
also Teil jener sowohl individuell als auch gesellschaftlich ausge-
sprochen entlastend wirkenden Selbstviktimisierung, deren sich
die Zeitgenossen des «Dritten Reiches» auf ihrem Weg in die
bundesdeutsche Demokratie befleißigten – gleichsam parallel zu
(und das bedeutet: unverbunden mit) der in dem neuen staatlichen Rahmen propagierten normativen Abgrenzung vom Nationalsozialismus[10].

Genau in dieser Doppelbödigkeit aber lag auch der Ansatz-
punkt einer seit Ende der fünfziger Jahre aufkommenden und in
den sechziger Jahren an Durchschlagskraft gewinnenden Kritik
an der – wie man jetzt sagte – «unbewältigten Vergangenheit».
Und als deren Protagonisten positionierten sich, neben einer
schon länger aktiven Avantgarde linker und linksliberaler Intellektueller, nun vor allem die inzwischen herangewachsenen
Kriegskinder.

Der Autoritäts- und Generationenkonflikt, der sich jetzt besonders im studentischen Milieu artikulierte (nach dem Aufbegehren der eher aus dem Arbeitermilieu gekommenen sogenannten Halbstarken der fünfziger Jahre), ging schließlich in der
Achtundsechziger-Bewegung auf. Gewiß erweiterte sich der in
diesem Rahmen vorgetragene Gesellschaftsprotest auf viele andere Themen; ein wichtiger Ausgangspunkt aber war die Kritik
jener gesellschaftlich vorwaltenden, exkulpatorischen Interpretation der NS-Vergangenheit, die die Verantwortung für die
Verbrechen des «Dritten Reiches» bei «denen da oben» ablud
und zur vorbeugenden Schuldabwehr die Unfreiheit und das
Leid des «kleinen Mannes» betonte. Stalingrad erschien in diesem Zusammenhang geradezu als Inkarnation des vermeintlich
schuldlos zum Opfer gewordenen deutschen Soldaten.

Eine empirisch genaue Analyse dieser kollektiven Selbstdeutung wäre ein dringendes Desiderat mentalitätsgeschichtlicher Forschung[11]. Aber mit Blick auf die von der Militärgeschichtsschreibung seit den achtziger Jahren entdeckte und als Novum gefeierte Einbeziehung der Perspektive «von unten»[12] wird man doch darauf hinweisen müssen, daß es diese Perspektive – neben den Erinnerungen der Generäle – in den fünfziger Jahren sehr wohl schon gegeben hat[13]. Ja mehr noch: Die verschiedenen, nur zum Teil authentischen Publikationen von «Briefen aus Stalingrad» dokumentieren geradezu die Kontinuität einer Sichtweise «von unten» im Übergang von der NS-Zeit in die junge Bundesrepublik.

Auch deshalb wird man, gewiß sehr zugespitzt, sagen können, daß es tatsächlich erst seit den späten sechziger und dann in den siebziger Jahren zu einer signifikanten Veränderung der öffentlichen Kommunikation über Stalingrad und den Zweiten Weltkrieg gekommen ist. Im Zeichen radikaler Gesellschaftskritik und eines auch parteipolitisch eindeutig in die Defensive geratenen Konservatismus bedeutete diese Veränderung allerdings zunächst und vor allem eine weitgehende Einstellung der öffentlichen Kommunikation über solche Themen. In der Ära der Gesellschaftsreform und der Aversion gegen alles Militärische, die freilich auch die Ära der Aussöhnung mit den osteuropäischen Nachbarn im Rahmen der «Neuen Ostpolitik» war, fiel alles, was als rückwärtsgewandt verstanden werden konnte, der öffentlichen Nichtbeachtung anheim. Es waren zugleich die Jahre, in denen von fachlich zuständiger Seite – etwa vom Historikerverband – vor den Gefahren eines breiten gesellschaftlichen Verlusts von Geschichtsbewußtsein gewarnt wurde. So wenig wie der Zweite Weltkrieg spielte im Diskurs der siebziger Jahre Stalingrad noch eine Rolle. Im Rückblick vermag es denn auch nicht zu überraschen, daß das öffentliche Gedenken an die Ereignisse, soweit es sich im Abstand der Jahrzehnte vollzieht, 1973 wohl seinen Tiefpunkt erreichte.

Vermutlich aber war diese Nichtbeachtung nicht nur auf die Abneigung der westdeutschen Mehrheitsgesellschaft und ihrer Medien gegenüber dem Thema zurückzuführen: Auch die davon unmittelbar Betroffenen, also jene ehemaligen Wehrmachtsoldaten, die Stalingrad und Kriegsgefangenschaft überlebt hatten, waren zu dieser Zeit an einer Rethematisierung offenbar wenig interessiert. Sie waren damals um die 50 Jahre alt und standen, wie man so sagt, «mitten im Leben» – einerseits offenbar in hinreichender Distanz zu der traumatischen Erfahrung ihrer jungen Erwachsenenzeit, andererseits noch nicht alt genug, um das Bedürfnis zu verspüren, sich ihr in bilanzierender Weise noch einmal zu stellen.

Doch gerade dieses Generationengedächtnis der jungen Frontsoldaten des Zweiten Weltkrieges sollte sich bald melden, und anders als die um 1900 geborene Funktionsgeneration des Nationalsozialismus fanden sie unter den sich abermals wandelnden gesellschaftlichen, politischen und kulturellen Bedingungen Gehör: beginnend in den achtziger, deutlicher aber noch in den neunziger Jahren. Seit 1983 riß der Zehn-Jahres-Rhythmus des Stalingrad-Gedenkens nicht mehr ab, nun freilich eingebettet in eine immer stärker sich entfaltende Erinnerungskultur[14], in der vieles ineinandergriff. Galt die Aufmerksamkeit im Zeichen der zu Ende gehenden Zeitgenossenschaft zunächst vor allem den Überlebenden des Holocaust, so erweiterte sich der Fokus der Medien in den letzten Jahren zusehends. Und seit die Figur des Zeitzeugen als Träger vermeintlich «authentischer» Erinnerung zum dominierenden Medium populärer Geschichtsdarstellung geworden ist, hat auch der Landser von Stalingrad seinen Platz im deutschen Fernsehen gefunden.

III.

Wie sehr sich die Erinnerungsverhältnisse in bezug auf Stalingrad in Deutschland im zurückliegenden Jahrzehnt gewandelt

haben, zeigt sich zum Beispiel daran, daß 1992, aus Anlaß des
50. Jahrestages, Josef Vilsmaier, ein jüngerer Regisseur, in sicherlich guter Absicht einen Kinofilm mit dem Titel *Stalingrad*
produzieren konnte, der erkennbar auf die Klischees der Unter-
haltungsindustrie Rücksicht nahm und wahrscheinlich gerade
deshalb recht erfolgreich war. Und es zeigte sich im Vorfeld des
60. Jahrestages, als auf etlichen Fernsehkanälen oft mehrteilige
Dokumentationen zu sehen waren, die der Perspektive des «ein-
fachen Soldaten» breiten Raum gaben, ohne daß der Vorwurf
der Apologie laut geworden wäre. Das bedeutet jedoch nicht,
daß Stalingrad im kollektiven Gedächtnis der Deutschen in jener Differenziertheit präsent wäre, wie Fachhistoriker sie sich
wünschen würden.

Vielleicht aber muß das auch gar nicht sein, und vielleicht
kann es (noch) nicht sein. Vielleicht müssen wir verstehen, daß
ein traumatisches Ereignis, wie Stalingrad es zweifellos war, Geschichte erst werden kann, wenn Erinnerung, die auf persönlicher Erfahrung beruht, nicht mehr gegenwärtig ist.

Was in diesem Sinne die Gegenwart betrifft, so erscheint es
gleichwohl geraten, daß die Historiker die Entwicklung der kollektiven Erinnerungsverhältnisse weiterhin kritisch begleiten:
Gerade mit Blick auf die Konjunktur der Erinnerung an Stalingrad – die insofern in einer Reihe zu sehen ist mit der Erinnerung an den jetzt breit diskutierten alliierten Bombenkrieg oder
die Vertreibung der Deutschen aus den Ostgebieten – entsteht
der Eindruck, daß es manchen Zeitzeugen, Buchautoren und
Filmemachern darum zu tun ist, so etwas wie ein vermeintliches
moralisches Recht zu postulieren: das Recht und die innere
Freiheit der Deutschen, nach Jahrzehnten der selbstkritischen
Auseinandersetzung mit der NS-Vergangenheit nun auch deutlich über das eigene Leid und die eigenen Opfer sprechen zu
können.

Die innere Freiheit des Sprechens mag uns inzwischen zuge-
wachsen sein, ein Recht auf Gehör jedoch gibt es nur vor Ge-

richt. Das Gespräch über die Vergangenheit ist nicht zu erzwingen, zwischen Deutschen und Russen so wenig wie zwischen anderen Nationen. Aber wir können den Austausch befördern – und auf ein Gelingen hoffen.

«Volksgemeinschaft»

Erfahrungsgeschichte und Lebenswirklichkeit der Hitler-Zeit

Zu den großen Themen der NSDAP in der Weimarer Zeit zählte die Verheißung, in einem nationalsozialistischen Deutschland werde an die Stelle zerstrittener Parteien, verfeindeter Klassen und auseinanderstrebender gesellschaftlicher Interessen eine einheitliche, starke «Volksgemeinschaft» treten. Zwar blieb damals unklar, wie diese auf der Rechten schon seit dem Kaiserreich propagierte neue Ordnung der Gesellschaft zu erreichen sei und wie im einzelnen sie aussehen sollte. Aber ganz offenbar war die «Volksgemeinschaft» Teil jenes politischen «Wunders», als das nicht zuletzt die Nationalsozialisten selbst die relative Mühelosigkeit ihrer sogenannten «Machtergreifung» begriffen. Denn die Phase des Terrors und der «Gleichschaltung» 1933/34 war noch kaum abgeschlossen, da war die «Volksgemeinschaft» auch schon Realität – jedenfalls behauptete das die nationalsozialistische Propaganda, allen voran der «Führer» selbst. So erklärte Hitler beispielsweise in einer weitverbreiteten Rede auf einer Tagung des Stahlhelm im September 1933 in Hannover: «… daß wir das Volk gewonnen haben, daß das Volk zu uns gehört, daß das Volk in unserer Bewegung die Führung wirklich sieht und anerkennt, das ist das Entscheidende, ist das, was uns glücklich macht.»[1]

Für die nach 1945 in Westdeutschland entstehende Zeitgeschichtsforschung folgte aus diesen gleichsam deklamatorischen Anfängen der nationalsozialistischen «Volksgemeinschaft» deren prinzipielle und dauerhafte Fiktionalität. Daß es jenen neuartigen gesellschaftlichen Aggregatzustand niemals gegeben habe, den die Größen des «Dritten Reiches» und ihre Medien unentwegt beschworen, galt seit den fünfziger Jahren als gesicherte Erkenntnis. Natürlich hatte diese historiographische Position eine Reihe stichhaltiger Argumente auf ihrer Seite, aber sie war auch politisch von großem Nutzen: Im Kielwasser einer demokratietheoretisch formulierten Kritik am Konzept der «Volksgemeinschaft» ging die Frage nach ihrem realen Vorhandensein unter, während die Inseln des Widerstands und der Verweigerung deutlich hervortraten. Eine Zeitgeschichtsschreibung, die – schon um ihrer gesellschaftlichen Akzeptanz willen – größtmöglichen Abstand halten mußte zur politischen Kollektivneurose der fünfziger Jahre, der sogenannten Kollektivschuldthese[2], konnte sich der Frage nach der «Volksgemeinschaft» allenfalls nähern, wenn die negative Antwort schon feststand. Statt der breiten Zustimmung, der «Führer»-Begeisterung und der hohen Integrationsbereitschaft betonte die Forschung deshalb den Gewalt- und Repressionscharakter des Regimes, seinen totalitären Zugriff auf die Menschen und die außerordentliche Gefährlichkeit etwaiger Versuche, sich diesem Zugriff zu entziehen. Letzteres war natürlich nicht falsch, aber doch höchstens die halbe Wahrheit.

Die offenkundigen legitimatorischen Bedürfnisse, denen die Zeitgeschichtsschreibung seit ihren Anfängen Rechnung trug, schwächten sich im Laufe der sechziger und siebziger Jahre zwar deutlich ab, aber sie verschwanden nicht. Eher ließe sich sagen: Es wandelte sich ihr Motiv. So ging es nun vor allem darum, einer trotz aller zeitgeschichtlichen Aufklärungsarbeit in erheblichen Teilen der deutschen Gesellschaft fortbestehenden Identifikation mit den sogenannten «guten Seiten» des NS-Regimes entgegenzuwirken. Als dessen Pluspunkte galten typischerweise der Autobahnbau, die angeblich geringe Kriminalität in der NS-Zeit, aber auch der volksgemeinschaftliche «Zusammenhalt». Eine Historiographie, die angesichts der Popularität solch apologetischer Neigungen gleichwohl der Wirkungsmacht der

Volksgemeinschaftsideologie nachforschte, wie das vor allem David Schoenbaum in seinem schon 1966 erschienenen Buch *Hitler's Social Revolution* tat[3], mußte sich deshalb mangelnde Ideologiekritik vorhalten lassen. So fragte Heinrich August Winkler noch 1977 aus Anlaß einer Rezension des bedeutenden, aber gerade in diesem Punkt doch eher orthodoxen Buches von Tim Mason[4]: «Was spricht eigentlich dafür, die gesellschaftspolitischen Parolen der Nationalsozialisten zum Nennwert zu akzeptieren?»[5]

So formuliert, konnte damals und kann natürlich auch heute an der Antwort kein Zweifel sein. Selbstverständlich muß der Historiker die Fassade der Selbstdarstellung eines Regimes durchstoßen, an dessen Ende statt der versprochenen sozialen Errungenschaften eine politische und moralische Katastrophe von welthistorischer Bedeutung stand. Aber die Lebenswirklichkeit der Deutschen in den zwölf Jahren des «Dritten Reiches» wird nicht erfassen, wer diese ausschließlich aus der Perspektive des monströsen Finales zu interpretieren sucht. Deshalb ist auch nach den tatsächlichen oder vermeintlichen «Normallagen» in der Verlaufsgeschichte des «Dritten Reiches» zu fragen: nach kollektiven Befindlichkeiten und Erfahrungen, die sich zum Teil positiver darstellten, als aufgrund der objektiven politischen Gegebenheiten der Diktatur vielleicht zu erwarten wäre. Die Notwendigkeit, die Erfahrungsgeschichte einzubeziehen, gilt um so mehr, als im Zuge der seit den achtziger Jahren vorangetriebenen Alltagsforschung und der Oral History immer deutlicher geworden ist, daß die Selbstwahrnehmung der deutschen Gesellschaft in der NS-Zeit ihrerseits erhebliche politische Wirksamkeit entfaltete[6]. Nicht zuletzt Tim Mason hat sich in diesem Punkt später noch korrigiert[7], und etwa zur selben Zeit verstand sich Werner Conze, einer der gegenwärtig so umstrittenen Gründerväter der modernen Sozialgeschichte, zu der spürbar autobiographisch aufgeladenen Feststellung: «Die NS-Volksgemeinschaft ist mehr gewesen als nur befohlene Scheinwirklichkeit. Allein durch Zwang ist die lange Zeit im Sinne des Nationalsozialismus erfolgreich gewesene Kraftanstrengung des deutschen Volkes (auch außerhalb der Reichsgrenzen) bis 1945 nicht zu erklären.»[8]

Inzwischen hat die Forschung den durch die überlange Kontroverse zwischen «Intentionalisten» und «Funktionalisten» verengten Rahmen der politischen Systemanalyse gesprengt und den Blick stärker auf die allgemeine innere Entwicklung der deutschen Gesellschaft unter Hitler gerichtet. Dabei ist es zweifellos auch zu Übertreibungen und neuen Fehlinterpretationen gekommen[9]. Insgesamt aber deuten viele Ergebnisse der neueren Forschung doch darauf hin, daß eine befriedigende Erklärung des Funktionierens des NS-Regimes ohne die Annahme beträchtlicher sozialer Bindekräfte gar nicht möglich ist[10]. Damit aber tritt der Faktor «Volksgemeinschaft» unweigerlich ins Bild[11].

I.

In Hitlers politischer Terminologie war der Begriff der «Volksgemeinschaft» keineswegs klar definiert. Mitunter diente ihm die aus der Propagandasprache des Ersten Weltkriegs übernommene Vokabel lediglich als Synonym für «Volk»[12]. Nach der Wiedergründung der NSDAP zunächst eher gelegentlich, seit 1927/28 dann zunehmend häufiger, sprach er von der «Volksgemeinschaft» im Kontext seiner Forderung nach Überwindung der «Klassenspaltung» und der «Zerreißung» des deutschen Volkes. Die Zusammenführung von Bürgertum und Proletariat, der «Arbeiter der Stirn» und der «Arbeiter der Faust», erklärte Hitler zur «lebendigen Theorie der Volksgemeinschaft»[13]; instinktsicher reagierte er damit auf einen verbreiteten, im Zeichen der Wirtschaftskrise noch wachsenden Hunger nach sozialer Integration[14].

Nie jedoch waren die eindringlichen – und offensichtlich

auch eingängigen[15] – Forderungen nach gesellschaftlicher Harmonisierung für Hitler ein ideologisch begründeter Selbstzweck oder gar mit emanzipatorischen beziehungsweise sozial-egalitären Konzepten verbunden. Sie standen im Gegenteil im Kontext ebenso simpler wie historisch überholter Vorstellungen von einer starren sozialen Ordnung. Und ihr eigentlicher politischer Sinn lag darin, daß der «Führer» der NS-Bewegung in der «völkischen» Konsolidierung die Voraussetzung rassenimperialistischer Machtentfaltung erblickte. Für das Individuum oder gar für dessen Anspruch auf Selbstverwirklichung war in diesem Konzept kein Platz: Der «Wert des Menschen [...] und sein Wert für die Volksgemeinschaft werden nur ausschließlich bestimmt durch die Form, in der er der ihm zugewiesenen Arbeit nachkommt»[16].

Hitlers Tendenz, die angestrebte «Volksgemeinschaft» in erster Linie als eine Leistungsmaschine zu verstehen, geht aus dieser frühen Äußerung bereits deutlich hervor. In seinem oft wiederholten Bekenntnis zu diesem Konstrukt völkischer Ideologie trafen rassenbiologische Vorstellungen, Antisemitismus und «Lebensraum»-Idee zusammen: Nur als eine homogene und willensstarke, von allen inneren Auseinandersetzungen und Schwächen befreite «Volksgemeinschaft», so Hitlers These, werde Deutschland schließlich in der Lage sein, sich seiner äußeren Feinde zu erwehren und den erforderlichen «Lebensraum» zu erobern. Politische «Gleichschaltung», Unterdrükkung gesellschaftlicher Konflikte und rassische Purifizierung galten ihm als Voraussetzungen für die erfolgreiche territoriale Expansion.

Es kann also kein Zweifel daran bestehen, daß das Konzept der «Volksgemeinschaft» für Hitler von Anfang an – wie später auch für die engere Regimeführung – einen instrumentellen Charakter hatte. Dennoch wäre es verfehlt, die Innenpolitik des «Dritten Reiches» und die Erfahrungsgeschichte der Deutschen allein oder auch nur in erster Linie vor der Folie der außenpolitischen Ziele ihres «Führers» zu betrachten; vielmehr gilt es, die

von den Zeitgenossen erlebte Wirklichkeit der «Volksgemeinschaft» mit der sich dem Historiker erschließenden Gesamtent-
wicklung seit 1933 kritisch vermittelnd in den Blick zu nehmen.

II.

Die Tatsache, daß sich das NS-Regime nach der brutalen Aus-
schaltung der Parteien und Gewerkschaften im Frühjahr 1933
und der zunächst vor allem damit einhergehenden Emigrations-
bewegung ziemlich rasch und systematisch darum bemühte, gerade auch den «deutschen Arbeiter» zu gewinnen, gehört zu den
erst relativ spät gewonnenen Erkenntnissen der NS-Forschung,
und forschungsgeschichtlich noch schwieriger erwies sich der
Weg zu der Erkenntnis, daß diese Bemühungen schon bald erhebliche Erfolge zeitigten[17]. Wesentliche Einsichten in diesen In-
tegrationsprozeß vermitteln die Lageanalyse der Exil-SPD (Sopade), die sich auf die Informationen zuverlässiger Beobachter im
ganzen Reichsgebiet stützten[18]. Inzwischen liegen darüber hinaus
aber auch die internen Meldungen der sozialistischen Splitter-
gruppe Neu Beginnen vor, deren Berichterstattung schon im Dezember 1933, ein halbes Jahr vor der Sopade, einsetzte und deren
Beurteilungen eher noch ein Stück nüchterner ausfielen als die
der Sozialdemokraten[19].

So heißt es bereits in der ersten Meldung über die Schein-
wahl zum Reichstag, bei der auf die Einheitsliste der NSDAP
92,2 Prozent der Stimmen entfielen und die Zahl der Befürworter des Austritts aus dem Völkerbund 95,1 Prozent erreichte:
«Die außerordentlich hohe Zahl der in der Abstimmung vom
12. November für das Regime abgegebenen Stimmen hat auch
kritische Beobachter des Auslandes dazu verleitet, dieses Ergebnis als gefälschtes oder auf unmittelbaren Zwang und Terror zu-
rückzuführendes anzusehen. Dem liegt aber eine irrtümliche
Auffassung über den wirklichen Einbruch faschistischer Ideologien in alle Klassen der deutschen Gesellschaft zugrunde. [...]

Genaue Beobachtungen [...] zeigen, daß die Wahlergebnisse im großen und ganzen der wirklichen Stimmung entsprechen. Mögen auch in der Hauptsache in Landbezirken und kleineren Orten zahlreiche ‹Korrekturen› vorgekommen sein. Das Gesamtergebnis zeigt *einen ungemein raschen und starken Faschisierungsprozeß* der Gesellschaft an.»[20]

Besonders schmerzlich registrierten die Linkssozialisten, daß es Hitler schon im Vorfeld der Wahl hatte wagen können, erstmals in großen Berliner Betrieben aufzutreten. Als Konsequenz aus dem Erfolg sei nun «in den Betrieben eine weitere Zunahme des faschistischen Einflusses festzustellen»[21]. Diese Beobachtungen aus unverdächtiger Perspektive zeigen: Nur wenige Monate nach der «Machtergreifung» taten eine suggestive Propaganda, erste beschäftigungspolitische Erfolge und außenpolitische Machtdemonstrationen bereits ihre Wirkung. Sie sorgten – stärker als der polizeistaatliche Terror – dafür, daß die Bereitschaft wuchs, sich dem Zug der «neuen Zeit» anzuschließen – oder doch das Gefühl, sich ihm nicht mehr entgegenstellen zu sollen. Das galt auch für jene, gegen deren politische Überzeugungen und Interessen das Regime explizit angetreten war.

Zentrale Faktoren dieses gesamtgesellschaftlichen Formierungsprozesses waren eine bis dahin nicht gekannte, alle technischen und organisatorischen Möglichkeiten nutzende unentwegte Mobilisierung der Menschen und, damit zusammenhängend, die Inszenierung eines beispiellosen «Führer-Mythos». Ian Kershaws Untersuchungen[22] haben gezeigt, von welch außerordentlicher Bedeutung die konsequente Idealisierung Hitlers für die immer wieder neu zu stiftende Akzeptanz des Regimes gewesen ist; die Projektion sämtlicher Erfolge, Erwartungen und Sehnsüchte auf den «Führer» war Bedingung und Kalkül der charismatischen Herrschaft.

Unter dem Gesichtspunkt der Erfahrungsgeschichte durchlief das «Dritte Reich» seit Mitte der dreißiger Jahre eine Phase konsolidierter Herrschaft, in der sich die Ideologie der «Volksge-

meinschaft» für weite Teile der Bevölkerung, auch der Arbeiterschaft, als tragfähig und sogar als attraktiv zu erweisen schien[23].
Die wirtschaftliche Aufwärtsentwicklung und die (letztlich bescheiden) wachsenden Konsummöglichkeiten spielten dabei eine
zentrale Rolle, wichtiger aber noch war das veränderte Lebens-
gefühl: Die große Mehrheit der Deutschen glaubte inzwischen
an nationalen «Wiederaufstieg» und individuelle Aufstiegschancen, an künftige Größe und an ein besseres Leben für sich
selbst und die kommenden Generationen. Der permanente so-
zialpolitische Aktionismus und eine egalitäre Propaganda stifte-
ten «affektive Integration»[24] und trugen dazu bei, daß die schon
von Schoenbaum beobachtete Entkopplung von Lohn und Status[25] funktionierte. Auf brachiale Weise demonstrierte das Regime, daß der Mensch nicht allein vom Brote lebt und Loyalität
auch anders zu haben ist als durch die rechtzeitige Aufstockung
des Ecklohns.

Einer der bemerkenswertesten Erfolge nationalsozialistischer
Sozial- und Gesellschaftspolitik bestand in der Verbreitung des
Gefühls sozialer Gleichheit. Wo unentwegt an der bewußtseins-
mäßigen Abtragung von Rang- und Statusunterschieden gear-
beitet wurde, da konnten selbst bescheidene Ansätze von «Mas-
senkonsum» als Indizien einer vielversprechenden Zukunft
gelten. In einer solchen Atmosphäre ließen sich die Hoffnungen
der Bausparer und der Autobesitzer in spe[26] propagandistisch
vervielfältigen wie die Dampferfahrten ins Portugal Salazars.

Zweifellos ging es in den letzten Vorkriegsjahren allen wirt-
schaftlich besser als vor der «Machtergreifung», aber die regie-
rungsamtlich gepriesenen Tugenden lauteten dennoch Sparen
und Konsumverzicht. Dem nachzukommen fiel um so leichter,
als sich der «Tüchtige» ja auch wieder einmal «etwas leisten»
konnte. Wenn an den «Eintopfsonntagen» Direktoren und Arbeiter gemeinsam ihre Erbsensuppe löffelten und Goebbels daraus in Berlin ein Prominentenspektakel machte, so war das ein
Paradestück nationalsozialistischer «Volkserziehung». Die da-

mit transportierten Botschaften lauteten: Die «Volksgemeinschaft» existiert, und alle machen mit; «oben» und «unten» sind
weniger wichtig als der «gute Wille»; materielle Anspruchslo-
sigkeit zeugt von «nationaler Solidarität».

Sicherlich schonten die regelmäßigen Einfachessen ein wenig
auch die volkswirtschaftlichen Ressourcen, aber bei weitem
wichtiger für das Regime war ihr sozialpsychischer Effekt. Sie
suggerierten eine kollektive Opferbereitschaft, wie sie nicht zuletzt in den Parolen der Nationalsozialistischen Volkswohlfahrt
(NSV) und des Winterhilfswerks Ausdruck fand[27]: «Ein Volk
hilft sich selbst», lautete, trotzig-entschlossen, das Motto einer
der ersten von unzähligen Sammelaktionen. Gewiß waren die
bis 1939 erbettelten 2,5 Milliarden Reichsmark ein stattlicher
Betrag, der die NSV in die Rolle eines großen Arbeitgebers vor
allem im Gesundheitsbereich («NSV-Schwestern») und Wirt-
schaftsfaktors brachte. Doch gesellschaftspolitisch bedeutsamer
noch war die Millionenzahl ihrer freiwilligen Helfer und ihrer
rund 16 Millionen Mitglieder (1942). Mochten die permanenten
Hauskollekten und Lohnabzüge – denen sich zu verweigern
durchaus Unannehmlichkeiten mit sich bringen konnte – zu
Verdruß und «Spendenmüdigkeit» führen, so ließen sich die
große Beteiligung und das enorme Spendenaufkommen doch als
Beweis für die Realität der «Volksgemeinschaft» interpretieren.
Zwar bedurfte es ihrer unentwegten Mobilisierung – aber wo
diese erfolgte, war die «Volksgemeinschaft» mehr als ein Mythos.

Es lag in der Natur des Herrschaftssystems, daß die Idee der
«Volksgemeinschaft», parallel zum «Führer»-Nimbus, von
ihrer ständigen Aktualisierung lebte. In einem fort mußten symbolische Loyalitätsbekundungen eingefordert und abgegeben
werden. Darin hatte das offizielle «Heil Hitler» seine Funktion,
aber auch die Häufung öffentlicher Veranstaltungen, mit denen
die Partei die «Volksgenossen» stets aufs neue zum Bekenntnis
und zur Anerkennung ihrer Dazugehörigkeit zwang.

Massenhaft wurde in den sogenannten Friedensjahren soziales Bewußtsein verändert, wurden Klassen- und Standesdünkel delegitimiert und mentale Sperren aus dem Weg geräumt. Die auf diese Weise produzierte Regimeloyalität erzeugte ihrerseits eine Dynamik psychosozialer Kraftentfaltung, die sich als äußerst funktional im Sinne der NS-Ideologie erwies. Daß Leistung zählen sollte statt Herkommen und Rang, machte die sozialen Integrationsangebote des Regimes für viele attraktiv und führte auch tatsächlich zu einer gewissen Egalisierung wenigstens von Aufstiegschancen. Gerade junge Arbeiter, die während der langen Wirtschaftskrise in der Arbeiterbewegung die Erfahrung bröckelnder Solidarität gemacht und darauf mit einer gewissen Individualisierung reagiert hatten, fühlten sich von den nationalsozialistischen Parolen angesprochen, und zwar um so mehr, als diese nach Einsetzen der Hochkonjunktur durch eine deutliche Leistungslohn-Politik untermauert wurden. Doch so funktional sich dieses «modernere» Verhalten Mitte der dreißiger Jahre auch erwies: wirklich belohnt wurde es erst in der Adenauer-Zeit. Den Durchbruch für einen aufstiegsbewußten und leistungsorientierten, die paternalistisch-proletarischen Solidaritätsstrukturen hinter sich lassenden modernen Arbeitertypus sollten erst die fünfziger Jahre bringen. Ein Charakteristikum der in den «guten Jahren» entstandenen volksgemeinschaftlichen Hochstimmung war gleichwohl, daß es dem Regime gelang, diesen Zustand bis tief in die Kriegszeit hinein aufrechtzuerhalten.

III.

Aus der Perspektive einer auf Krieg zielenden Führung warfen gerade die enormen Integrationserfolge freilich auch Probleme auf. Im Sommer 1939 nämlich waren die Deutschen alles andere als kriegsbereit. Genauer: Sie hofften auf den Erhalt jenes fragilen Zustandes, der den meisten noch als Frieden erschien. Hitler hatte Deutschland wieder groß gemacht. Er hatte die Saar und das Rheinland «befreit», Österreich, das Sudeten- und das Memelgebiet «heim ins Reich geholt», Böhmen und Mähren unter sein Protektorat gezwungen. Die «Schmach von Versailles» war nahezu getilgt. Dafür verehrten, dafür liebten die Deutschen ihren Hitler – nicht des Risikos wegen, das er eingegangen war, sondern weil er die außenpolitischen Triumphe der letzten Jahre ohne Blutvergießen erzielt hatte. Die gewaltige Popularität, die Hitler an seinem 50. Geburtstag genoß, galt gerade nicht dem kriegslüsternen Diktator. Der schier grenzenlose Jubel am 20. April 1939 galt dem «General Unblutig».

In der Stilisierung des «Führers» zum Vollender der deutschen Geschichte, wie sie jetzt nicht nur im nationalprotestantischen Bürgertum anzutreffen war, schwang unüberhörbar die Furcht mit vor einem Krieg, der alles Erreichte zunichte machen könnte. Bis unmittelbar zum Beginn des Angriffs auf Polen beharrte die Volksmeinung beinahe trotzig auf dem Glauben, der Frieden werde bewahrt, die «Vorsehung» werde weiter auf Hitlers Seite sein.

Entsprechend waren die Reaktionen am 1. September 1939; der Kontrast zum August 1914 hätte klarer nicht sein können. Abgesehen von draufgängerischen Hitlerjungen und einigen Fanatikern jubelte niemand – nicht einmal die Parteigenossen, und die Sozialdemokraten im Exil gaben ihrer Lageanalyse die lapidare Überschrift: «Keine Kriegsbegeisterung»[28].

Der überraschend schnelle Abschluß des Polenfeldzugs änderte daran wenig, nährte allenfalls die Friedenshoffnungen. Entsprechende Gerüchte machten den ganzen Winter die Runde. Vor diesem Hintergrund kam am 8. November die Nachricht vom Bombenanschlag im Münchener Bürgerbräukeller, dem Hitler nur knapp entging. Das Attentat des Johann Georg Elser fügte sich derart ideal in die Erfordernisse der nationalsozialistischen Propaganda ein, daß nach dem Krieg sogar vermutet wurde, die Gestapo selbst habe Elser gesteuert. Tatsächlich war Elser ein Einzeltäter, aber natürlich wurde sofort ausgestreut, «Engländer und Juden» seien die Hintermänner des Mordplans gewesen, und nur die Vorsehung habe Hitler gerettet. Solche Stimmungsmache verfehlte ihre Wirkung nicht: Schulklassen stimmten kirchliche Dankeslieder an, Betriebsführer riefen ergriffen zum Belegschaftsappell. Fünf Tage nach der mutigen Tat des schwäbischen Schreinergesellen registrierte der Sicherheitsdienst der SS: «Die Liebe zum Führer ist noch mehr gewachsen, und auch die Einstellung zum Krieg ist infolge des Attentates noch positiver geworden.»[29] Daraus wie aus vielen SD-Berichten dieser Wochen sprach, verhalten zwar, aber eindeutig, die Botschaft: Der Krieg war noch alles andere als populär.

Selbst der Optimismus nach der reibungslosen Besetzung Dänemarks und dem Blitzsieg in Norwegen im April 1940 hielt nicht lange vor. Enthusiasmus auf breiter Front entstand im Grunde erst mit dem triumphalen Westfeldzug. Der Einmarsch der deutschen Truppen in Paris am 14. Juni 1940 und der Waffenstillstand mit Frankreich führten zum Höhepunkt der Kriegsbegeisterung und Hitler in den Zenit der Verehrung[30].

Die subkutan bis dahin immer noch bei vielen Deutschen vorhandenen, wenngleich weitgehend folgenlos gebliebenen politischen und moralischen Bedenken gegen den Krieg diffundierten nun in eine allgemeine Siegermoral. In der siegestrunkenen Genugtuung über die Auslöschung des Traumas von 1918 zehrten sich viele Skrupel auf. Der Faszination eines Krieges, der nichts als schnelle, leichte Siege produzierte, vermochte sich nahezu niemand mehr zu entziehen. Die Nörgler verstummten, zumal aus den besetzten Gebieten nicht nur Rohstoffe für die Rüstungsindustrie herbeigeschafft wurden, sondern auch die angenehme Zusatzration dänischer Butter oder schöner Wollwaren für den Endverbraucher. Das Empfinden für die Gewalt, mit der Deutschland Europa überzogen hatte, schien ausgelöscht wie jede Spur von Unrechtsbewußtsein. Sozialpsychologisch gesehen, wurden in dieser Zeit Normen gesetzt, ohne die das Verhalten – genauer: das Durchhalten – der Deutschen in der zweiten Hälfte des Krieges nicht zureichend zu erklären ist.

Freilich spielte noch anderes eine wichtige Rolle: Mit dem militärischen Krieg nach außen hatte auch innenpolitisch ein neuer Abschnitt begonnen. Nach relativ ruhigen Jahren, in denen die Zahl der politischen Häftlinge in den Konzentrationslagern zurückgegangen war, stiegen die Empfindlichkeit des Regimes und die Intensität der Gegnerverfolgung deutlich an. Die Zahl derer, die von den Sondergerichten wegen sogenannter Heimtückedelikte – das waren oft eher harmlose Bekundungen von Mißmut – verurteilt wurden, schnellte drastisch in die Höhe. Der ideologische Kampf gegen gesellschaftliche Gruppen und Institutionen, die den totalitären Anspruch des Regimes auch nur passiv in Frage stellten, wurde heftiger. So gewann der Konflikt mit der katholischen Kirche an Schärfe, und die Beiseitedrängung der traditionellen konservativen Führungskräfte in Wehrmacht, Staat und Justiz nahm zu. Vor allem aber war eine charakteristische Ausweitung des Gegnerbegriffs zu beobachten, die ansatzweise bereits 1937/38 in den sogenannten Aktionen gegen Berufs- und Gewohnheitsverbrecher, Arbeitsscheue und Asoziale ihren Ausdruck gefunden hatte. Dieser Personenkreis war es, der nunmehr die Konzentrationslager füllte – neben Bibelforschern, Zigeunern und vor allem den Juden, die seit dem Sommer 1938 und dann besonders nach der «Reichskristallnacht» zu Tausenden verhaftet worden waren.

Im Machtbereich der SS zeichneten sich schon bald nach Kriegsbeginn immer deutlicher die Konturen einer Politik ab, die eine umfassende rassisch-soziale Sanierung des deutschen Volkskörpers anstrebte. Die interministerielle Diskussion darüber begann 1940, also auf dem Höhepunkt der Siegeszuversicht. Konkretes Ziel war ein «Gesetz über die Behandlung Gemeinschaftsfremder». Dieses sollte die bis zur Tötung reichenden polizeilichen und rechtlichen Möglichkeiten des Vorgehens gegen sozial unerwünschte und als «volksschädigend» angesehene Personen und Personengruppen zusammenfassen. Zeitraubende Kompetenzstreitigkeiten verhinderten zwar die Verabschiedung des Gesetzes, nicht aber eine entsprechende und sich fortschreitend radikalisierende Praxis. Die Vorgaben lieferten, das muß hervorgehoben werden, nicht in erster Linie NS-Ideologen, sondern Vertreter der Wissenschaft: Bevölkerungsstatistiker, Arbeits- und Ernährungswissenschaftler, Anthropologen, Humangenetiker, Mediziner und all die anderen Experten der modernen Sozialtechnik und Wirtschaftsplanung. Teil dieses Konzepts der gesellschaftssanitären «Ausmerze» waren die sogenannten Euthanasie-Aktionen. Die Ermächtigung dazu datierte Hitler bezeichnenderweise auf den 1. September 1939. Mit den systematischen Vergasungen von geistig Behinderten und psychisch Kranken in speziell dazu hergerichteten Kliniken begann das industrielle Töten. Trotz aller Tarnung und Täuschung blieben die massenhaften Morde keineswegs geheim; in der Bevölkerung entstand erhebliche Unruhe, und vor allem aus kirchlichen Kreisen kamen Proteste. Nach vorübergehender Einstellung im Sommer 1941 ging das Töten in Heil- und Pflegeanstalten jedoch bis Kriegsende weiter. Ihm fielen insgesamt etwa 150 000 Patienten zum Opfer. Die Befürchtungen besonders älterer Menschen, die Aktionen könnten sich schließlich gegen jeden richten, der keinen Nutzen mehr für die Allgemeinheit erbringe, traf im Grunde zu: Mit dem fortschreitenden Krieg wurde das Euthanasieprogramm auf immer weitere Gruppen «gesellschaftlich Unbrauchbarer» ausgedehnt. «Verlegt», das heißt getötet, wurden schließlich auch sogenannte Asoziale, Kriminelle, Psychopathen, Homosexuelle, Kriegshysteriker, erschöpfte Fremdarbeiter und bettlägerige Alte.

Es war ein Charakteristikum und eine Konsequenz der disparaten Informations- und Bewußtseinslage der Deutschen während des Krieges, daß die Kenntnis einzelner Fakten, ja sogar die

Erkenntnis bestimmter Zusammenhänge, lange Zeit fast niemandem zu einem realistischen Gesamtbild verhalf. Ein klarer Beleg dafür ist die trotz einzelner Befürchtungen letztlich unerkannt gebliebene Monstrosität des nicht nur nach außen, sondern auch nach innen, gegen die Deutschen selbst gerichteten sozial- und rassenbiologischen Projekts. Ungeachtet der Aggressivität, mit der die offizielle Erbgesundheits-Propaganda seit Jahren Beispiele angeblicher menschlicher «Minderwertigkeit» vor Augen führte, mit der die Zwangssterilisierung von Hunderttausenden betrieben wurde und mit der von «Ausmerze» und Menschenzucht die Rede war: Vom Ausmaß des Geschehens hatten die durchschnittlichen Deutschen keine Vorstellung. Sie verbanden damit deshalb auch kaum die Vorstellung eigenen, persönlichen Bedrohtseins.

Im Hinblick auf den Terror gegenüber den Juden lag der Fall anders[31]. Ihre systematische Ausgrenzung aus dem deutschen öffentlichen Leben ging nach dem Fanal der «Reichskristallnacht» mit bürokratischer Unerbittlichkeit weiter. Entrechtet, enteignet, aus ihren früheren Wohnungen längst vertrieben und stigmatisiert mit dem gelben Stern, konnten sie ab Herbst 1941 am hellichten Tage deportiert werden, ohne daß dies nennenswerte Aufmerksamkeit erregt hätte, geschweige denn auf Protest gestoßen wäre. Wohin die Züge gingen, wollte kaum einer wissen. Denn man ahnte Unheil[32].

Die fatale Mischung aus kollektiver Erkenntnisverweigerung und allgemeiner Unfähigkeit zu einer realitätsgerechten Beurteilung der politischen Lage hatte viele Gründe. Besonders wichtig war, daß der Krieg in der Wahrnehmung der Menschen die Grenzen zwischen außenpolitischem Revisionismus und nationalsozialistischem Lebensraum-Programm verwischte. Die Attraktivität der militärischen Siege wirkte verführerisch, schmolz Unterschiede und Bedenken ein. Die nationale Begeisterung über die Erfolge, später die Hoffnung auf deren Rückkehr, die propagandistische Verblendung und zunehmend auch

die physische und psychische Anspannung im Alltag des Krieges
trübten den Blick. Ursächlich aber war das unentwegt propagierte und über weite Strecken tatsächlich vorhandene «Volksgemeinschafts»-Bewußtsein, das in der ersten Hälfte des Krieges eher noch wuchs.

Zur Stabilität dieser sozialpsychischen Verfassung trug bei,
daß sich mit dem Krieg beziehungsweise mit dessen erfolgrei-
chem Abschluß ein ganzer Strauß sozial- und gesellschaftspoli-
tischer Erwartungen verband. Obwohl – oder vielleicht gerade
weil – ein klares politisches Programm für die Nachkriegszeit
weit und breit nicht zu sehen war und Hitler eine Festlegung
der territorialen Endziele vermied, entstand an der «Heimatfront» eine eigentümliche Aufbruchsstimmung. Teils bewußt
herbeigeführt, teils Ergebnis von Machtrivalitäten, zeugte diese
Stimmung doch auch von einem realen politischen Gestal-
tungsanspruch, in dem Umrisse einer nationalsozialistischen
Nachkriegsordnung erkennbar wurden.

Besonders die Pläne für ein «Sozialwerk des Deutschen Volkes», mit denen die Deutsche Arbeitsfront im Herbst 1940 an
die Öffentlichkeit trat, klangen zweifellos für viele attraktiv. Begründet wurde das Vorhaben einer einheitlichen Alters- und
Gesundheitsversorgung und zahlreicher weiterer sozialpoliti-
scher Reformen mit dem ausdrücklichen Wunsch des «Führers», «daß der Sieg jedem deutschen Menschen ein besseres
Leben bringt». Gerade daran aber war in Wirklichkeit nicht gedacht, wie beispielsweise das vom Arbeitswissenschaftlichen Institut der DAF ausgearbeitete Rentensystem zeigt: Nicht jeder
sollte eine Altersversorgung erhalten, sondern nur «Reichsange-
hörige deutschen und artverwandten Blutes», die ihrer «Pflicht
zur Arbeit» stets und bedingungslos nachgekommen waren.
Auch alle anderen Reformvorhaben zielten auf soziale Disziplinierung und waren durchtränkt von rassistisch-biologistischer
Leistungsideologie.

Der durchschnittliche Volksgenosse mochte solche gravierenden Einschränkungen in einem ohnehin rassenantisemitisch und sozialdarwinistisch aufgeladenen Klima kaum bemerken. Mancher aber mochte sie auch für gut befinden oder in Kauf nehmen angesichts der in dem Vorhaben ebenfalls erkennbaren und vom Leiter der DAF, Robert Ley, durchaus mit einer gewissen Überzeugungskraft vorgetragenen egalitären, bisweilen geradezu klassenkämpferischen Intentionen. Hinzu kam, daß keineswegs bei jeder sozialpolitischen Maßnahme die niederträchtige Absicht offen zutage lag[33]. Und hinzu kam schließlich, daß sich die Hoffnungen vieler auf eine schönere Zukunft nicht in Erwartungen an die Sozialpolitik erschöpften. Vielmehr gründeten sie auch in der Annahme einer nach dem Krieg höheren sozialen Durchlässigkeit und besserer persönlicher Aufstiegschancen. Einiges bahnte sich ja bereits an.

So hatte sogar in der Wehrmacht mit der Allgemeinen Wehrpflicht eine soziale Öffnung eingesetzt. Durch die explosionsartige Ausweitung der Armee kamen junge Männer aus sozialen Schichten zum Zuge, denen eine Offizierskarriere in früheren Zeiten mit Sicherheit verschlossen geblieben wäre. Ähnliches war in anderen Bereichen zu beobachten. Der Krieg beschleunigte die bereits in den Jahren davor beträchtlich erhöhte Dynamik und soziale Mobilität der deutschen Gesellschaft weiter. Er veränderte gleichsam ihren Aggregatzustand.

Neuartige Herausforderungen stellten sich auf vielen Ebenen, für fast alle sozialen Gruppen, für die Männer wie für die Frauen. Und keineswegs war alles nur Bürde, häufig boten sich auch Möglichkeiten der persönlichen Profilierung und Selbstverwirklichung. Wenn zu Recht immer wieder darauf hingewiesen wird, daß mit der NSDAP eine auffallend junge Bewegung an die Macht gekommen und das Dritte Reich in toto ein Karrierestaat war, dann gilt das zumal für die Kriegszeit. An der notorisch unterbesetzten Heimatfront wie in den neu eroberten Gebieten boten sich Betätigungsfelder und Karrierechancen wie nie zuvor. Hier wie dort waren es im Zweifelsfall die hierarchisch höheren Aufgaben, die den Deutschen zufielen, und im Umgang mit den Fremdarbeitern bzw. der ortsansässigen Bevölkerung konnte, wer danach Bedarf verspürte, auch bereits die Rolle des deutschen Herrenmenschen spielen. Wie sehr und wie lange sich mit dem Krieg auch ganz persönliche Wünsche und Erwartungen vieler Volksgenossen verbanden, dafür stehen, zum Beispiel, die enormen Bilanzsummen der Bausparkassen, die noch 1943 den deutschen Beamten und Facharbeiter mit dem Motto umwarben: «Im Kriege sparen – später bauen!» Und dafür stehen, ebenfalls nur als Beispiel, die nicht ganz wenigen Wehrmachtsoffiziere, die sich noch 1944 bei Himmler für die Zuteilung von Grundbesitz im Osten bewarben.

Wenn die Aussichtslosigkeit der Lage lange Zeit sogar von vielen Offizieren nicht begriffen wurde, so nicht nur deshalb, weil die Wahrheit so unerträglich schien, sondern auch, weil der Krieg zunächst so leicht und der Sieg scheinbar so nahe gewesen war. In den ersten zwei, fast drei Jahren war die sogenannte Heimatfront ja nahezu unberührt geblieben. Wieviel Not und Zerstörung mit dem Krieg einhergingen, hatte man als Zivilist allenfalls aus den Erzählungen der Fronturlauber und aus den Wochenschauen heraushören können – sofern man sensibel genug war und überhaupt wissen wollte, was in der Fremde geschah. Zwar war der Krieg seit dem Frühjahr 1942 auch nach Hause gekommen, aber zunächst reagierte die Bevölkerung darauf noch nicht mit grundsätzlichem Zweifel an der deutschen Verteidigungsfähigkeit. In Übereinstimmung mit Goebbels' Propaganda wurden die Bombardements von vielen als «Terrorangriffe» empfunden, mithin gerade nicht als strategisch bedeutend. Die Schäden wurden soweit als möglich behoben, dann ging man zur Tagesordnung über. Eher unterschwellig wuchs das Gefühl, den Schlägen der britischen und bald auch der amerikanischen Luftwaffe im Grunde ohnmächtig ausgeliefert zu sein. Der Schock kam erst mit Stalingrad, genauer: mit dem offiziellen Eingeständnis der Katastrophe Ende Januar 1943.

In diesem Eingeständnis vor allem, darauf hat Martin Broszat aufmerksam gemacht[34], lag auch die sozialpsychische Bedeutung der Rede, mit der Joseph Goebbels am 18. Februar 1943 im Berliner Sportpalast den «totalen Krieg» verkündete. Zum ersten Mal gab es damit von ganz oben eine Bestätigung für den Ernst der Situation, den unterdessen doch fast alle empfanden. Goebbels' Auftritt, so berichtete der SD, habe «entspannend» gewirkt, hätten sich doch die Volksgenossen «nach einer klaren Darstellung der Lage geradezu gesehnt»[35]. Was jetzt beinahe befreiend wirkte, war die Abkehr der Propaganda vom Überoptimismus der zurückliegenden Monate.

Tatsächlich hatte ja, wie zahlreiche Stimmungsberichte zeigen, schon der Angriff auf Rußland vielfach Angst und Unverständnis hervorgerufen, und das schnelle Scheitern des Blitzfeldzuges gegen den angeblichen «Koloß auf tönernen Füßen» hatte diese Befürchtungen genährt. Damals, im Sommer und Herbst 1941, hatte das zuvor schier überwältigende Vertrauen in den «Führer» und dessen vermeintlichen Bund mit der Vorsehung einen Knacks bekommen. Zwar blieb der Hitler-Mythos noch lange virulent, aber was seitdem zunahm, waren die Zweifel an den Fähigkeiten der politischen und militärischen Unterführer und zumal die Kritik an der Partei.

Nach dem gescheiterten Attentat vom 20. Juli 1944 verzichtete das Regime auf die letzten Rücksichten, die es bis dahin noch gegenüber der eigenen Bevölkerung genommen hatte. Goebbels, nun zusätzlich ausgestattet mit dem Titel eines Reichsbevollmächtigten für den totalen Kriegseinsatz, predigte einen Kriegssozialismus, der die Erinnerung wachrief an seine Herkunft vom linken Flügel der NSDAP. Seine quasi-religiös unterlegte Forderungen nach Opfer, Pflichterfüllung und Solidarität gipfelten im Lobpreis der Luftkriegsschäden als einer im Grunde erwünschten Befreiung von dem «Ballast der Zivilisation».

Im Bombenkrieg, so Goebbels weiter, fielen endlich die letzten Klassenschranken. Richtig daran war, daß der Krieg und seine Folgen – in weit stärkerem Maße als die vorangegangenen Jahre der NS-Herrschaft – viele soziale, kulturelle und regionale Unterschiede einebneten. Aber richtig war auch, daß sich die Not und Last des Krieges keineswegs gleichmäßig auf alle Gruppen der Bevölkerung verteilte. Die Industriearbeiter und ihre Familien in den Ballungsgebieten waren von den Luftangriffen der Alliierten und von den Versorgungsschwierigkeiten in ganz anderem Maße betroffen als Bauern und Landbevölkerung; Rüstungsarbeiter standen unter weitaus höherem Leistungsdruck als Büro- und Verwaltungsangestellte; an der Ostfront wurde schneller gestorben als im Westen. Und am härtesten litten jene, die außerhalb der «Volksgemeinschaft» standen und gerade deshalb erbarmungslos ausgebeutet werden konnten: Zwangsarbeiter, Kriegsgefangene und Konzentrationslagerhäftlinge.

Wieviel von Goebbels' Kriegssozialismus zu halten war, zeigte zum Beispiel auch der Unmut zwangsverpflichteter Frauen über die ungenügende Heranziehung ihrer Geschlechtsgenossinnen aus den sogenannten besseren Kreisen[36]. Diese Empörung war ein Beleg dafür, daß von der seit Jahren verinnerlichten «Volksgemeinschafts»-Ideologie in der heraufziehenden Niederlage kein Appeal mehr ausging. Sie löste sich zwar nicht einfach auf, machte aber gleichsam eine Verwandlung durch: Mehr und mehr entpuppte sich die vormals selbstherrliche, chauvinistische «Volksgemeinschaft» als eine Notgemeinschaft der Erschöpften und Verzweifelten, in der jede Ungerechtigkeit schmerzlich empfunden wurde.

Gleichwohl gab es kein Aufbegehren, und selbst in den letzten Wochen des Krieges waren es nur einzelne und kleine Gruppen, die sich dem Wüten der Verteidigungsfanatiker entgegenstellten. Bürgersinn und Zivilcourage waren insgesamt dünn gesät, und vielfach wurde dafür mit dem Leben bezahlt. Zur Angst kam Apathie hinzu. Nach Jahren ständiger politischer Indienstnahme und rücksichtslos abverlangter Leistung gab es in der Niederlage keinen Aufstand der Unzufriedenen, Geschundenen, politisch Unterdrückten; nicht einmal Racheakte kennzeichneten die Situation, sondern ein von Resignation, Leere und übermächtiger Erschöpfung bestimmtes Warten.

Das heißt nun freilich nicht, daß sich im Denken der Menschen nichts bewegte. Ihr kollektiver Rückzug aus der «Volksgemeinschaft» hatte längst begonnen, aber er vollzog sich fast ausschließlich in den Köpfen. Der Kontrast hätte größer nicht sein können zwischen dem äußeren Chaos und der lautlosen Abwendung von dem untergehenden Regime. Aus diesem stillen Ende sprach auch ein untergründiges Gefühl der Verstrickung. Hatte man nicht allzu lange begeistert mitgemacht, dem «Führer» zugejubelt? Mancher erinnerte sich seines Opportunismus angesichts erkennbaren Unrechts, gar der mit mehr oder weniger schlechtem Gewissen daraus gezogenen Vorteile – etwa bei der Arisierung von jüdischem Besitz. Viele spürten, moralisch nicht unbeschädigt durch die «große Zeit» gekommen zu sein. Das Schweigen im Moment der Niederlage war nicht allein Ausdruck grenzenloser Enttäuschung und Erbitterung; mitunter war es auch ein Zeichen von Scham.

Mit dieser Scham hing es vermutlich zusammen, daß gerade jene, die sich in den fünfziger und sechziger Jahren der historisch-kritischen Erforschung des Nationalsozialismus verschrieben, es nicht vermochten, die sozialpsychische Realität der «Volksgemeinschaft» in aller Klarheit in den Blick zu nehmen, und in mancher Hinsicht scheint dafür erst jetzt, ein halbes Jahrhundert nach dem Ende des «Dritten Reiches», die Zeit wirklich reif zu sein. Aus Gründen der nationalen Apologie waren Fragen nach Art und Ausmaß der gesellschaftlichen Zustimmung zum NS-Regime in den ersten Dekaden nach 1945 – um das mindeste zu sagen – nicht willkommen. Die entstehende Zeitgeschichtsforschung reagierte darauf gleichsam instinktiv, indem sie eine Richtung einschlug, die, ungeachtet ihres aufklärerischen Impetus, an diesen Fragen vorbeiführte[37].

Offensichtlich war es damals zu schwer – und schwer ist es noch immer –, mit dem Eingeständnis zu leben, daß sich seinerzeit fast die gesamte deutsche Nation mit Hitler und seinen Zielen identifizierte, in hohem Maße sogar mit seiner Politik gegenüber den Juden. Daß es verstärkter Anstrengungen zur genaueren Erforschung der nationalsozialistischen «Volksgemeinschaft» bedarf, hat indirekt nicht zuletzt die Debatte um das Buch von Daniel Goldhagen gezeigt[38]. Denn es hat – ungeachtet aller konzeptionellen Mängel und historischen Verkürzungen – die wichtige Frage aufgeworfen, was «gewöhnliche Deutsche» mit ihren jüdischen Nachbarn zu tun gedachten, mit denen sie nicht länger zusammenleben wollten. Man muß Goldhagens Modell des «eliminatorischen Antisemitismus» nicht für richtig halten, um zu dem Schluß zu kommen: Die Frage nach der «Volksgemeinschaft» führt zum Kern des Problems.

Erinnerungskampf

Der 20. Juli 1944 in den Bonner Anfangsjahren

Im Gegensatz zu den von viel Harmonie getragenen Gedenkveranstaltungen im Sommer 2004 war der 50. Jahrestag des gescheiterten Attentats auf Hitler 1994 noch von erheblichen Kontroversen um eine historisch-politisch für alle Seiten akzeptable Erinnerung begleitet. Beide Gedenktage brachten eine Fülle neuer und wiederaufgelegter Publikationen zum Widerstand gegen das NS-Regime hervor, wobei sich nicht nur die Neigung zur bilanzierenden Behandlung des Themas fortgesetzt hat, sondern auch die Tendenz, das Ausmaß und die Bedeutung der in der deutschen Gesellschaft der Hitler-Zeit vorhandenen Oppositions-, Resistenz- und Widerstandskräfte einerseits zugunsten der voller Empathie betrachteten alten konservativen Eliten zu überdehnen und andererseits erneut um ihre kommunistischen und nationalbolschewistischen Teile zu verkürzen[1].

Diese schleichende Aktualisierung historiographisch längst überwunden geglaubter Deutungsmuster, die durch den Epochenbruch der Jahre 1989/90 politischen Auftrieb erfahren hat, steht allerdings in heiklem Kontrast zu den Problemlagen der fünfziger Jahre, denen die Erforschung der Nach-Geschichte des Widerstandes in den beiden Teilen Deutschlands begegnet[2]. Im Zuge dieser Forschungen treten nämlich nicht nur die moralisch oft beschämenden Konsequenzen der durch den Ost-West-Konflikt verschärften Abwertung des kommunistischen Widerstandes in der frühen Bundesrepublik und seiner ideologischen Verabsolutierung in der frühen DDR zutage; ansichtig wird auch das eklatante gesellschaftliche Legitimationsproblem, das der Verschwörung des 20. Juli 1944 gewissermaßen schon

vorausgeeilt war und über das Kriegsende hinaus seinen Ausdruck fand in fortlebenden Vorstellungen von «nationalem Ver-
rat», ja einem zweiten «Dolchstoß».

In den beiden Nachfolgestaaten evozierte diese anfangs weithin anzutreffende gesamtdeutsche Volksmeinung dann jeweils
systemspezifische, mithin konträre Reaktionen: Während sie in
der DDR relativ einfach kompensiert, weil mit der offiziellen
Doktrin kurzgeschlossen werden konnte, die den mißlungenen
Putsch der Militärs als bloßen reaktionären Selbstrettungsver-
such der letzten Stunde denunzierte, tat sich die politische Klasse der Bundesrepublik mit der Durchsetzung einer auf Tradi-
tions- und Identitätsstiftung angelegten Deutung als «Aufstand
des (militärischen) Gewissens» schwerer.

I.

Allgemein gesprochen lag das Dilemma der westdeutschen Politik darin, daß eine zu starke Hervorhebung des 20. Juli 1944 und
die Betonung seines singulären Charakters wie eine Mißbilli-
gung des Verhaltens der übergroßen Mehrheit der vormaligen
«Volksgemeinschaft» hätte erscheinen müssen, deren politische
und sozialpsychische Selbstentschuldung mit Gründung der
Bundesrepublik jedoch ganz in den Vordergrund gerückt war
und den Kern der auf Massenintegration und Loyalitätserzeu-
gung ausgerichteten Vergangenheitspolitik ausmachte.

Besonders groß waren diese Schwierigkeiten im Blick auf das
Millionenheer der ehemaligen Soldaten, die ihrem Eid auf den
«Führer» bis zuletzt Folge geleistet hatten: Für sie warf ein dem
anti-nationalsozialistischen Gründungskonsens der neuen Demokratie entsprechender Umgang mit dem Vermächtnis des militärischen Widerstandes unweigerlich die – dramatische – Frage
nach dem Sinn und der Anerkennung ihres Kriegseinsatzes auf.
Das aber war nicht nur ein massenhaftes individualbiographi-
sches Problem, sondern – spätestens als seit September 1950

eine deutsche Wiederbewaffnung in greifbare Nähe zu rücken schien – zugleich und vor allem eine Frage des realpolitischen Kalküls.

Die Vorsicht, mit der man sich im Bonn der frühen fünfziger Jahre zum 20. Juli 1944 bekannte, war denn auch nicht zu übersehen. Von Adenauer ist aus dieser Phase kein klares Wort bekannt[3], und selbst Theodor Heuss, der sich im November 1945 als Kultusminister von Württemberg-Baden noch ganz unstilisiert zu dem Attentatsversuch geäußert hatte[4], zögerte nun, wie er selbst einräumte, entsprechenden Bitten von Freunden und Bekannten aus dem Kreis des Widerstandes nachzukommen. So dauerte es bis in den Sommer 1952, ehe der Bundespräsident öffentlich die «Versudelung» des Andenkens der Opfer des 20. Juli anprangerte und gegen die Wiederaufnahme nationalsozialistischer Hetzparolen «einmal in der frechen öffentlichen Rede des Demagogen, das andere Mal im weitergetragenen Geschwätz der Bierbank» Stellung bezog[5].

Der folgende Blick auf frühe Konstellationen im kollektiven Gedächtnis der Deutschen und auf Geschehnisse, die dieser präsidentiellen Ermahnung vorangegangen waren, versteht sich nicht zuletzt als Plädoyer für eine kritische empirische Überprüfung unseres wohl allzu schematischen Bildes von der Entwicklung der deutschen Widerstands-Historiographie. Vor allem ihr ursprünglicher politischer und gesellschaftlicher Kontext scheint im Laufe der Zeit zu sehr in den Hintergrund geraten zu sein. Sollte dieser Eindruck zutreffen, dürften Korrekturen besonders in zweierlei Hinsicht erforderlich werden: zum einen bezüglich der unter Berufung auf Hans Rothfels[6] bis heute weitergegebenen Behauptung, die deutsche Zeitgeschichtsschreibung habe sich nach 1945 erst mühsam gegen die «Tabuisierung» des antinationalsozialistischen deutschen Widerstandes durch die Alliierten durchsetzen müssen[7], zum anderen bezüglich der Ursachen für die dann jahrzehntelang vorherrschende politische Idealisierung und Idolisierung des Widerstandes der militärischen und der konservativen Eliten, die bekanntlich erst im Laufe der verzögerten Rezeption der bahnbrechenden Forschungen überwunden werden konnte, mit denen Hans Mommsen und Hermann Graml bereits Mitte der sechziger Jahre hervorgetreten waren[8].

II.

Sowenig zu bestreiten ist, daß es den Alliierten auf dem Höhepunkt des Krieges in Europa weder möglich noch nötig erschien, in der Tat des 20. Juli 1944 ein politisch oder gar militärisch nutzbares Signal für die Existenz eines «anderen Deutschlands» zu erkennen, so wenig steht doch auch in Zweifel, daß jedenfalls die westlichen Besatzungsmächte nicht Jahre brauchten, um Vertrauen in die «deutsche Opposition gegen Hitler» zu gewinnen. Immerhin tat die von «nationaler» Seite oft geschmähte Lizenzpresse auf Geheiß ihrer alliierten Gründer seit 1945/46 eine Menge, um über die nationalsozialistischen Verbrechen, aber auch über den Widerstand aufzuklären. Mehr noch zeigt freilich die Geschichte der Wiedergutmachung, mit deren Planung auf amerikanischer und britischer Seite bereits vor Kriegsende begonnen worden war und die – nicht selten gegen deutsche Einwände – in den Jahren bis 1949 energisch vorangetrieben wurde, welche Aufmerksamkeit und Unterstützung die Militärbehörden den Gegnern und Opfern des NS-Regimes von Anfang an widmeten[9]. Auch neuere Forschungen zur Geschichte der Verfolgtenverbände, etwa zum «Hilfswerk 20. Juli 1944», belegen, daß die Widerstandskämpfer und ihre Angehörigen mit dem Wohlwollen der Besatzungsoffiziere rechnen konnten – und nicht zuletzt mit Hilfe aus dem Ausland, wie eine von deutschen Emigranten schon 1947 in New York organisierte Spendenaktion demonstrierte[10].

Mochten Vorbehalte gegen den späten und gescheiterten Versuch eines Staatsstreiches in den Reihen der vormaligen deutschen Kriegsgegner auch vereinzelt fortbestehen, so lag das

eigentliche Akzeptanzproblem Ende der vierziger Jahre doch
nicht mehr in der Haltung des «Auslands», sondern bei den
Deutschen selbst. Ursache dafür war letztlich die Tatsache, daß
die Akteure des 20. Juli 1944 dem seinerzeitigen Willen der
Mehrheit ihrer Landsleute klar zuwider gehandelt hatten[11]. Unter dem unmittelbaren Schock der «totalen Niederlage» war
diese Auffassung 1945 zwar kurzzeitig inopportun geworden, inzwischen jedoch hatte sie längst wieder die Oberfläche des Kollektivbewußtseins erreicht.

Bei Gründung der Bundesrepublik galten die Widerständler
des 20. Juli vielen Deutschen nach wie vor als «Verräter». Die
Differenz zwischen Volkes Stimme und dem, was Goebbels' Pro-
pagandamaschine über die «ehrlosen Lumpen» ausgespuckt hatte, blieb fürs erste bescheiden. Demoskopische Umfragen, die
den Einstellungen der Deutschen zum 20. Juli nachspürten, gab
es zwar erst seit Anfang der fünfziger Jahre, doch können in der
Zeit davor, als sich im Durchschnitt meist mehr als die Hälfte der
Bevölkerung zu der Ansicht bekannte, der Nationalsozialismus
sei eine gute, nur schlecht ausgeführte Idee gewesen[12], die Sym-
pathien für die Hitler-Attentäter nicht hoch gewesen sein. Im
Juni 1951 jedenfalls mißbilligten noch 30 Prozent aller Westdeutschen den Anschlag auf das Leben ihres vormaligen «Führers», und genauso groß war die Gruppe derer, die dazu keine
Meinung hatten oder nichts darüber wußten. Positiv über den
Umsturzversuch urteilten damals nur 40 Prozent. Entsetzt bemerkten Elisabeth Noelle und Erich Peter Neumann zu ihrem
Befund: «Beinahe die Hälfte aller Leute, die über den 20. Juli
mitreden können, sagten über die Verschwörer nur Nachteiliges,
vor allem daß es sich um Verräter handele, um Hochverräter,
Landesverräter, Volksverräter oder Staatsverräter. Weiter wird
ihnen Feigheit vorgeworfen, gelegentlich auch Egoismus.»[13]

Besonders alarmiert waren die Meinungsforscher über das
Urteil der früheren Berufssoldaten, äußerten sich von diesen
doch nicht weniger als 59 Prozent negativ über die «Männer

vom 20. Juli 1944». Für Noelle und Neumann war das Grund
genug, die selbstgestellte rhetorische Frage «nicht ganz von der
Hand [zu] weisen», ob in dieser Gruppe «in höherem Maße
Bindungen an den Nationalsozialismus [vorliegen], die hier wieder zum Vorschein kommen».

Und auch ihre Empfehlung nach
Bonn ließ an Deutlichkeit nichts zu wünschen übrig: «Der Umstand, daß das negative Echo des Attentats auf Hitler im Kreise
der Berufssoldaten ungewöhnlich stark ist, muß für den politischen Pädagogen von Bedeutung sein. Er zeigt an, daß die ablehnende Version von einer aktiven Bevölkerungsschicht geteilt
und gegebenenfalls auch verbreitet wird.»[14]

Wie sehr – und wie erfolgreich – die «ablehnende Version»
verbreitet wurde, darüber war sich innerhalb der Bundesregierung niemand mehr im klaren als Adenauers Staatssekretär Otto
Lenz, von dem die Allensbacher ihren Beratungsauftrag hatten
und der eine seiner wichtigsten Aufgaben darin sah, aus dem
Kanzleramt heraus auf allerlei Wegen (nicht zuletzt mit wohldo-
sierten finanziellen Gaben) das nationalistische Getöse der Sol-
datenverbände zu dämpfen, zugleich aber für den antizipierten
«Wehrbeitrag» zu werben[15]. Lenz, der als Rechtsanwalt in Berlin eng mit dem 20. Juli in Verbindung gestanden und danach bis
Kriegsende im Gefängnis gesessen hatte, wußte aufgrund seiner
hervorragenden Beziehungen vor allem zur Umgebung des
amerikanischen Hohen Kommissars John McCloy, wieviel Aufmerksamkeit man dort schon seit Monaten – ja eigentlich, seit
Adenauer das Regierungskommando übernommen hatte – allen
«Renazifizierungstendenzen»[16] widmete. Und auch wenn der
Kanzler solche Dinge, zumal im Gespräch mit den Hohen
Kommissaren, notorisch kleinzureden suchte: Daß bereits eine
ganze Menge vorgefallen war, daß es nicht allein die offen neo-
nazistische Sozialistische Reichspartei (SRP) gab, sondern, bis
ins Regierungslager hinein, bedenkliche politische Unterströ-
mungen, war schlechterdings nicht zu bestreiten.

Schon im November 1949 hatte Wolfgang Hedler, Bundestagsabgeordneter der in Bonn immerhin mitregierenden Deutschen Partei, in Schleswig-Holstein eine von mörderischem Antisemitismus bestimmte Rede gehalten und dabei auch die Verschwörer des 20. Juli kollektiv beleidigt. Nachdem die *Frankfurter Rundschau* darüber berichtet hatte[17], waren die Wogen der Empörung hochgegangen, schließlich war es zum Prozeß gekommen. Doch ungeachtet einer Liste von Nebenklägern, die sich wie eine Ehrenrolle des deutschen Widerstandes las – neben Gustav Dahrendorf und Heinrich Christian Meier prozessierten Angehörige von Carl Goerdeler, Friedrich Olbricht, Friedrich Justus Perels, Jens Jessen, Ernst von Harnack, Henning von Tresckow, Adolf Reichwein, Julius Leber, Adam von Trott zu Solz und, so die Urteilsniederschrift, «Hans Bernd Gisevius für seine toten Kameraden» –, war Hedler freigesprochen worden[18], und es hatte massiver öffentlicher Proteste vor allem von sozialdemokratischer Seite bedurft, ehe das von der Staatsanwaltschaft angerufene Revisionsgericht den inzwischen zur SRP übergetretenen Alt-Pg. einhalb Jahre später doch noch für neun Monate hinter Gitter brachte.

Auf Dauer politisch festgeschrieben war damit freilich nichts, das Ringen um die Deutungsmacht in Sachen Widerstand ging weiter. Vor diesem Hintergrund präsentierte die SPD-Fraktion dem Bundestag im Februar 1950 Vorschläge für ein «Gesetz gegen die Feinde der Demokratie» und für ein «Gesetz zur Wiedergutmachung nationalsozialistischen Unrechts in der Strafrechtspflege»[19]. Letzteres sollte demonstrativ die Legalität (genauer: die «Nicht-Rechtswidrigkeit») des «aus Überzeugung» geleisteten Widerstandes postulieren. Doch bei Freien Demokraten und Deutscher Partei stieß ein solcher Akt politisch-symbolischer Normbekräftigung sofort auf Ablehnung, und die Unionsparteien glaubten, sich eine erneute schwarzrote Abstimmungskoalition, die auf dem Feld der Vergangenheitspolitik schon mehrfach Extrempositionen des rechten Koalitionsflügels verhindert hatte, nicht leisten zu sollen.

Der Balanceakt, den Adenauer in diesen Anfangsjahren vollführte – zwischen FDP und DP einerseits, die praktisch vorbehaltlos auf die Interessen der «eidtreuen» Berufssoldaten eingeschworen waren, der christlich-demokratischen Mitte andererseits, die sich bei aller Integrationsbereitschaft auf ein Mindestmaß an Abgrenzung nach rechtsaußen verpflichtet fühlte, und schließlich den Hohen Kommissaren, die nicht selten auch unter kritischem Erwartungsdruck ihrer heimischen Öffentlichkeit standen –, zwang zum Leidwesen von Leuten wie Lenz immer wieder zu Orientierungspausen und Trippelschritten, mitunter auch nach rückwärts. Bis in den Frühsommer 1951 hinein, die Wiedererstehung des organisierten (Neo-) Nazismus war längst nicht mehr Möglichkeit, sondern ein Faktum, scheute der Kanzler mit Rücksicht auf die von den Rechten und Rechtsradikalen umgarnten «soldatischen Kreise» vor entschlossenen Maßnahmen und klaren Worten zurück. Statt dessen versuchte er sich in Abwerbung: Als im April 1951 das «Gesetz zur Regelung der Rechtsverhältnisse der unter Artikel 131 des Grundgesetzes fallenden Personen» den Bundestag in zweiter und dritter Lesung beschäftigte, war es Adenauer, der die inzwischen vor und hinter den Kulissen ausgehandelte großzügige Versorgung auch der Berufssoldaten (neben den 1945 «verdrängten» Beamten) zum Anlaß für ein wohlkalkuliertes «Wort an die Angehörigen der früheren Wehrmacht» nahm. Im Zeichen der durch den Krieg in Korea drastisch veränderten sicherheitspolitischen Perzeptionen und Perspektiven durfte dabei auch ein Trost für die von den Westmächten als Kriegsverbrecher verurteilten deutschen Soldaten, die in Landsberg, Werl und Wittlich (beziehungsweise in Frankreich) einsaßen und die deutsche Volksseele tief bewegten, nicht fehlen: Adenauer versprach, alles in seiner Macht Stehende zu tun, «um das Los der Gefangenen zu erleichtern und ihnen baldmöglichst die Freiheit wiederzuverschaffen» – und gab sich überzeugt, der Anteil derer, «die wirklich schuldig sind», sei unter diesen «so außerordentlich gering und so außerordentlich klein», daß damit «der Ehre der früheren deutschen Wehrmacht kein Abbruch geschieht»[20].

Zu einer deutlichen Kurskorrektur sah sich der Bundeskanzler erst nach dem Debakel der Landtagswahl in Niedersachsen genötigt, bei der die Niederdeutsche Union, das Wahlbündnis von CDU und DP, am 6. Mai 1951 eine klare Abfuhr, die SRP hingegen – trotz eines von der Bundesregierung in letzter Stunde verkündeten Verbots ihrer «aktivistischen Gliederungen» – nicht weniger als elf Prozent der Stimmen und allein vier Direktmandate erhalten hatte. Hauptzugpferd der reorganisierten Nationalsozialisten war Generalmajor a. D. Otto Ernst Remer, der ehemalige Kommandeur des in Berlin stationierten Wachbataillons «Großdeutschland», der seine Auftritte schon seit zwei Jahren vor allem mit selbstgefälligen Erzählungen darüber bestritt, wie er am 20. Juli 1944 einen Erfolg der «Eidbrecher» vereitelt habe[21], in der internationalen Presse firmierte die SRP denn auch oft nur als «Remer-Partei».

Von John McCloy mit deutlichen Worten unter Druck gesetzt[22], gab Adenauer im Kabinett jetzt die Parole aus, die SRP müsse so schnell wie möglich verboten werden. Das Ärgerliche war nur, wie der Kanzler mit suchendem Blick nach einem Schuldigen bemerkte, daß das Bundesverfassungsgericht, das allein ein solches Verbot aussprechen konnte, noch nicht «funktionsfähig» war. Im Hin und Her der nächsten Wochen wurde allerdings auch deutlich: Nicht alle Koalitionspolitiker waren darüber traurig; bei FDP und DP gab es immer noch genügend Bedenkenträger, die sich eine harte Abgrenzung nach rechts bestenfalls in Verbindung mit einer Parallelaktion nach links vorstellen mochten. So dauerte es denn noch bis Mitte November 1951, ehe – in dieser Reihenfolge – ein Verbot von KPD und SRP beantragt wurde[23].

In dieser Situation des Zögerns und Zagens ergriff ein Regierungsmitglied die Initiative, dessen rechtskonservative Herkunft

das nicht gerade nahelegte: Robert Lehr, vormals DNVP und
seit Oktober 1950 als CDU-Abgeordneter Nachfolger des zu-
rückgetretenen Bundesinnenministers Gustav Heinemann, hatte unmittelbar vor der Landtagswahl eine «Inspektionsreise»
durch Niedersachsen unternommen und war, schockiert über
die dortigen Zustände, mit dem festen Entschluß nach Bonn zu-
rückgekehrt, dem Treiben der «rechtsradikalen Strolche» ein
Ende zu setzen. Doch seitdem hatte sich Lehr, ein Herr von alt-
modischem Ehrbegriff, von Thomas Dehler wiederholt brem-
sen lassen müssen – und wohl, zu Recht, den Eindruck gewonnen, der Bundesjustizminister suche die Sache zu verschleppen.
Lehr griff daraufhin zu der List, als Privatperson Anzeige gegen
Otto Ernst Remer zu erstatten. Anlaß dafür bot, daß Remer im
niedersächsischen Wahlkampf die «sogenannten Widerstandskämpfer» des 20. Juli geschmäht und dabei erklärt hatte: «Wenn
man schon bereit ist, Hochverrat zu begehen, dann bleibt die
Frage offen, ob nicht in sehr vielen Fällen dieser Hochverrat
gleich Landesverrat ist. Diese Verschwörer sind zum Teil in star-
kem Maße Landesverräter gewesen, die vom Auslande bezahlt
wurden. Sie können Gift darauf nehmen, diese Landesverräter
werden eines Tages vor einem deutschen Gericht sich zu verantworten haben.»[24]
     Als ehemaliger Angehöriger des Goerdeler-Kreises erklärte
der Minister, er fühle sich durch diese Worte beleidigt. Doch
ungeachtet der Prominenz des Antragstellers empfahl die zu-
ständige Staatsanwaltschaft, weil «keine Aussichten auf sicheren
Erfolg» bestünden, eine Rücknahme der Anzeige, und beinahe
wäre Lehrs Initiative tatsächlich ins Leere gelaufen. Da aber das
niedersächsische Justizministerium in Sachen Remer um laufende Unterrichtung gebeten hatte, kam der Bescheid schließlich
noch dem Braunschweiger Generalstaatsanwalt Fritz Bauer vor
Augen[25]. Bauer, als junger Amtsrichter 1930 in Württemberg
Mitgründer des Republikanischen Richterbundes, Sozialdemo-
krat, Jude, KZ-Häftling und Emigrant, schien auf eine solche

Gelegenheit geradezu gewartet zu haben; er zog den Fall an sich und brachte das Verfahren in Gang.

Aus seinen dezidiert politischen Intentionen machte Bauer dabei keinen Hehl. Ihm war es nicht um Remer zu tun, sondern um die Rehabilitierung der Männer des 20. Juli – erklärtermaßen um eine «Wiederaufnahme» des Verfahrens vor Freislers Volksgerichtshof, vielleicht auch um eine Korrektur des peinlichen Bildes, das die Justiz im Hedler-Prozeß geboten hatte. Bauer ließ deshalb Ausschau nach weiteren möglichen Klägern halten; den ihm aus seiner Schulzeit in Stuttgart bekannten Bruder des Hitler-Attentäters, Alexander Graf Schenk von Stauffenberg, drängte er, sich als Zeuge zur Verfügung zu stellen. Stauffenberg zwar lehnte ab, doch mit Otto John, Fabian von Schlabrendorff, Karl Friedrich Bonhoeffer, Bundesvertriebenenminister Hans Lukaschek und anderen hatte der Generalstaatsanwalt bei Prozeßbeginn am 7. März 1952 eine prominente Riege beisammen. Als zusätzliche Kläger (Lehr nahm an der Verhandlung nicht teil) traten auf: Marion Gräfin Yorck von Wartenburg, Annedore Leber, Uwe Jessen und Alexander von Hase. Mit Gutachtern, die aus moraltheologischer, historischer und militärischer Sicht zur Legitimität von Widerstand, Eidbruch und Tyrannenmord Stellung nahmen, sicherte Bauer seinen Kasus ab[26]. Nicht zuletzt ein enormes Aufgebot der Medien sorgte dafür, daß der einwöchige Braunschweiger «Remer-Prozeß» zu einem öffentlichen Lehrstück wurde, ja zu einem normativen Akt, der entscheidende Grundlagen für die Verankerung des 20. Juli 1944 im Geschichtsbewußtsein der Bundesrepublik schuf. Remers Sympathisanten freilich sprachen von einem «Schauprozeß»[27].

Der stellvertretende Vorsitzende der SRP, der gerade eine viermonatige Strafe wegen übler Nachrede verbüßte[28] und deshalb aus der Haft vorgeführt werden mußte, entzückte zwar seine im Gerichtssaal zahlreich vertretenen Gesinnungsgenossen. Nach dem einhelligen, gewiß nicht unvoreingenommenen Ur-

teil der Presse aber machte er ebensowenig eine gute Figur wie
seine Verteidiger, darunter der ehemalige Generalinspekteur des
NS-Rechtswahrerbundes, Professor Erwin Noack. Auf große
Zustimmung hingegen stieß das Plädoyer des Generalstaatsanwalts[29]. Freilich hatte Bauer auch gleich zu Anfang erklärt, Brük-
ken schlagen und versöhnen zu wollen: Nicht weil Remer sich
am 20. Juli 1944 dem Widerstandskampf versagt habe, werde
ihm der Prozeß gemacht, und überhaupt gehe es nicht darum,
denjenigen einen Vorwurf zu machen, die sich «aus Gründen
gleich welcher Art, oft sicher aus ethisch beachtlichen Gründen,
nicht um die Fahne der Freiheit und Menschenwürde geschart
haben». Remer stehe allein deshalb vor Gericht, weil er die Widerständler nachträglich verleumdet und beschimpft habe, «indem er sie Hoch- und Landesverräter hieß». Durchaus zu einer
Art Generalpardon für die Stillen und Lauen bereit, verlangte
Bauer Strafe für die lauten Unverbesserlichen – und damit
Normsetzung für die Zukunft: «Was damals vielen noch dunkel
vorgekommen sein mag, ist heute durchschaubarer, was damals
verständlicher Irrtum gewesen sein mag, ist heute unbelehrbarer
Trotz, böser Wille und bewußte Sabotage unserer Demokratie.»
    Gerade in diesem Punkt war dem Generalstaatsanwalt ein
voller Erfolg beschieden. Das Gericht schloß sich seiner Darle-
gung bis in die Wortwahl hinein an und verhängte die dreimo-
natige Gefängnisstrafe gegen Remer nicht zuletzt ob dessen
«unbelehrbare[m] Trotz». Signalwirkung hatte auch, daß die
Richter von Braunschweig sich dazu verstanden, Bauers Begriff
vom «Dritten Reich» als «Unrechtsstaat» in ihre Urteilsbegründung aufzunehmen, wenngleich sie einer Stellungnahme zu
der weitergehenden Frage nach seiner «verfassungsmäßigen Legalität», die Bauer ebenfalls aufgeworfen hatte, auswichen[30].
Bauers These, ein Unrechtsstaat wie das «Dritte Reich» sei
«überhaupt nicht hochverratsfähig», fand in dem Urteil keine
Bestätigung. Die Richter umgingen das Problem, indem sie Remer zugute hielten, er habe den «Hochverrätern» an anderer

Stelle Achtung gezollt und sei sich des ehrenkränkenden Charakters seiner Äußerung insoweit nicht bewußt gewesen. Damit vermieden sie zugleich, zu der heiklen Frage des «Eidbruchs» Stellung beziehen zu müssen. Den Vorwurf des Landesverrats griff die Strafkammer jedoch auf, erklärte den «objektiven Tatbestand» im Sinne der seinerzeit geltenden Strafvorschriften auch für erfüllt, nicht aber den «inneren Tatbestand». Die Gutachten und Zeugenaussagen hatten nach Auffassung des Gerichts ergeben, «daß die Männer des 20. Juli 1944 in nahezu vollständiger Geschlossenheit eben keine Landesverräter gewesen sind».

Eindringlicher noch fiel das Urteil aus, wo der kombinierte Vorwurf von Landesverrat und Bezahlung durch das Ausland in Rede stand: «Auf keinem dieser Männer ruht [...] auf Grund des Ergebnisses der Beweisaufnahme auch nur der Schatten des Verdachtes, jemals für irgendeine mit dem Widerstandskampf in Verbindung stehende Handlung vom Ausland bezahlt worden zu sein.» Und an anderer Stelle bescheinigte das Gericht den Akteuren des 20. Juli – ganz im Sinne der emphatischen Darlegungen des Generalstaatsanwalts und seiner Zeugen –, «durchweg aus heißer Vaterlandsliebe und selbstlosem, bis zur bedenkenlosen Selbstaufopferung gehendem Verantwortungsbewußtsein gegenüber ihrem Volk die Beseitigung Hitlers und damit des von ihm geführten Regimes erstrebt [zu] haben. Nicht mit der Absicht, dem Reich oder der Kriegsmacht des Reiches zu schaden, sondern allein mit der Absicht, beiden zu helfen.»

Angesichts der weitverbreiteten Kritik an den Hitler-Attentätern und einer nur eingeschränkt manövrierfähigen, weil vor dem Hintergrund der Wiederbewaffnungsdebatte um die Zustimmung von «Eidbrechern» wie von «Eidwahrern» werbenden Regierung, war das Braunschweiger Urteil[31] von unschätzbarem Wert. Gewiß war mit ihm auch der Keim gelegt für eine fragwürdige Differenzierung zwischen Hoch- und Landesverrat[32] und für eine historiographische Idealisierung der politi-

schen Intentionen der Verschwörer, die schließlich geradezu als
Väter der westdeutschen Demokratie dastanden. In der Situation des Jahres 1952 aber war das Urteil ein Ruhmesblatt:
Mußte es doch in erster Linie darum gehen, der noch sehr im
argen liegenden Erkenntnis den Boden zu bereiten, daß Widerstand gegen das NS-Regime rechtens, ja geboten war.

Zum 20. Juli 1952 stellte die neugegründete Bundeszentrale
für Heimatdienst aus den Prozeßunterlagen denn auch prompt
eine repräsentative Sonderausgabe der Wochenzeitung *Das Parlament* zusammen. Dankbar griff Robert Lehr in seinem Geleit-
wort zu dieser ersten offiziellen Würdigung des Widerstandes
jene Beteuerung auf, mit der Fritz Bauer sein Plädoyer eröffnet
hatte: In Ehrfurcht und Dankbarkeit wolle man derer gedenken,
die gegen den «Unrechtsstaat Hitlers» aufgestanden seien –
ohne dabei freilich neue «Grenzen» aufzurichten «zwischen den
Männern des 20. Juli und denen, die damals ihren Weg nicht
mitgehen konnten»[33].

III.

Solche überaus vorsichtigen Formulierungen demonstrierten,
wie prekär die Deutungs- und Erinnerungsverhältnisse in
puncto Widerstand nach wie vor waren und noch jahrelang bleiben sollten. Auch nach dem verfassungsgerichtlichen Verbot der
SRP am 23. Oktober 1952, das dem «Remer-Mythos» endgültig
die Grundlage entzog, lösten sich die Spannungen zwischen
«Eidbrechern» und «Eidwahrern» nur langsam. Wie tief ge-
spalten die deutsche Nachkriegsgesellschaft in dieser Frage war,
führte wohl nichts härter vor Augen als das über fünfjährige justitielle Tauziehen um eine Verurteilung jener SS-Juristen, die
noch im April 1945 Hans von Dohnanyi, Dietrich Bonhoeffer
und andere Mitwisser des 20. Juli durch sogenannte Standge-
richtsverfahren an den Galgen gebracht hatten; am Ende dieser
Prozeßserie gegen Walter Huppenkothen und Otto Thorbeck

waren die Widerständler durch den Bundesgerichtshof «gewissermaßen erneut verurteilt»[34].

Zehn Jahre nach dem gescheiterten Attentat wurde selbst in der akademischen Jugend weiterhin um die Frage des «Landesverrats» gestritten[35], und als der einstige Mitverschwörer Otto John, der 1950 nur gegen erhebliche Widerstände Präsident des Bundesamtes für Verfassungsschutz hatte werden können, zwei Tage nach der Berliner Gedenkfeier im Ostteil der Stadt auftauchte und sich dort – wohl gedungenermaßen – als Parteigänger der SED präsentierte, war der Grundsatzrede, die Theodor Heuss am Bendlerblock gehalten hatte, viel von ihrer Wirkung genommen. «Einmal Verräter, immer Verräter», lautete im Sommer 1954 der Kommentar der Hartgesottenen, und manche forderten gar eine «Entjohnifizierung»[36].

Die Auseinandersetzungen um die Bewertung des 20. Juli waren Teil eines Erinnerungskampfes, der die frühen fünfziger Jahre in hohem Maße prägte. Millionen ehemaliger Soldaten rangen damals um eine kollektiv und individuell erträgliche Sinndeutung des Krieges, die in doppelter Weise in Frage gestellt war: «von außen» durch die Urteile von Nürnberg und die Kriegsverbrecherprozesse der Alliierten, «von innen» aber durch die Tat des 20. Juli 1944. Die zunächst durchaus zögerlichen Bemühungen der politischen Klasse der Bundesrepublik, die «soldatische» Kritik an der Legitimität des Widerstandes zurückzuweisen und diesen im Sinne der (Rück-)Gewinnung demokratischer Identität und Tradition zu instrumentalisieren, waren vor allem aus außenpolitischen Gründen geboten und erleichterten die innergesellschaftliche «Befriedung» nicht. Solange in den alliierten Militärgefängnissen noch – wie es inzwischen verharmlosend hieß – «Kriegsverurteilte» saßen, darunter anfangs nicht wenige ehemalige hohe Wehrmachtsoffiziere, war an eine wirkliche Beruhigung der Situation nicht zu denken. Der fundamentale Zwiespalt, der die Erinnerungsverhältnisse in der Frühgeschichte der Bundesrepublik kennzeichnete, fand seinen vielleicht sprechendsten Ausdruck darin, daß es bis in das Jahr 1959 dauerte, ehe die Bundeswehr der Widerständler erstmals mit einem Tagesbefehl ehrend gedachte.

Die von der Forschung seit den sechziger Jahren entwickelte, in den siebziger und achtziger Jahren schließlich gängig gewordene Kritik an der «Kanonisierung»[37] des militärischen Widerstandes erweist sich im Lichte solcher Fakten doch als ergänzungsbedürftig. Vor allem zweierlei gilt es festzuhalten: zum einen, daß die «Kanonisierungs»-Kritik ihre Berechtigung und Überzeugungskraft im wesentlichen aus ihrer analytischen Konzentration auf den historisch-wissenschaftlichen Diskurs bezog; zum anderen und daraus folgend, daß die politische Funktion und die sozialpsychischen Entstehungsbedingungen der frühen Widerstands-Historiographie weitgehend außerhalb ihres Blickfeldes geblieben waren. Damit aber fand auch die von der politischen Klasse der Bundesrepublik in den fünfziger Jahren erbrachte Leistung zu wenig Beachtung, die die normative Durchsetzung einer wenigstens prinzipiellen Anerkennung der Legitimität des Widerstandes gegen Hitler damals bedeutete. Eine Rezeptionsgeschichte des Widerstandes, die sich solchen Aspekten öffnet, wird für die weitere Erforschung der «inneren Geschichte» der frühen Bundesrepublik von einiger Bedeutung sein.

Von deutscher Erfindungskraft

Oder: Die Kollektivschuldthese in der Nachkriegszeit

Der Begriff der Kollektivschuld gehörte zu den Grundvokabeln der politischen Sprache Nachkriegsdeutschlands. Seine prägende Bedeutung wirkt – auch in der Geschichtswissenschaft – zum Teil bis heute fort, steht jedoch in einem eigentümlichen Spannungsverhältnis zu dem Faktum, daß kein einziges offizielles Dokument überliefert ist, in dem die Siegermächte eine solche Kollektivschuld postulieren[1]. Zwar kamen in der pluralen westlichen Publizistik während des Krieges mancherlei schrille Stimmen zu Wort, und natürlich bedienten sich auch die Alliierten der Möglichkeiten einer pauschalen, auf maximale Mobilisierung angelegten Propaganda; nach der Kapitulation war es damit aber bald vorbei.

Die härtesten Formulierungen, mit denen die Drei Mächte die Deutschen zum Auftakt der Besatzungszeit konfrontierten, finden sich im Potsdamer Kommuniqué vom 2. August 1945, das feststellt: «[D]as deutsche Volk hat begonnen, für die furchtbaren Verbrechen zu büßen, die unter der Führung derer begangen worden sind, denen es in der Stunde ihres Erfolges offene Zustimmung und blinden Gehorsam entgegenbrachte.»[2] Zweifellos tat sich die deutsche Zeitgeschichtsschreibung (übrigens im Osten nicht weniger als im Westen, wenn auch aus anderen Gründen) mit der in diesem Satz enthaltenen Wahrheit hinsichtlich der Popularität des Regimes jahrzehntelang ziemlich schwer; daß er als eine kollektive Schuldanklage zu lesen sei, wurde aber selbst von nationalkonservativer Seite nicht behauptet.

Eine solche Interpretation wäre am Sinn des Kommuniqués freilich auch vorbeigegangen, denn dort heißt es ganz unmißverständlich: «Es ist nicht die Absicht der Alliierten, das deutsche Volk zu vernichten oder zu versklaven. Es ist die Absicht der Alliierten, dem deutschen Volk Gelegenheit zu geben, sich darauf vorzubereiten, später sein Leben auf demokratischer und friedlicher Grundlage neu aufzubauen.» Zu diesem Zweck hielten die Siegermächte es allerdings für notwendig, «das deutsche Volk davon zu überzeugen, daß es eine totale militärische Niederlage erlitten hat und sich nicht der Verantwortung dafür entziehen kann, was es selbst über sich heraufbeschworen hat». Konkretisierend ist dann die Rede von der Bestrafung von «Kriegsverbrechern und Personen, die an der Planung oder Ausführung von Nazi-Unternehmungen beteiligt waren» – also gerade nicht von der Absicht summarischer Exekutionen, wie sie im Hin und Her der alliierten Kriegskonferenzen zeitweise durchaus erwogen worden waren[3].

I.

Die zeitgeschichtliche Forschung hat sich des in Potsdam noch einmal bekräftigten Projekts einer umfassenden politischen Säuberung Deutschlands später so intensiv angenommen wie kaum eines anderen Nachkriegsthemas, und bei allen Unzulänglichkeiten, die dabei herausgearbeitet worden sind, blieb eines doch stets klar: Kollektivstrafen gab es, jedenfalls in den westlichen Besatzungszonen, nicht[4]. Vielmehr galt das Prinzip der Ahndung individueller Schuld, und zwar sowohl bei den Verfahren vor den Militär- und Besatzungsgerichten und in den Nürnberger Prozessen[5] als auch im Kontext der Entnazifizierung[6]. Daran änderte auch der Umstand nichts, daß das verlangte Ausfüllen der Fragebogen ebenso wie die Entlassung vormaliger Parteigenossen aus dem öffentlichen Dienst und die Internierung von NS-Funktionären natürlich Massenphänomene waren und mit einem entsprechenden Schematismus betrieben werden mußten.

Die zeitgenössische deutsche Kritik zeigte für solche Zwangs-
läufigkeiten im Grunde keinerlei Verständnis. Besonders hem-
mungslos agitierten von Anfang an die Kirchen gegen die Entnazifizierung. Weil von den Besatzungsmächten im Chaos der
ersten Stunde gerne konsultiert, glaubte man sich, zumal auf
evangelischer Seite, aufgerufen, die korrumpierten alten Eliten
mehr oder weniger pauschal verteidigen und alles abblocken zu
sollen, was über ein hochabstraktes Schuldbekenntnis hinaus-
ging[7].

Doch wäre es ein Irrtum zu meinen, die besiegte Volksgemeinschaft hätte erst der praktischen Erfahrung der politischen
Säuberung bedurft, um zu der festen Überzeugung zu gelangen,
die Alliierten seien auf ihre kollektive Bestrafung aus. Und ebensowenig war diese Überzeugung lediglich das Ergebnis nationalsozialistischer Propaganda, obgleich Goebbels es in der Tat
darauf angelegt hatte, den Deutschen entsprechende Vorstellungen einzupflanzen. Vielmehr deutete die reflexartige Antizipa-
tion eines pauschalen Schuldvorwurfs[8] auch auf eine hohe psychische Disponiertheit hin – sprich: auf ein durchaus verbreitetes
Gefühl der persönlichen Verstrickung.

Als klarste Bestätigung des unterstellten Kollektivschuldvorwurfs galten den Deutschen die zwar improvisierten, aber keineswegs planlosen Aktionen der Alliierten an den Orten der nationalsozialistischen Massenverbrechen[9]. Denn fast überall, wo
amerikanisch-britische Armeeeinheiten in den Tagen und Wochen ihres Vorrückens auf die Opfer des ausgedehnten Lager-
systems stießen, wo sie Leichenberge entdeckten und frische
Massengräber öffneten, wurden die Einheimischen gezwungen,
diese Schandstätten anzusehen und die Toten ordentlich zu be-
statten.

Aufgrund der Dimensionen des Konzentrationslager-Systems
waren es nicht ganz wenige Deutsche, die sich zu dieser direkten
Zeugenschaft genötigt sahen, und war kein Lager in der Nähe,
wurden vielfach entsprechende Fotos ausgestellt; im Winter

1945/46 schließlich kam der amerikanische Dokumentarfilm *Die Todesmühlen* in die Kinos, der die Aufnahmen von der Befreiung der Lager mit denen von der Besichtigung durch die Deutschen verknüpfte[10].

Die Motive für diese Aktionen waren vielschichtiger, als es auf Anhieb schien: Zunächst handelte es sich um ein authentisches Bemühen, den Deutschen begreiflich zu machen, was in ihrer aller Namen geschehen war, und sie dadurch zur Abkehr vom Nationalsozialismus zu bewegen, von dem man – nicht zu Unrecht – annahm, er besitze noch immer eine hohe Bindekraft. Aber auch die Weltöffentlichkeit sollte das Unglaubliche sehen, und mit ihr suchten die Sieger sich selbst gegen das Vergessen zu immunisieren. In diesem Sinne war es vielleicht nicht nur die Sorge, die Fakten könnten in Zweifel gezogen werden und «die Nazis [könnten] in einigen Jahren [...] behaupten, es habe sich bei den geschilderten Ereignissen um seltene Ausnahmefälle gehandelt», wenn bei der Vorbereitung des *Todesmühlen*-Films so sehr darauf geachtet wurde, daß dieser «tatsachengetreu und bis ins letzte Detail belegt ist»; womöglich drückte sich darin auch die Befürchtung aus, ein derart unfaßliches Geschehen könnte *jede* Erinnerung überfordern.

Aus empirischen Begleituntersuchungen geht hervor, daß die mit dem Grauen konfrontierten Deutschen in der Regel nicht so reagierten, wie ihre Beobachter es sich erhofften. Fast unisono bestritten sie, von den Verbrechen etwas gewußt oder auch nur etwas davon geahnt zu haben. Und statt Trauer oder gar moralische Mitschuld zu bekunden, verharrten sie in angstbesetzter Abwehr oder verfielen in eine Sprachlosigkeit, die oft nicht einmal mehr eine Distanzierung von den Verbrechen signalisierte. Aus der Perspektive der Amerikaner – das heißt in den Augen von GIs, Kriegskorrespondenten und Sozialforschern im Dienste der Armee – legten die Deutschen damit genau jene Herzlosigkeit und Härte an den Tag, vor der das Schulungsmaterial für die Truppe gewarnt hatte.

Aber es gab auch deutsche Beobachter, die sich an den Reaktionen ihrer Landsleute stießen. Erich Kästner, damals Feuilletonchef der *Neuen Zeitung*, fielen unter den Besuchern des *Todesmühlen*-Films neben den betreten Schweigenden vor allem jene auf, die aus dem Kino kamen und «Propaganda» murmelten: «Was meinen sie damit? Daß es sich um Propaganda*lügen* handelt, werden sie damit kaum ausdrücken wollen. Was sie gesehen haben, ist immerhin photographiert worden. […] Also meinen sie: Propaganda auf Wahrheit beruhender Tatsachen? Wenn sie aber das meinen, warum klingt ihre Stimme so vorwurfsvoll, wenn sie ‹Propaganda› sagen? Hätte man ihnen die Wahrheit *nicht* zeigen sollen? Wollten sie die Wahrheit *nicht* wissen?»[11]

Im Lichte der mittlerweile historiographisch weitgehend gesicherten Erkenntnis, daß eine Ahnung von den Massenverbrechen, allen Geheimhaltungsbemühungen des Regimes zum Trotz, auch bei den Durchschnittsdeutschen schon während des Krieges vielfach vorhanden war, erscheinen Kästners Fragen als eine eher defensive Kritik. Denn faktisch ging es wohl weniger um ein Nichtwissenwollen als um ein Nichtertragenkönnen, was man – wie ungenau auch immer – oft längst gewußt oder doch vermutet hatte.

Kästners Milde war symptomatisch für die politisch-moralischen Kräfteverhältnisse im Nachkriegsdeutschland. Sie wurde jedoch noch übertroffen von der Haltung etwa eines Eugen Kogon. Der hatte als ehemaliger Buchenwald-Häftling zwar noch weniger Anlaß zur Nachsicht als Kästner, nahm die Deutschen aber schon im Frühjahr 1946 eindeutig in Schutz gegen die, wie er fand, mit dem Reeducation-Programm postulierte «These von der deutschen Kollektivschuld». So heißt es im Schlußkapitel seines *SS-Staats* (und als Vorabdruck in der ersten Nummer der *Frankfurter Hefte*): «Man kann heute, fast ein Jahr nach Verkündigung der These, nur sagen, daß sie ihren Zweck verfehlt hat. Das spricht nicht so sehr gegen das deutsche Volk als gegen das angewandte pädagogische Mittel […]. Die ‹Schock›-Politik hat nicht die Kräfte des deutschen Gewissens geweckt, sondern die Kräfte der Abwehr gegen die Beschuldigung, für die nationalsozialistischen Schandtaten in Bausch und Bogen mitverantwortlich zu sein. Das Ergebnis ist ein Fiasko.»[12] Kogons vieltausendfach verbreiteter Text war in der Bestimmtheit, mit der er eine stattgehabte «Verkündigung» der Kollektivschuldthese behauptete, wie in der Entschiedenheit ihrer Ablehnung ein erstaunliches Dokument[13]; es zeigte seinen Autor weit entfernt davon, die Politik derer zu unterstützen, die ihn befreit und die Herrschaft des Nationalsozialismus beendet hatten. Statt dessen formulierte Kogon eine Kritik an den alliierten Säuberungsbemühungen, die sich kaum mehr erkennbar von jener der Apologeten unterschied und die er – zu deren Freude – mit seinem 1947 postulierten «Recht auf den politischen Irrtum»[14] noch verschärfte.

II.

Vor dem Hintergrund einer vergangenheitspolitischen Debatte, die auf die rigorose Abwehr aller nicht auf Hitler und die engere NS-Führung beschränkten Vorwürfe hinauslief, mußte Hannah Arendts Aufsatz über «Organisierte Schuld»[15] geradezu als eine Provokation erscheinen, den Dolf Sternberger auf Empfehlung von Karl Jaspers in der vierten Ausgabe der *Wandlung* publizierte (und der damit zeitgleich zu Kogons Artikel in den *Frankfurter Heften* herauskam)[16]. Welche Brisanz man Arendts Ausführungen selbst in diesem Kreis liberaler NS-Gegner beimaß, belegt eine redaktionelle Vorbemerkung, die mit der Feststellung beginnt, es sei «wichtig zu wissen», daß der Beitrag «im November 1944 in Amerika verfaßt und in englischer Übertragung im Januar 1945 in der Zeitschrift ‹Jewish Frontiers› veröffentlicht worden ist».

Diese nur schwach verhüllte Empfehlung, nicht alles wortwörtlich und manches als Kriegspropaganda zu nehmen, kam nicht von ungefähr: Hannah Arendts ebenso bestechende wie unbestechliche Ausführungen lieferten die theoretische Begründung des Kollektivschuldvorwurfs – und die seiner politischen Angemessenheit. Bezeichnend freilich war, daß der Begriff in der deutschen Druckfassung ihres Essays fehlte: An jener Stelle, an der sie in der amerikanischen Veröffentlichung von «collective guilt» gesprochen hatte, hieß es in der *Wandlung* «Gesamtschuld»[17].

Ausgangspunkt von Arendts Analyse war die Feststellung, die von der NS-Führung auch noch in der sich abzeichnenden militärischen Niederlage behauptete Geschlossenheit des deutschen Volkes dürfe keineswegs als bloße Propaganda mißverstanden werden, und alle «Hoffnungen der Alliierten auf ideologisch nichtinfizierte Teile des Volkes» seien Illusion. Die Flüsterpropaganda über die Massenmorde, von der die Emigrantin annahm, die Nazis selbst hätten sie inszeniert, habe im Laufe des Krieges auch «diejenigen ‹Volksgenossen›, welche man aus organisatorischen Gründen nicht hat in die ‹Volksgemeinschaft› des Verbrechens aufnehmen können, wenigstens in die Rolle der Mitwisser und Komplizen» gedrängt. Die totale Mobilmachung habe somit «in der totalen Komplizität des deutschen Volkes geendet».

Arendts Text aus der Schlußphase des Krieges enthält im Kern bereits fast alle Elemente ihrer Interpretation des Nationalsozialismus als eines Systems «totaler Herrschaft»[18], einschließlich ihrer im Kontext des Eichmann-Prozesses dann so umstrittenen Deutung der Verbrechen in den Vernichtungslagern als «Verwaltungsmassenmord»[19]. Anders als dieser Versuch, die Auslöschung der europäischen Juden als das Werk einer «ungeheuerlichen Maschine» zu verstehen («zu deren Bedienung man nicht Tausende und nicht Zehntausende ausgesuchter Mörder, sondern ein ganzes Volk gebraucht hat und gebrauchen konnte»), blieben ihre – damit eng zusammenhängenden – Überlegungen zur Kollektivschuld hierzulande praktisch unbeachtet. Über die Gründe dafür läßt sich nur spekulieren;

durchaus vorstellbar erscheint, daß die bezwingende Schärfe
ihrer Argumentation es der ansonsten um keine Finte verlege-
nen Apologetik der fünfziger und sechziger Jahre[20] geraten sein
ließ, Arendt in diesem Punkt einfach zu beschweigen.

Fünf Jahre nach Kriegsende nahm Hannah Arendt das Thema Kollektivschuld noch einmal auf. In ihrem zunächst nur in
der Zeitschrift *Commentary* erschienenen Deutschlandbericht,
der auf Beobachtungen während eines längeren Aufenthalts vor
allem in der amerikanischen Zone und in Berlin basierte, akzen-
tuierte sie ihre Position. Den Anlaß dafür bildeten ihre vielfach
deprimierenden Erlebnisse[21], vielleicht auch ihre Gespräche mit
Jaspers[22], der schon in seiner Schrift über die «Schuldfrage» insgesamt deutlich nachsichtiger (und nicht allzu klar) geurteilt
hatte[23]. So befand sie nun, der «gravierendste Irrtum der amerikanischen Entnazifizierungspolitik» sei ganz am Anfang geschehen, «als nämlich versucht wurde, das Gewissen des deutschen
Volkes angesichts der Ungeheuerlichkeit der in seinem Namen
und unter Bedingungen organisierter Komplizenschaft begangenen Verbrechen wachzurütteln»[24]. Allerdings implizierte diese Kritik keinen Positionswechsel in der Frage der Triftigkeit
des Kollektivschuldvorwurfs.

Gleichsam als Beleg dafür, daß dieser Vorwurf nicht nur (wie
in ihrem Aufsatz von 1944) theoretisch formuliert, sondern nach
Kriegsende auch tatsächlich erhoben worden war, berichtete
Arendt, was man in der Bundesrepublik gegenwärtig «immer
wieder zu hören» bekomme: «In den ersten Tagen der Besatzung waren überall Plakate zu sehen, die das fotografisch festge-
haltene Grauen von Buchenwald mit einem auf den Betrachter
deutenden Finger zeigten, zu dem der Text gehörte: ‹Du bist
schuldig.› Für eine Mehrheit der Bevölkerung waren diese Bilder die erste authentische Kenntnisnahme von den Taten, die in
ihrem Namen geschehen waren. Wie konnten sie sich schuldig
fühlen, wenn sie es nicht einmal gewußt hatten? Alles, was sie sahen, war der ausgestreckte Zeigefinger, der eindeutig auf die fal-

sche Person zeigte. Aus diesem Irrtum zogen sie den Schluß, daß das ganze Plakat eine Propagandalüge war.»

Das war, wie der *Deutschlandreport* insgesamt, eine ziemlich treffsichere Charakterisierung der vergangenheitspolitischen Mentalität der Deutschen zu Anfang der fünfziger Jahre. Das Problem mit dem so anschaulich geschilderten Plakat besteht allerdings darin, daß es – wenn überhaupt – nur in wenigen Exemplaren existiert haben kann. Jedenfalls findet sich in den einschlägigen Publikationen nichts, worauf Arendts Beschreibung wirklich paßt[25]; und es fällt schwer, sich vorzustellen, daß eine so sprechende Fotografie nicht wenigstens von einem Autor ausgewählt worden wäre – wenn es sie denn gäbe. Ist die «Geschichte», die Hannah Arendt referierte, also nur Fiktion?

Vor dem Versuch einer Antwort auf diese Frage bleibt nachzutragen, daß Arendt an ihrer Theorie totalitärer Komplizenschaft festhielt – und damit an der Zuweisung einer kollektiven Schuld. So lautete ihr Kommentar zu der Plakat-Episode: «Sowohl die heftige Reaktion als auch der Umstand, daß die fotografierten Tatsachen keine Beachtung erfahren, wird viel eher durch die verborgene Wahrheit des Plakats provoziert als durch den offenkundigen Irrtum hervorgerufen. Denn während das deutsche Volk nicht über alle Verbrechen der Nazis informiert und sogar vorsätzlich über deren genaue Art in Unwissenheit gehalten wurde, hatten die Nazis doch dafür gesorgt, daß jeder Deutsche von irgendeiner schrecklichen Geschichte wußte. Er brauchte also gar nicht alle in seinem Namen verübten Untaten genau zu kennen, um zu begreifen, daß er zum Komplizen eines unsäglichen Verbrechens gemacht worden war.»

III.

Mit dem von Hannah Arendt beschriebenen Plakat scheint es sich ähnlich zu verhalten wie mit den schriftlichen Proklamationen der Kollektivschuldthese: Man sucht danach vergebens.

Vieles spricht daher dafür, daß es sich bei alledem in erster Linie um Konstruktionen des deutschen Kollektivbewußtseins – vulgo: des schlechten Gewissens – handelte. Als ein Indiz dafür wird man auch das Fehlen eines zeitgenössischen juristisch-politischen Schrifttums betrachten dürfen, das sich mit konkreten Kollektivschuldbehauptungen auseinandergesetzt hätte[26]. Während damals eine Vielzahl von Abhandlungen mit dem Anspruch auf Wissenschaftlichkeit die Verfehltheit der Entnazifizierung nachzuweisen suchten, entstand Vergleichbares für die angebliche Kollektivschuldthese nicht.

Was es allerdings gab, war ein anhaltendes publizistisches Geraune[27] – und im tagespolitischen Diskurs der «Ära Adenauer» eine Fülle beiläufiger Bemerkungen über die Ungerechtigkeit des Kollektivschuldvorwurfs. Diese Stimmen ließen sich durch einen einmaligen bundespräsidialen Beschwichtigungsversuch, wie ihn Theodor Heuss 1949 mit seiner Formel von der «Kollektivscham» unternahm[28], natürlich nicht schon zum Verstummen bringen.

Heuss' Initiative kam allerdings auch zum falschen Zeitpunkt: Anfang der fünfziger Jahre, in der Konjunktur einer Vergangenheitspolitik, die auf die «Liquidation» noch der letzten Überbleibsel der politischen Säuberung gerichtet war, hatte sich die Kollektivschuldthese nämlich längst zu einem nützlichen Instrument entwickelt. Pointiert gesagt, bot sie aus bundesrepublikanischer Perspektive inzwischen so viele Vorteile, daß es schwerfällt, in den Adenauer-Deutschen nicht ihre Erfinder zu sehen[29]. Denn mit dem Insistieren auf der Behauptung, von den Siegermächten in der Stunde der Niederlage kollektiv für schuldig erklärt worden zu sein, gebot man über einen trefflichen Vorwand, sich ungerecht behandelt zu fühlen – und die Frage nach der persönlichen Schuld beiseite zu schieben.

Doch die vehemente Kollektivabwehr des im wesentlichen eingebildeten Kollektivschuldvorwurfs diente nicht nur der sozialpsychischen Selbststabilisierung und der prophylaktischen

Abwehr etwaiger «ausländischer» Forderungen nach einer selbstkritischen Auseinandersetzung mit der NS-Vergangenheit (und dahinter stand in den fünfziger Jahren die noch ziemlich ungebrochene Vorstellung von der Macht des «Weltjudentums»); darüber hinaus erwies sich der Popanz Kollektivschuld auch als eine rhetorische Idealfigur zur Obstruktion der weiteren juristischen Ahndung von NS-Verbrechen und im Kampf um die Begnadigung der von den Alliierten schon rechtskräftig Verurteilten.

Wenn sich die Westdeutschen in der Hysterie um die Kriegsverbrecher Anfang der fünfziger Jahre wie eine nur schwach säkularisierte Volksgemeinschaft präsentierten und ein Amnestiebedürfnis entwickelten, dessen Ausmaß mit den realen Interessen der übergroßen Mehrheit schlechterdings nicht zu erklären ist, so scheint es erlaubt, darin auch ein – gewissermaßen im Widerspruch bestätigtes – indirektes Eingeständnis der gesamtgesellschaftlichen Verstrickung in den Nationalsozialismus zu vermuten – anders gesagt: eine unbewußte Anerkennung der Kollektivschuldthese.

Auschwitz und die Deutschen

Geschichte, Geheimnis, Gedächtnis

Marianne B. lebte noch im Haus ihrer Eltern in Berlin, als sie im Spätsommer 1943 Weisung erhielt, zu Beginn des neuen Schuljahres ihren Dienst als Lehrerin am Gymnasium von Auschwitz anzutreten. An ihrer bisherigen Schule, im Südwesten der Reichshauptstadt, stand wegen der zunehmenden Luftangriffe nach dem Ende der Sommerferien nicht Unterricht, sondern «Kinderlandverschickung» auf dem Plan. Die junge Frau hatte sich deshalb zum «Einsatz im Osten» gemeldet, und aus ihren Erinnerungen, die sie ein halbes Jahrhundert später niederschrieb[1], geht deutlich hervor, daß diesem Entschluß nicht nur Pflichtgefühl, sondern auch Überzeugung zugrunde lag: Wie ihre beiden Brüder, von denen der ältere schon zu Beginn des Krieges gefallen war, wollte sie ihren Beitrag leisten im Kampf gegen Deutschlands Feinde.

Eine erste Orientierung über ihren neuen Wirkungsort suchte Marianne im Lexikon – in der Familie und in der Nachbarschaft hatte niemand «den Namen je gehört». Um so klarer waren die Informationen, mit denen der Bürgermeister von Auschwitz die knapp Dreißigjährige sogleich bei ihrer Ankunft ins Bild setzte, nach einem Rundgang über den quadratischen Marktplatz («typisch für alle Städte der deutschen Ostkolonisation») und dem Hinweis auf das Buna-Werk der IG Farben: «‹Und nun kommt die Hauptsache›, sagte der Bürgermeister und machte eine bedeutsame Pause. ‹Dort drüben hinter den Wiesen ist ein Konzentrationslager. Es liegt auf dem Terrain von 12 ausgesiedelten Polendörfern. Der Kern ist eine ehemalige österreichische Kaserne. Die Wachmannschaft besteht aus etwa 500 SS- und Waffen-SS-Männern. Die Insassen sind meist Polen und Juden aus ganz Europa. Die Zahl wechselt. *Jede Woche kommen mehr Häftlinge dazu, aber die Zahl bleibt immer dieselbe!›* Dabei sah er mich durchdringend an, so daß ich den Blick senkte. Ich hatte wohl nicht recht gehört. Er wiederholte es noch einmal. Darüber mußte ich erst einmal in Ruhe nachdenken. Die Führung war nun auch zu Ende.»[2]

Noch am Abend ihres Ankunftstages, am 1. September 1943, gelangte die Lehrerin in das Stammlager von Auschwitz; ihre schwangere Vorgängerin war mit einem SS-Führer verheiratet und lebte dort in der Nähe. Am nächsten Morgen in der Schule, so erinnert sie sich, wurde sie von einer «Schar kleiner, verstörter Quintanerinnen» begrüßt, die am Bahnhof die Ankunft eines Güterzugs beobachtet hatten: «Ich war tief traurig. Konnte man denn diesen grausamen Vorgang, den man Selektion nannte (Auswahl der für den Tod Bestimmten), nicht unter Ausschluß der Öffentlichkeit abwickeln, so daß ihn die kleinen Schulkinder – 2 Bahnsteige entfernt – nicht mit ansehen konnten?!!»[3]

Mit derselben verdrehten Moralität lernte Marianne B. bald Rudolf Höß ob seiner «entsetzlichen Lage»[4] emphatisch zu bedauern; die Kinder des Lagerkommandanten gehörten zu ihren Schülern. Und als ihr einmal, von SS-Männern samt Schäferhund bewacht, «sechs hochelegante Damen, zweifellos wunderschöne, wohlhabende und verwöhnte Rassejüdinnen» in nächster Nähe begegneten, registrierte sie neben den «entwürdigenden und grausamen Umständen» vor allem deren «haßerfüllte Blicke»: «‹SS-Braut› mögen sie gedacht haben, kam ich doch gerade aus der Richtung des Lagers.» Auch die Schilderung dieser Episode beschließt eine Schuldverkehrung, hinter der wie ungebrochen die Moral der nationalsozialistischen Volksgemeinschaft hervorscheint: «Warum hatten sie – bei ihrem offensichtlichen Reichtum – es nicht geschafft, sich rechtzeitig in Sicherheit zu bringen? Schon seit 1934 gab es doch die Judengesetze.»[5]

Wem solche Logik noch ein Menschenleben später in die Feder fließt – der Text stammt aus dem Jahr 1999 –, dem wird man eine Ehrlichkeit des Unverstellten attestieren dürfen, wie sie in dieser Unbelehrtheit selten ist. Noch in hohem Alter vermochte die einstige Studienrätin sich zu vergegenwärtigen, was es seinerzeit «bedeutete, als ‹Sieger› mit den ‹Besiegten› eng zusammenzuleben, ohne sich aus dem Weg gehen zu können»[6]. Ihr Selbstmitleid und ihr Räsonnement hinsichtlich des Umgangs mit den Tatsachen von Auschwitz, die sich ihr offenkundig schon nach kurzer Zeit erschlossen hatten, erscheinen deshalb frisch wie im letzten Kriegsjahr: «Der Impuls, das Auschwitzer Verbrechen in Briefen an Eltern und Freunde weiter zu erzählen, das bedrängte Gewissen von der Last zu befreien, war übermächtig in mir. Doch schien es mir gleichzeitig immer als eine unangezweifelte Selbstverständlichkeit, den Mitteilungsdrang zu beherrschen und zu schweigen, da ich nichts, aber auch gar nichts daran ändern konnte. Irgend einmal mußte die Wahrheit ja herauskommen, irgendwann einmal die Missetaten gesühnt werden. Nur jetzt, während des Krieges – jetzt – wo alles auf dem Spiel stand, wo alles davon abhing, daß die Front und die Heimat durchhielten, durfte das Bild der Führung nicht beschmutzt, nicht der Kampfgeist geschwächt werden. Es ging ja um Deutschland! Nur jetzt nichts sagen. Nichts davon würde ich meinem Bruder, nichts den Freunden schreiben, die die schwersten Kämpfe zu bestehen hatten. Und ich habe es auch erst viele Jahre später nach dem Krieg erzählt, als dies alles längst ein offenes Geheimnis war. Ein Weitererzählen hätte damals nur noch mehr Leute unglücklich gemacht, sie in größte Gefahr gebracht. Und hier konnte leider niemand helfen. Sehr peinlich, daß schon das Ausland davon zu wissen schien.»[7]

In diesen Reflexionen, mit denen Marianne B. ihre Kenntnis und ihr Wissen über Auschwitz, aber auch die Ratio ihres Umgangs damit zu erläutern suchte, spiegelt sich weit mehr als die Wahrnehmung und Erfahrungsverarbeitung einer einzelnen

«Zeitzeugin». Im Grunde erscheinen ihre Ausführungen wie ein Schlüssel zu der Frage, was Auschwitz den Deutschen war: während des Zweiten Weltkrieges und in den Jahrzehnten danach.

I.

Auschwitz gehörte zu jenen Orten im südwestlichen Polen, die Görings Luftwaffe schon am 1. September 1939 unter Beschuß nahm[8]. Das Interesse der Wehrmacht galt dem strategisch wichtigen Bahnhof und den Kasernen des sechsten polnischen Reiterbataillons, das unter dem Eindruck des Angriffs noch am selben Tag abrückte und seinen Stützpunkt in das rund 60 Kilometer östlich gelegene Krakau verlegte. Überstürzt entschlossen sich auch viele Einwohner zur Flucht, nachdem im Bombenhagel des ersten Kriegstages mehrere Zivilisten gestorben waren, darunter ein 13jähriger Junge und eine alte Frau. Ein junger Mann erlag seinen Schußverletzungen; ein anderer, so steht es im Totenbuch der katholischen Pfarrgemeinde, nahm sich «aus Aufregung» über den Kriegsausbruch das Leben.

Bevor die Deutschen kamen, zählte Auschwitz etwa 14 000 Bewohner; etwas mehr als die Hälfte davon waren Juden, die anderen Katholiken. Bereits seit dem ausgehenden 19. Jahrhundert war der Ort mehrheitlich von Juden bewohnt, die in stolzer Selbstwahrnehmung vom «Oświęcimer Jerusalem» sprachen. In den Tagen nach dem Beginn des Zweiten Weltkriegs verließen sie scharenweise die Stadt.

Unterdessen begann die Wehrmacht ihren Vormarsch auf Oświęcim, und im Rücken des Heeres folgte eine Einsatzgruppe z. b. V. (zur besonderen Verwendung), die Himmler eilends hatte zusammenstellen lassen, um die polnischen Abwehrkämpfe im oberschlesischen Industrierevier niederzuschlagen. Am 4. September nahmen die Deutschen die Stadt nach heftiger Gegenwehr ein. Bereits eine Woche später trug der Marktplatz den Namen Adolf Hitlers, und an die Stelle des polnischen Ortsnamens trat Auschwitz – wie zuletzt im ausgehenden 19. Jahrhundert, als die Stadt zu Österreich-Ungarn gehörte.

Ungeachtet dieser raschen sprachlichen Eindeutschung stand noch keineswegs fest, ob Auschwitz dem beschleunigt zu annektierenden und zu «germanisierenden» Ostteil Schlesiens (dem sogenannten Ostoberschlesien) oder dem damals noch geplanten «Reichsgau Beskidenland» zugeschlagen würde – oder dem Generalgouvernement, das staatsrechtlich überhaupt nicht definiert war. Erst mit der Neufestsetzung der Reichsgrenzen durch eine Kommission des Reichsinnenministeriums fiel Ende Oktober 1939 die Entscheidung zugunsten der Angliederung an Ostoberschlesien. Hitler vollzog die territoriale Aufteilung der eroberten Gebiete allerdings nicht so sehr in der Absicht, die deutschen Ansprüche bereits endgültig festzuschreiben. Vielmehr traf er die Regelung mit dem Ziel, die «Germanisierung» des polnischen Westens, wozu neben Ostoberschlesien auch Danzig-Westpreußen, das Wartheland und Ostpreußen zählten, sowie die ökonomische Ausbeutung des Generalgouvernements so schnell wie möglich in Gang zu setzen.

Auschwitz gehörte fortan zum Landkreis Bielitz im neu gebildeten Regierungsbezirk Kattowitz, Provinz Schlesien. Volksdeutsche lebten zu diesem Zeitpunkt nur einige wenige in der Stadt – und fast niemand, der nach nationalsozialistischen Rassenvorstellungen als Deutscher gelten konnte. Diese Tatsache erhellt schlagartig die Dimension der «bevölkerungspolitischen» Aufgabe, vor die sich die Eroberer gestellt glaubten.

Historisch überhöht mit der Bezugnahme auf die Ostsiedlungsbewegung des Mittelalters, wurde eine gewalttätige «Germanisierungspolitik» nun überall in den eingegliederten westpolnischen Gebieten zum ideologischen Programm. Im Rahmen der geplanten nationalsozialistischen «Neuordnung Europas» bedeutete «Germanisierung» eine skrupellose «Umschichtung der Völker». Die systematische Verdrängung der ansässigen Bevölkerung sollte die neugewonnenen Territorien so schnell wie möglich in einen ethnisch homogenen und – in Verbindung mit grundlegenden Maßnahmen zur wirtschaftlichen und sozialen Neuordnung – ökonomisch leistungsfähigen Teil des Deutschen Reiches verwandeln. Entsprechend sah diese Planung neben dem Aufbau einer deutschen Verwaltung die Ansiedlung von «rassisch wertvollen» Deutschen vor. In Westpolen bedeutete dies, sämtliche Juden und die Mehrzahl der Polen zu vertreiben und, unter strenger Segregierung von den verbleibenden Polen, Deutsche und Deutschstämmige «anzusetzen».

Für Auschwitz hatte sich der Reichsführer-SS in seiner neuen Funktion als Reichskommissar für die Festigung deutschen Volkstums bereits im Rahmen seines ersten Umsiedlungsvorhabens eine besondere Rolle ausgedacht: Die Stadt sollte nach Himmlers Vorstellungen zum politischen, wirtschaftlichen und kulturellen Zentrum der aus dem faschistischen Italien «heimzuholenden» Südtiroler ausgebaut werden. Voraussetzung dafür war freilich die vorherige Entfernung der Juden und Polen – eine Forderung, die die Raumplaner, Architekten, Historiker und Anthropologen der in Wien ansässigen Südostdeutschen Forschungsgemeinschaft im Zuge ihrer landeskundlichen und kulturwissenschaftlichen Begleitforschung nach Kräften unterstützten. Die Pläne wurden jedoch nicht spruchreif, denn nach dem Sieg über Frankreich favorisierte Himmler Burgund als neuen Siedlungsrayon für die Südtiroler; später kamen die Untersteiermark und die Krim ins Gespräch.

In der Region Auschwitz kristallisierten sich unterdessen die Probleme der ethnischen Neuordnung heraus, denn der östliche Teil des Regierungsbezirks Kattowitz erwies sich wegen seiner nahezu ausschließlich polnischen und jüdischen Bevölkerung als schwer «eindeutschungsfähig». Als «Ansatzgebiet» für Deutsche und Deutschstämmige, darin wurden sich die Siedlungsstrategen in der Zivilverwaltung und bei der SS bald einig, war

der sogenannte «Oststreifen» ungeeignet. Von den westlichen
Landkreisen des Regierungsbezirks durch eine bewachte Poli-
zeigrenze getrennt und als territorialrechtlich zweitrangig markiert, wurde das Gebiet von der «Germanisierung» vorläufig
zurückgestellt. Für Auschwitz bedeutete das eine wichtige Wei-
chenstellung, denn dadurch blieb die einheimische Bevölkerung
– zunächst – vor Deportationen bewahrt.

Mit Beginn der nationalsozialistischen Umsiedlungsaktionen
im Westen Polens nahm die Zahl der jüdischen Bewohner in
Auschwitz deshalb nicht ab, sondern zu. Die Stadt wurde nun zu
einem Sammelbecken für jene Juden, die aus den beschleunigt
«einzudeutschenden» westlichen Teilen des Regierungsbezirks
Kattowitz in den «Oststreifen» deportiert wurden. Der jüdische
Ältestenrat von Auschwitz sah sich dadurch vor schier unlösbare
Probleme gestellt, denn ihm oblag es, die hinzukommenden
Menschen unterzubringen und zu versorgen. Im Frühjahr 1940
beherbergte die Stadt eine der größten jüdischen Gemeinden im
«Oststreifen». In den Gassen der Altstadt lebten die Juden eng
zusammengepfercht, isoliert von den übrigen Bewohnern und
von deutschen Wachposten streng kontrolliert.

Unter den Deutschen, die sich zur selben Zeit in Auschwitz
niederließen, waren Verwaltungsbeamte, aber auch Geschäfts-
leute und Treuhänder der vormals jüdischen und polnischen
Unternehmen. Der Umzug in die eingegliederten Ostgebiete
eröffnete ihnen vielfältige Möglichkeiten des sozialen Aufstiegs
– und der persönlichen Bereicherung. Besonders in der Phase
zwischen dem Abbruch der Militärverwaltung im Herbst 1939
und der Konsolidierung der Zivilverwaltung im Frühjahr 1940
herrschten im besetzten Polen anarchische Zustände, und im
Kompetenzgewirr der zahllosen Ämter und Behörden machte
sich Rechtsunsicherheit breit. Korruption war gang und gäbe,
und die Mischung aus Kriegseuphorie, Siegermentalität und
Pionierstimmung verband sich vielfach zu völliger moralischer
Enthemmung. Skrupellosigkeit wurde zum Markenzeichen der

Deutschen «im Osten». Nicht mehr gebunden an die tradierten Normen bürgerlichen Verhaltens und jeder effektiven Machtkontrolle ledig, ließen die deutschen Funktionsträger ihrer Willkür auch in Auschwitz freien Lauf.

II.

Keine drei Kilometer entfernt von der Auschwitzer Altstadt entstand im Frühjahr 1940 auf einem ungenutzten Barackengelände, das im Ersten Weltkrieg als Unterkunft für polnische Saisonarbeiter («Sachsengänger») gedient hatte, das erste Konzentrationslager auf vormals polnischem Boden. Die Wahl des Ortes stand im Zusammenhang mit großangelegten Planungen der SS, die überall in den Grenzgebieten des Reiches nach geeigneten Arealen suchte, Vorkehrungen für die Internierung von politischen Gegnern und «Reichsfeinden» zu schaffen. Zwar fiel die Entscheidung für Auschwitz erst nach mehrmaliger Besichtigung – die Baracken waren verfallen, und das Areal lag in einem Hochwassergebiet –, für die Fachleute der SS gaben am Ende aber einige Vorzüge des Standorts den Ausschlag: Das Gelände war infrastrukturell erschlossen und nach außen hin leicht abzuschotten.

Bekanntlich wurden an keinem anderen Ort in Hitlers Machtbereich so viele Menschen getötet wie in Auschwitz, aber keineswegs war Auschwitz von Anfang an das Zentrum des Holocaust. Eröffnet wurde das sogenannte Stammlager (Auschwitz I) im Juni 1940 vielmehr als eine Haftstätte für polnische politische Gefangene. Darüber hinaus war es anfangs eines von vielen Lagern zur Isolierung und «Disziplinierung» sogenannter Gemeinschaftsfremder. Ungewöhnlich war allein die Aufnahmekapazität von bis zu 10 000 Häftlingen, die kalkuliert worden war, weil die Besatzer in Polen mit der Festnahme einer hohen Zahl von politischen Gegnern rechneten. Nicht Juden stellten in der Anfangsphase die Mehrzahl der Häftlinge, sondern Angehörige der polnischen Intelligenz und politischer Gruppierungen, die zum nationalpolnischen Widerstand gezählt wurden.

Die ersten Leidtragenden der Errichtung von Auschwitz I waren jüdische Bewohner der Stadt, denn die SS rekrutierte unter der erzwungenen Mithilfe des Judenrats rund 300 Männer zum Aufbau des Lagers. Über den Zweck der Baumaßnahmen ließ man die Helfer im unklaren, und von den ankommenden Häftlingen wurden sie streng isoliert. Auch die rund 1200 arbeitslosen und verarmten polnischen Flüchtlinge, die Baracken direkt neben der Baustelle bezogen hatten, bekamen die Folgen der Lagererrichtung zu spüren. Kommandant Höß, der sich an den «asozialen Elementen» störte und das Barackengelände seinem Terrain einverleiben wollte, forderte ihre sofortige Aussiedlung. Die Polen kamen der geplanten «Säuberungsaktion» indes zuvor: Unauffällig verließen sie nachts das Gelände – und waren dabei gewitzt genug, noch brauchbare Barackenteile einfach mitzunehmen.

An den Bauarbeiten in Auschwitz verdienten ausschließlich deutsche Firmen, denn Höß holte Arbeitskräfte und Material von Unternehmen im schlesischen Altreichsgebiet. Als erste schaltete er im Juni 1940 den Brunnenbau-Spezialisten Wodak aus Beuthen ein, bald darauf auch die Hoch- und Tiefbaufirma Kluge aus Gleiwitz. Bis zum Sommer 1944 wirkten mehr als 500 größere und kleinere Betriebe aus dem gesamten Reichsgebiet an der permanenten Erweiterung des Lagers mit: bei Bau- und Installationsaufgaben und durch Lieferungen aller Art[9]. An der Finanzierung der Arbeiten maßgeblich beteiligt war die Deutsche Bank, die mindestens zehn Baufirmen Kredit gewährte; angesichts der bewilligten Summen ist davon auszugehen, daß auch der Vorstand der Bank über die Geschäfte informiert war[10].

Hatte die Stadt Auschwitz aufgrund ihrer ethnischen Zusammensetzung und ihrer Lage im territorialrechtlich inferioren «Oststreifen» anfangs nur eine marginale Rolle in der nationalsozialistischen «Germanisierungspolitik» gespielt, so wandelte sich ihr Stellenwert im Frühjahr 1941 grundlegend. Anlaß dafür war der Bau einer neuen Produktionsstätte des IG-Farben-Konzerns. Die hochmoderne Anlage, die in großem Stil Buna (synthetischen Kautschuk) und synthetisches Benzin herstellen sollte, wurde zu einem der teuersten, größten und ehrgeizigsten Investitionsprojekte im Zweiten Weltkrieg. Folge davon waren eine Stadtplanung und Baupolitik, die Auschwitz in den Rang eines Modellprojekts erhob: zur «Musterstadt» der Ostsiedlung.

Mit der Errichtung des Buna-Werkes am östlichen Rand des Reiches erfüllte die IG Farben nicht nur eine militärstrategische Auflage und ein vordringliches wirtschaftspolitisches Ziel der Reichsregierung; der Konzern unterstützte damit auch deren siedlungspolitische Intentionen. Die Bereitschaft, an einem neuen «Bollwerk des Deutschtums» im Osten mitzubauen, sollte dem Unternehmen eine profitable Verbindung von betriebswirtschaftlichem Eigeninteresse und der Demonstration politisch-ideologischer Zuverlässigkeit ermöglichen.

Zu den Kalkulationsgrundlagen dieses gigantischen Industrieprojekts gehörten nicht nur die oberschlesischen Kohlevorkommen; als Standortvorteil galt auch die Arbeitskraft der in Auschwitz vorhandenen Konzentrationslagerhäftlinge. Dabei allerdings verrechnete man sich: Anders als dies lange Zeit auch in der Forschung behauptet wurde, war der Einsatz der rasch entkräfteten Häftlinge für die IG kein gutes Geschäft.

Der tägliche Anmarsch der Häftlinge aus dem Stammlager zur kilometerweit entfernten Baustelle bei Monowitz erwies sich schon bald als derart aufwendig und kräftezehrend, daß die Manager der IG gegenüber der SS auf Errichtung eines eigenen Häftlingslagers nahe dem Werksgelände drängten. Im Oktober 1942 kamen die ersten Häftlinge in diesem neuen Lager an; Auschwitz III war auch insofern ein Novum, als es sich um ein zwar von der SS bewachtes, aber privat finanziertes und unterhaltenes Konzentrationslager handelte. Nach Kriegsende hielten sich die IG-Manager zugute, daß das «Lager Buna» über einen eigenen Häftlingskrankenbau verfügte. Wessen Arbeitskraft dort freilich nicht schnell genug wiederhergestellt werden konnte, den schickte man in die Gaskammern von Auschwitz-Birkenau. Bernd Wagner, der den Häftlingseinsatz auf dem Baugelände der IG Farben im einzelnen untersucht hat, kommt zu dem Ergebnis, daß dies mit Wissen und mit Billigung der Betriebsführung geschah, auch wenn die Angeklagten im Nürnberger IG-Prozeß alle Schuld am Tod von mehr als 25 000 Zwangsarbeitern von sich wiesen[11].

Die Manager der IG Farben ließen sich in Auschwitz nicht nur bedenkenlos auf die Kooperation mit der SS ein; sie übernahmen auch einen aktiven Part in der gewaltsamen «Germanisierung» der Stadt. So war die Deportation der jüdischen Bevölkerung eine unmittelbare Folge der Entscheidung für den Industriestandort Auschwitz: Zur selben Zeit, als Honoratioren aus Politik und Wirtschaft Anfang April 1941 mit einem Festakt in Kattowitz die Gründung des Buna-Werkes feierten, mußten die Juden von Auschwitz ihre Wohnungen verlassen. Mit ihrer Verbringung in die Sammellager und späteren Ghettos von Sosnowitz und Bendzin (Bendsburg) endete die mehr als 700jährige jüdische Geschichte von Auschwitz. Die meisten dieser Menschen wurden später im Vernichtungslager vor den Toren ihrer Heimatstadt ermordet. Dagegen blieben die polnischen Einwohner von Auschwitz zurück, um als Arbeitskräfte beim Bau der IG-Fabrik zu dienen; sie sollten erst nach deren Fertigstellung verschwinden.

III.

Der Expansion der Lagerwelt von Auschwitz mußten ganze Dörfer weichen. Im März 1941 ordnete Himmler die Ausweisung großer landwirtschaftlicher Flächen an, die fortan als «Interessengebiet» der SS galten. Im September 1941 befahl er den Bau eines zweiten Lagerabschnittes (Auschwitz II). Auf dem Gelände des Stammlagers waren inzwischen etwa 11 000 Häftlinge registriert; der neue Komplex, der dann drei Kilometer entfernt auf der Flur des einst von rund 3800 Juden und Polen bewohnten Dorfes Birkenau entstand, sollte weit mehr Menschen fassen. Zunächst als Kriegsgefangenenlager für Zehntausende von sowjetischen Soldaten geplant, wurde Birkenau wahrscheinlich im Frühsommer 1942 – im Zuge einer Entwicklung, die in ihren Einzelheiten wohl nicht mehr zu rekonstruieren ist – als Exekutionsplatz des Massenmords an den europäischen Juden bestimmt[12].

In den besetzten Gebieten der Sowjetunion war die Vernichtung der Juden zu dieser Zeit bereits in vollem Gang. Seit dem Überfall auf die Sowjetunion im Juni 1941 erschossen die Einsatzkommandos von Sicherheitspolizei und Sicherheitsdienst in den eroberten Gebieten systematisch jüdische Männer im wehrfähigen Alter, bald auch Frauen, Kinder und alte Leute. In den längst überfüllten Ghettos im Generalgouvernement und im Warthegau starben zur selben Zeit täglich Hunderte von Juden an Hunger und Krankheiten. Als im September 1941 Hitlers Befehl erging, das Altreich «judenfrei» zu machen, schickten die deutschen Behörden trotz verheerender Zustände immer neue Transporte in die Ghettos, vor allem nach Lodz, wo ein SS-Führer als «humanste Lösung» bereits zu erwägen gegeben hatte, «die Juden, soweit sie nicht arbeitsfähig sind, durch irgendein schnell wirkendes Mittel zu erledigen»[13].

Daß Funktionäre von SS und Polizei, aber auch Verantwortliche der deutschen Zivilverwaltung die Initiative ergriffen und darauf drängten, die Juden loszuwerden, ist kennzeichnend für die «Judenpolitik» in den eroberten Gebieten: Eine Vielzahl von Behörden war an der Vorbereitung, der logistischen Unterstützung und an der Durchführung der Judenvernichtung beteiligt. Begründet wurden die Forderungen nach dem «Verschwinden» der jüdischen Bevölkerung in der Regel mit vorgeblich zweckrationalen, «sachlichen» Argumenten: Danach verbreiteten die Juden Seuchen, beanspruchten knappen Wohnraum, arbeiteten nicht effizient, betrieben Schleichhandel, betätigten sich als Partisanen – und stellten deshalb in jeder Hinsicht eine Gefahr oder Bedrohung dar. In Ostoberschlesien kam hinzu, daß ihre bloße Präsenz in den Augen der Deutschen die «Germanisierung» behinderte.

Im Dienste einer vorgeblichen Modernisierung verlangten Funktionäre bis hinab zu den Bürgermeistern, daß ihr Verantwortungsbereich «judenfrei» gemacht werde. Wie die neuere Holocaust-Forschung zeigen konnte, gingen vielfach gerade von Beamten der unteren und mittleren Verwaltungsebene weitreichende Impulse zur Realisierung der Mordpolitik aus. Darüber hinaus trug die verwissenschaftlichte Planung einer sozialen Um- und Neugestaltung der einzudeutschenden Städte zur Legitimierung des Massenmords maßgeblich bei. Alles dies war jedoch nicht die Ursache des Holocaust, sondern der situative Ausdruck einer zur normativen Handlungsgrundlage erhobenen und weithin akzeptierten Rassenideologie, in deren Konsequenz die «Endlösung» lag.

Auschwitz-Birkenau war das letzte Vernichtungslager, das im besetzten Polen «in Betrieb» ging. Das erste war, Anfang Dezember 1941, eine in dem Dorf Chelmno (Kulmhof) im Warthegau gelegene Station, in der SS-Spezialisten unter dem Kommando von Herbert Lange, die zum Teil bereits an der «Euthanasie»-Aktion mitgewirkt hatten, die Menschen vermittels der Abgase entsprechend umgebauter Lastwagen töteten[14]. Danach folgten Belzec, Sobibor und Treblinka, die Todeszentren der «Aktion Reinhardt», in denen unter der Verantwortung des SS- und Polizeiführers im Distrikt Lublin, Odilo Globocnik, die Masse der polnischen Juden ums Leben kam. Die drei Lager entstanden zwischen November 1941 und Juni 1942, und seit Mitte März 1942 rollten dorthin die Transporte aus dem Generalgouvernement.

Erste Tötungsexperimente mit dem Blausäuregas Zyklon B,

das bis dahin nur zur Entwesung von Unterkünften und Kleidern verwendet worden war, hatten in Auschwitz bereits Anfang September 1941 stattgefunden. Opfer dieser Versuche wurden sowjetische Kriegsgefangene und andere Häftlinge, die als nicht mehr arbeitsfähig galten. Eine erste Massentötung stand dann im Zusammenhang mit der Ausdehnung der «Euthanasie»-Aktion auf die Konzentrationslager.

Auschwitz-Birkenau nahm unter den nationalsozialistischen Vernichtungsstätten (zusammen mit dem zur selben Zeit entstandenen Lager Majdanek bei Lublin) insofern eine Sonderstellung ein, als es sowohl als Konzentrations- wie auch als Vernichtungslager diente. Vor dem Hintergrund dieser Doppelfunktion wurde die sogenannte Selektion der dort Ankommenden in «Arbeitsfähige» und «nicht Arbeitsfähige» ab Juli 1942 zur Entscheidung über Leben und Tod.

Nach Himmlers zweitem Besuch in Auschwitz im Juli 1942 (seine erste Visite hatte im März 1941 stattgefunden) trafen Judentransporte aus ganz Westeuropa ein, insbesondere aus Frankreich, Holland und Belgien, nach Mussolinis Sturz im Herbst 1943 auch aus Italien. 1943 wurde der Bau großer neuer Krematorien abgeschlossen – nach Ansicht der Experten waren dies die technisch modernsten überhaupt. Die fabrikmäßige Vernichtung von Menschen erreichte in Auschwitz zu dieser Zeit einen ersten Höhepunkt; ein weiterer folgte im Frühsommer 1944, als innerhalb weniger Wochen rund 400 000 Juden aus Ungarn ermordet wurden.

Heinrich Himmler hatte offenbar die Absicht, dem Vernichtungsgeschehen regelmäßig beizuwohnen, denn im Sommer 1943 ließ er sich im «Haus der Waffen-SS», gegenüber dem Bahnhofsgebäude von Auschwitz, eine Wohnung einrichten – mithin zu einem Zeitpunkt, als die Lager der «Aktion Reinhardt» allmählich verschwanden und Auschwitz zum alleinigen Tötungszentrum wurde. Benutzt hat Himmler diese Wohnung allerdings nicht; vermutlich, weil sich die Ereignisse nach dem

Aufstand im Warschauer Ghetto im Mai 1943 und den Häftlingsausbrüchen in Sobibor und Treblinka im August und Oktober 1943 überschlugen.

Im Schatten des Aufbaus der «Musterstadt» Auschwitz, der Heerscharen von Planern und Experten aus dem Altreich anzog, lief die sogenannte Endlösung auf Hochtouren – nicht immer allerdings in ihrem Windschatten: Bis zur Inbetriebnahme der neuen Krematorien im Frühjahr 1943 wurden die in Auschwitz-Birkenau mit Giftgas Ermordeten unter freiem Himmel verbrannt; Zeugen berichten, der Feuerschein sei mitunter bis ins 30 Kilometer entfernte Kattowitz zu sehen gewesen.

Insgesamt wurden nach heutigem Kenntnisstand in Auschwitz etwa 1,1 Millionen Menschen zu Tode gebracht, knapp eine Million davon waren Juden[15]. Buchstäblich aus ganz Europa rollten die Züge mit Deportierten heran. Für die Ermordung der ungarischen Juden hatte man sogar eine eigene Gleisanlage bis hinein ins Lager Birkenau gebaut. Dennoch konnte niemandem, der in der Umgebung lebte und der wissen wollte, verborgen bleiben, daß dort Schreckliches geschah. Auch wenn nicht alle Einzelheiten zu erfahren waren, so ergibt sich doch aus der Fülle der Hinweise, die im Rahmen der neueren Quellenforschung gesichtet wurden[16], daß es der SS *nicht* gelang, die Mordaktionen geheimzuhalten. Sogar die Existenz von Gaskammern war außerhalb des streng bewachten Lagergeländes bekannt.

IV.

Aber was konnte streng bewacht auch schon bedeuten in der unmittelbaren Nachbarschaft einer aufstrebenden mittelgroßen Stadt und angesichts eines Lagerkomplexes mit Hunderten von Arbeitsplätzen, den erst das deutsche Nachkriegsbewußtsein nach «irgendwo im Osten» verlagert hat? Anders als die Deutschen es sich im Zeichen des Kalten Krieges und der kollektiven Schuldverdrängung selbst einzureden suchten, lag das Auschwitz der «Endlösung» keineswegs im geographisch nebulösen Osten, sondern bis 1945 – ebenso wie das Tötungszentrum Chelmno im Warthegau – auf annektiertem, sprich: zum Deutschen Reich gehörenden Territorium.

Das Auschwitz der Kriegsjahre war nicht nur ein bedeutender Verkehrsknoten, die Stadt war das neue Lebenszentrum für viele Tausende von Reichsdeutschen: Für die Meister und Vorarbeiter der IG Farben in Monowitz ebenso wie für den neuen Besitzer der ehemals jüdischen Likörfabrik oder den Wirt aus Wuppertal, der jetzt das erste Haus am Platze betrieb und der noch Wochen nach dem Jahreswechsel 1943/44 von dem rauschenden Silvesterball schwärmte, den er für seine «arischen» Gäste ausgerichtet hatte. Auschwitz, eine deutsche Stadt: mit Theateraufführungen und Jagdausflügen für die nationalsozialistischen Honoratioren, mit botanischen Führungen und «bunten Abenden» für die Lager-SS.

Bekamen in diesen Jahren nicht Hunderte von SS-Wachmännern, soweit ihre Familien nicht ohnehin am Rande des Lagergeländes wohnten, regelmäßig wochen- und monatelangen Besuch von ihren Ehefrauen und Kindern? Und waren diese tausendfachen Urlaubsbesuche in Auschwitz für die meisten nicht solch eine Freude, daß Rudolf Höß schließlich sogar eine besondere Warnung herausgeben mußte für die Situation kurz vor den Feierabenden, wenn SS-Männer die Arbeitskommandos auf dem Rückweg ins Lager bewachten: auf daß die Mütter ihre Kinder davor zurückhielten, den Vätern entgegenzulaufen, weil diese im Falle eines Fluchtversuches doch scharf zu schießen hätten?[17]

Während die Wachmannschaften anfangs noch in einem ehemaligen Kasernenblock außerhalb des Schutzhaftlagers und im Gymnasium an der Sołabrücke untergebracht waren, beschlagnahmte die SS später die Wohnhäuser einheimischer Familien. Mit der sogenannten SS-Siedlung, die sich schließlich zu einem eigenen Stadtteil ausdehnte, entstand in Auschwitz eine maka-

bre Idylle, verbunden mit vielerlei Annehmlichkeiten. Dazu gehörte auch die medizinische Betreuung durch die SS-Standort-
ärzte, die dort «Familiensprechstunden» abhielten.

Anders als in der Anfangszeit war es nun erlaubt, ja er-
wünscht, daß Ehefrauen und Kinder ihren SS-Männern nach
Auschwitz folgten, um ihnen ein normales Familienleben zu ermöglichen. Die Lagerverwaltung genehmigte deshalb selbst in
der Hochphase des Massenmords immer wieder Aufenthaltsan-
träge für Familienangehörige und Bräute[18]. Doch nahmen die
Zuzüge aus dem Altreich schließlich derartige Ausmaße an, daß
sich die Lagerkommandantur weigerte, neu hinzukommenden
Familien Wohnraum zuzuweisen. Im Juni 1944, also während
der «Ungarn-Aktion», sah sich die Kommandantur genötigt, die
SS-Wachmannschaften daran zu erinnern, daß das «Betreten
des Lagerbereiches durch Fremde» streng verboten sei[19].

Im August 1944 taten in Auschwitz 3342 SS-Männer Dienst;
der Höchststand von 4481 SS-Leuten war für die Dauer von
etwa zwei Wochen im Januar 1945 erreicht. Insgesamt beschäftigte die Lager-SS bis Kriegsende etwa 7000 Menschen, darunter
etwa 200 Frauen; die Zahl derer, mit denen dieses SS-Personal
zumindest Bruchstücke seines dienstlich erworbenen Wissens
teilten, muß in die Zehntausende gegangen sein.

In der Stadt war unterdessen mit Hans Stosberg ein eigens
berufener Chefarchitekt am Werk, um im Zuge der «zivilisatori-
schen Erschließung» eindrucksvolle Baumaßnahmen für die
künftigen deutschen Bewohner von Auschwitz zu planen: breite
Straßenzüge, prächtige Parteibauten, eine Wohnanlage für die
«Gefolgschaft» der IG Farben, Stadien, Schwimmbäder und
Parkanlagen. Ganze Viertel wurden neu konzipiert, und auf dem
Reißbrett wuchs Auschwitz zu einer Stadt von 70 000 bis 80 000
Einwohnern heran.

Tatsächlich wurde die Stadt für mehrere tausend Reichsdeutsche zur neuen Heimat. Während die Menschenvernichtung im
Lager auf vollen Touren lief, zogen Mitarbeiter der IG Farben

aus Städten zu, in denen der Konzern Niederlassungen unterhielt. Darunter waren auch zahlreiche junge Leute, die offensichtlich einen Teil ihrer Ausbildung im neuen Werk absolvieren sollten. Später kamen Siedler aus allen Teilen des Reiches, denn in den eingegliederten Ostgebieten lockten weitreichende Steuervorteile. Schließlich wurde die Region um Auschwitz – wie ganz Schlesien – auch deshalb attraktiv, weil sie von Luftangriffen relativ lange Zeit verschont blieb.

Im Vergleich zum Jahr des Kriegsbeginns hatte sich die Einwohnerzahl von Auschwitz bis 1943 auf rund 28000 Menschen verdoppelt. Juden lebten jetzt allerdings nicht mehr dort. An ihrer Stelle hatten sich rund 7000 neu hinzugezogene Reichsdeutsche breitgemacht. Mit wieviel Korruption, Raffgier, individuellem und kollektivem Größenwahnsinn diese «Germanisierung» vonstatten ging, ist hier im einzelnen gar nicht zu schildern. Auschwitz war, wie der eroberte Osten insgesamt, ein Dorado der Amoralität – und das genaue Gegenteil der von der SS propagandistisch hochgehaltenen Prinzipien von «Ehre und Treue».

Wie die eingangs zitierten Erinnerungen von Marianne B. illustrieren, kursierten unter der deutschen Zivilbevölkerung von Auschwitz vielfältige Teilinformationen, Gerüchte, Ahnungen und Vermutungen über das Lager. Der süßliche Gestank verbrannten Fleisches lag zu häufig und zu penetrant über der Stadt, um nicht wahrgenommen zu werden. Wer wollte, konnte dafür freilich immer wieder «harmlose» Erklärungen finden: zum Beispiel vermittels der Überlegung, daß es in einem großen Konzentrationslager «selbstverständlich» eine beträchtliche Sterblichkeit gebe und daß die Leichen deshalb eingeäschert werden mußten. Mit solchen Selbstberuhigungen ließen sich kognitive Dissonanzen überwinden, und gewiß trug auch eine latente Angst dazu bei, daß manche Nachfragen unterblieben. Hinzu kam die in anderen Zusammenhängen vielfach belegte verbreitete Indifferenz gegenüber dem Schicksal der Juden. Wie weit die Zustimmung zu dem Geschehen im Lager ging, ist schwer zu ermessen – offene Proteste dagegen waren schwerlich zu erwarten und wurden auch nicht bekannt, wohl allerdings Beschwerden über die «Geruchsbelästigung».

Trotz der Unschärfen, die hinsichtlich der allgemeinen Wahrnehmung der Verbrechen bestehen bleiben, steht inzwischen fest, daß bestimmte Personenkreise in Auschwitz recht präzise unterrichtet waren, darunter nicht nur die stationierten SS-Leute, sondern auch das Personal der Reichsbahn, das die ankommenden Todestransporte regelmäßig vom Bahnhof bis ins Lager Birkenau begleitete. Und unter den Managern der IG Farben war es ein offenes Geheimnis, daß Häftlinge, die nicht mehr «arbeitsfähig» waren, mit Giftgas getötet wurden[20].

In einer Konstellation wie in Auschwitz, wo die Ausbeutung und Ermordung der «rassisch Minderwertigen» als Garant der eigenen, auf Dauer angelegten völkischen Zukunft verstanden wurde und Vorstellungen rassischer Superiorität die Tat ideologisch legitimierten, ließen sich konventionelle Auffassungen von Recht und Moral offensichtlich auch innerhalb der «normalen» Bevölkerung wirkungsvoll suspendieren. Die Tatsache, daß sich die deutschen Bewohner der Stadt von dem Geschehen im Lager in einem so weitgehenden Maße unberührt zeigten – ja mehr noch: daß sie es offenbar für unvermeidlich, wenn nicht für notwendig erachteten –, deutet auf die Wirkungsmacht des Antisemitismus und weiterer Weltanschauungselemente («Volksgemeinschaft», «Rassereinheit», «Lebensraum», «Germanisierung»), wie sie die Nationalsozialisten nicht erst seit 1933 propagierten.

Die Nachbarschaft von Stadt und Lager, wie sie in Auschwitz gegeben war, zeigt deutlich, daß Massenvernichtung und «deutscher Aufbau» nicht im Widerspruch zueinander standen, sondern vielmehr eine konzeptionelle, räumliche und zeitliche Einheit bilden konnten. Ganz augenscheinlich – und sehr viel sinnfälliger noch als im Altreich – war hier «im Osten» die Vorstellung zu vermitteln, die Entfernung der «rassisch Unwerten» diene dem «rassischen Neuaufbau», wobei letzterer ohne das parallel dazu laufende Programm der Vernichtung gar nicht zu denken war.

War es für den durchschnittlichen deutschen Volksgenossen, der sich längere Zeit in Auschwitz aufhielt, fast unmöglich, von den dort sich vollziehenden Verbrechen keinerlei Notiz zu nehmen, so konnte davon doch auch erfahren, wer die Stadt nur auf der Durchreise besuchte. Ein anschauliches Beispiel dafür bietet der erhalten gebliebene Feldpostbrief eines jungen Soldaten, der seinen Angehörigen im Dezember 1942 mit spürbarer Zufriedenheit mitteilte, es sei «doch gut, wenn man einmal in der Welt umher kommt» – um dann fortzufahren: «Juden kommen hier, das heißt in Auschwitz, wöchentlich 7–8000 an, die nach kurzem den ‹Heldentod› sterben.»[21] Aus einer Gruppe von Gymnasialschülern aus Zittau, die im August 1944 als Flakhelfer zum Schutz des Buna-Werkes eingesetzt wurde und in diesem Zusammenhang zwei Nächte im Stammlager Auschwitz übernachtete, ist der Bericht überliefert, einen Geruch «wie in der Nähe eines Krematoriums» bemerkt zu haben[22].

Mochten viele Deutsche den Namen Auschwitz tatsächlich erstmals nach dem Ende des «Dritten Reiches» vernehmen, so haftete ihm doch nicht nur in der unmittelbaren Umgebung, sondern durchaus auch im Altreich bereits während des Krieges der Beiklang von Tod und Vernichtung an. Als drangsalierter Jude in «privilegierter Mischehe» zählte Victor Klemperer zur Minderheit derer, die auf solche Nachrichten des Schreckens achtete; am 16. März 1942 schrieb er in sein Tagebuch: «Als furchtbarstes KZ höre ich in diesen Tagen Auschwitz (oder so ähnlich) bei Königshütte in Oberschlesien nennen. Bergwerksarbeit, Tod nach wenigen Tagen.»[23] Sieben Monate später, als er vom Tod zweier Frauen in Auschwitz erfährt, hegt der seit 1935 von seiner Dresdner Professur «entpflichtete» Romanist an der Schreibung des Ortsnamens keine Zweifel mehr: «Beide wurden von dem Frauenlager in Mecklenburg nach Auschwitz transportiert, das ein schnell arbeitendes Schlachthaus zu sein scheint. Todesursache: ‹Alter und Herzschwäche›. Beide waren um die Sechzig, die eine besonders robust.»[24]

Klemperers Tagebucheintragungen belegen, daß die Frage nach dem Wissen über Auschwitz und den Judenmord schon damals war, was sie seit 1945, aller Aufklärung zum Trotz, nie ganz aufgehört hat zu sein: auch eine Frage des Wissenwollens.

V.

Kaum weniger als die Ereignisgeschichte von Auschwitz in den Jahren 1939 bis 1945 ist die Nachgeschichte dieser Erfahrung seit dem Ende des Zweiten Weltkrieges ein Element der Gedächtnisgeschichte Europas geworden. Dies gilt in besonderem Maße für Juden, Polen und Deutsche.

Vor den Polen, auf deren künftig nach Westen verschobenem Staatsgebiet Auschwitz beziehungsweise Oświęcim nunmehr wieder lag, regierte dort die Rote Armee, die das Gelände am 27. Januar 1945 eingenommen hatte. Zunächst wurden Feldlazarette für die noch vorgefundenen Häftlinge eingerichtet, aber auch ein sowjetisches Lager für deutsche Kriegsgefangene[25]. Bereits acht Wochen später faßte die polnische Regierung den Plan für eine Gedenkstätte im ehemaligen Stammlager. Auschwitz II und Auschwitz III (Birkenau und Monowitz) wurden hingegen der zivilen Nutzung zugeführt. Während die Sowjets das betriebsfertige Kohlesynthesewerk demontierten und ins sibirische Kemerovo verbrachten, entstand aus den zurückgelassenen Anlagen der IG Farben eine der größten Kunststoffproduktionsstätten Polens.

Seit März 1947 mußte sich der ehemalige Kommandant des Lagers vor dem Obersten Volksgerichtshof in Warschau verantworten, der eigens für die Verfolgung von NS-Verbrechen gegründet worden war. Dem Verfahren gegen Rudolf Höß, dessen Todesurteil auf dem Lagergelände vollstreckt wurde, folgte eines in Krakau gegen seinen Nachfolger Arthur Liebehenschel und 39 weitere Angehörige der Lager-SS. Parallel dazu kamen zwar noch mehrere hundert einzelner Ermittlungs- und Gerichtsverfahren zustande, doch der Krakauer Prozeß sollte der größte bleiben, der wegen Auschwitz geführt wurde.

Beides, die Abrechnung mit den Haupttätern wie die Einrichtung des staatlichen Museums auf dem Gelände des Stammlagers, mit der im Sommer 1947 begonnen wurde, bekräftigte die nun entwickelte nationalpolnische Deutung des Geschehens: Daß Auschwitz zuerst und vor allem ein Symbol für den polnischen Widerstand gegen die deutschen Besatzer gewesen sei. In dieses Bild paßte, daß in Polen wie in der UdSSR jahrzehntelang von Juden nicht gesprochen wurde, wenn von den vier Millionen Menschen die Rede war, die sowjetischen Schätzungen zufolge in Auschwitz umgebracht worden waren. Nachdem die SS die Deportationspläne vernichtet hatte, war auch das Internationale Militärtribunal von Nürnberg dieser Schätzzahl gefolgt; sie fand fortan Eingang in Schulbücher und Lexika. Ihre Korrektur ließ in Auschwitz länger auf sich warten als vielfach sonst in Osteuropa; erst nach dem Ende der Sowjetunion wagte die Leitung der Gedenkstätte eine offizielle Berichtigung[26].

Noch in diesen Untiefen dekretierter Erinnerungspolitik zeigte sich: Polen war und ist mit der Nachgeschichte von Auschwitz – wie insgesamt mit dem Holocaust, der dort seine Hauptschauplätze hatte – stärker verbunden als jedes andere von Deutschland überfallene Land. Aber richtig ist auch: Wie die Kriegsgeschichte von Auschwitz wirkt auch deren Nachgeschichte in den kollektiven Gedächtnissen Europas in durchaus unterschiedlicher Weise fort.

Vielleicht wird man in der europäischen Nachgeschichte von Auschwitz einmal eine der wenigen dünnen Verbindungslinien erkennen, die dem Kontinent im Zeichen seiner politischen Teilung während des Kalten Krieges geblieben sind: Reste einer gemeinsamen Erfahrung und Erinnerung, die in den nach 1945 überall entstehenden Opferverbänden bewahrt wurde. Einstweilen wissen wir noch viel zu wenig über diese Erinnerungsnetze, die zunächst eher kleine, aber sehr aktive Gruppen von Überlebenden über ganz Europa spannten – soweit und solange es ging, auch über den Eisernen Vorhang hinweg. Manches freilich spricht dafür, daß diese transnationalen Gedächtnisse in den europäischen Nachkriegsgesellschaften zu einer Art Katalysatoren der kollektiven Erinnerung geworden sind, und zwar nicht nur der Erinnerung an die aus der jeweiligen Nation hervorgegangenen Opfer, sondern auf längere Sicht auch der viel schwerer zu akzeptierenden – und vielerorts bis heute sehr umstrittenen – Erinnerung an die Kollaboration mit den Deutschen.

Im Zusammenhang mit diesen Erinnerungsnetzen ist auf die 1951 gegründete *Féderation Internationale de la Résistance et de la Déportation* hinzuweisen, die es sich zur Aufgabe machte, für die «Freiheit und den Frieden in der Welt» und die Bestrafung «aller Verbrechen gegen die Menschlichkeit» einzutreten. Eine solche Zielbestimmung verdeutlicht, daß es auch schon damals um mehr ging als um die Vertretung der Interessen der ehemaligen Häftlinge im Rahmen der Wiedergutmachung. Der politisch-moralische Impetus war bei der *Féderation* so evident wie 1954 in der Gründung des *Comité Internationale d'Auschwitz*, dessen Reichweite allerdings begrenzt blieb, da es sich erkennbar im Kielwasser der kommunistischen Parteien West- und Osteuropas bewegte.

Einer künftigen Forschung bleibt hier noch viel zu tun: So wird es zum Beispiel bedeutsam sein zu klären, inwiefern die Dominanz jener Überlebenden, die als Kommunisten nach Auschwitz deportiert worden waren und dort wichtige Aufgaben der inneren Lagerorganisation übernahmen, sich später auch in der Gestaltung des Erinnerungsnarrativs niederschlug. Anders gesagt: Es wird zu klären sein, wofür die in den fünfziger und sechziger Jahren des vergangenen Jahrhunderts erschienenen Häftlingserinnerungen stehen. Welche Realität von Auschwitz repräsentieren sie? Wie prägend war der politische und gesellschaftliche Kontext, in dem sie entstanden? Und wie verhalten sich diese zeitnahen Zeugnisse damals junger Überlebender zu autobiographischen Texten, die erst Jahrzehnte später entstanden sind – man denke etwa an das berühmt gewordene Buch der Literaturwissenschaftlerin Ruth Klüger oder an die Erinnerungen von Anita Lasker-Wallfisch, die als Cellistin im Mädchenorchester von Auschwitz überlebte[27].

Um demgegenüber nur einige der frühen Schriften zu nennen: Primo Levis hochreflektiertes Werk *Ist das ein Mensch?*, das seine Erfahrungen als jüdischer Chemiker in Monowitz spiegelt, transportierte zweifellos doch auch die Erfahrung des italienischen Faschismus[28]. Für Elie Wiesel, der 1944 als Jugendlicher mit seiner Familie aus Rumänien nach Auschwitz deportiert worden war, rückte bereits in *Die Nacht*, seinem ersten, 1960 erschienenen Buch, die Rechtfertigung Gottes in den Mittelpunkt eines lebenslangen Versuchs, das ihm unerzählbar Erscheinende zu erzählen[29]. In scharfem Kontrast dazu stand der Band von Ella Lingens, die aus der Perspektive einer nichtjüdischen Wiener Ärztin schrieb, die wegen Begünstigung von Juden nach Auschwitz deportiert worden war und dort schon aufgrund ihres sozialen Status viele Informationen sammeln konnte, etwa über das sogenannte Zigeunerlager[30].

Die angesichts solcher Unterschiede sich auftuenden Fragen zu Autobiographik, Zeugenschaft und Gedächtnisbildung sind von einer methodisch und intellektuell aufgeschlossenen Zeitgeschichtsforschung, die die Nachgeschichte des Nationalsozialismus ernst nimmt, noch zu entdecken. Das gilt zumal im Blick auf Überlebende, in deren Wirken wie bei Hermann Langbein geschichtspolitisches Engagement und Autorschaft zusammenfielen: Bis zu seinem Bruch mit der Kommunistischen Partei Österreichs Generalsekretär des Internationalen Auschwitz-Komitees, Autor vieler Bücher und der noch immer wichtigsten Dokumentation über *Menschen in Auschwitz*, verbindet sich

in seiner Person die europäische Nachgeschichte von Auschwitz
mit jener in den Nachfolgestaaten des «Dritten Reiches»[31].

VI.

Die Leistungen und Versäumnisse der Zeitgeschichtsschreibung zu Auschwitz standen im deutschen Sprachraum jahrzehntelang in einem engen Zusammenhang mit dem Willen
beziehungsweise Unwillen zur politischen und gesellschaftlichen, vor allem aber zur strafrechtlichen Auseinandersetzung
mit dem Geschehen.

Vergleicht man die Entwicklung in der DDR, in Österreich
und in der Bundesrepublik, so kamen die Dinge hierzulande –
nach einem Jahrzehnt juristischer Untätigkeit und historiographischer Indolenz – noch am ehesten in Bewegung. Hervorzuheben ist vor allem die Entschlossenheit des hessischen Generalstaatsanwalts Fritz Bauer, der, entscheidend beeinflußt durch
Hermann Langbein, seit 1962 ein Verfahren vorbereitete, das
als «Großer Frankfurter Auschwitz-Prozeß» in die Nachgeschichte des Nationalsozialismus eingehen sollte[32]. Die noch
junge empirische Zeitgeschichtsforschung lieferte auf Bauers
Bitte eine Reihe grundlegender Gutachten zum Tatzusammen-
hang, die in den Prozeß eingeführt wurden und als Buchveröf-
fentlichung unter dem Titel *Anatomie des SS-Staates* im Laufe
der Jahrzehnte geradezu Berühmtheit erlangen sollten[33].

In gewisser Weise markierte der im Dezember 1963 eröffnete
Auschwitz-Prozeß das symbolische Ende jener Phase der Vergangenheitspolitik, in der die politische Agenda in der Bundesrepublik in heute kaum mehr vorstellbarer Weise bestimmt war
von der Wahrung der Interessen der Täter. Im Frankfurter Verfahren «gegen Mulka und andere» fand die unterdessen heran-
gewachsene gesellschaftliche Kritik an der «unbewältigten Vergangenheit» ihren bedeutsamsten Anknüpfungspunkt. Insofern
wird man – in Anlehnung an Fritz Bauers Formulierung vom

«Gerichtstag halten über uns selbst»[34] – tatsächlich sagen können, daß der Auschwitz-Prozeß eine wichtige erste Etappe gesellschaftlicher Selbstaufklärung darstellte, die in der Bundesrepublik, ungeachtet aller Rückschläge, fortan ihre eigene Dynamik entwickelte.

Ganz anders dagegen in der DDR: Im Rahmen der schon vor der Staatsgründung postulierten Antifaschismus-Doktrin stand «Auschwitz» gleichsam automatisch für die völkermörderische Konsequenz des notwendig in den Faschismus führenden kapitalistischen Systems, und hätte es dazu eines Beweises bedurft, dann lag er scheinbar offen zutage in der Präsenz der IG Farben in Auschwitz-Monowitz. Dies war denn auch die Ebene, auf der sich die ostdeutsche Historiographie lange Zeit bewegte; ein eigenständiges Thema ist der Mord an den europäischen Juden dort im Grunde nie geworden.

Wollte man einen Punkt benennen, an dem die Auseinandersetzung mit Auschwitz so etwas wie eine gesamtdeutsche Angelegenheit wurde, so war es die Zeit nach dem Ende des Frankfurter Verfahrens im Herbst 1965, als *Die Ermittlung* von Peter Weiss, eine szenische Lesung von Prozeßaussagen, an 14 west- und ostdeutschen Bühnen gleichzeitig uraufgeführt wurde[35]. Freilich tat die Parteinahme des im schwedischen Exil lebenden Dramatikers für die DDR der Wirkung seines Stückes in der Bundesrepublik einen gewissen Abbruch – und erleichterte es denen, die nach Ausflüchten suchten, noch einmal, die Auseinandersetzung mit der NS-Vergangenheit als eine «aus dem Osten» kommende Zumutung zu denunzieren.

Fast noch irritierender als die zögerliche gesellschaftliche Thematisierung von Auschwitz erweist sich im Rückblick freilich der historiographische Stillstand in der Bundesrepublik der siebziger Jahre: Die zeitgeschichtliche Konzentrationslagerforschung trat damals mehr oder weniger auf der Stelle[36] – wie sehr, das zeigte sich zum Beispiel, als *Der Auschwitz-Mythos* erschien, ein wüstes Machwerk der rechtsradikalen Apologetik[37], gegen den publizistisch Stellung zu beziehen damals gar nicht einfach war. Denn unter den deutschen Zeithistorikern gab es niemanden, der aktuell und konkret über Auschwitz forschte; als Autoritäten gefragt waren deshalb zwei Überlebende, die sich seit langem der Aufklärung verschrieben hatten: Hermann Langbein und Simon Wiesenthal[38].

Daß beide von Wien aus operierten, konnte allerdings beim besten Willen nicht als Zeichen einer besonderen Geneigtheit der österreichischen Gesellschaft gewertet werden, sich dem Thema Auschwitz zu stellen. Vielmehr herrschte im dritten Nachfolgestaat des «Großdeutschen Reiches» noch in den achtziger Jahren jene Interpretation vor, der zufolge die Republik Österreich Hitlers «erstes Opfer» war, die Österreicher als Mittäter folglich ausschieden. Studien wie jene von Hans Safrian über die «Eichmann-Männer»[39] haben dazu beigetragen, daß diese Apologie inzwischen einer differenzierteren Betrachtung gewichen ist; ganz überwunden scheint sie aber noch nicht zu sein.

Wenn Wien gleichwohl über Jahrzehnte hinweg ein Ort war, von dem aus das Auschwitz-Gedächtnis wachgehalten wurde, so spielte neben dem Faktum der einstmals großen jüdischen Gemeinde und der vielen Menschen, die von dort aus deportiert worden waren, wohl auch eine gewisse Rolle, daß die Stadt in den Hochzeiten des Kalten Krieges und eines entsprechend schwierigen Informations- und Aktenverkehrs zwischen Ost und West als eine Art Drehscheibe fungierte. Aber das harrt noch der Erforschung.

Deutlich scheint indes, daß die Geschichte und die Nachgeschichte von Auschwitz in der metaphorischen Bedeutung nicht aufgehen, die dem größten der nationalsozialistischen Konzentrations- und Vernichtungslager im Gedächtnis Europas, ja der Welt, noch immer zukommt – und die gerade jetzt, zu Anfang des neuen Jahrhunderts, eine neue Aktualisierung erfährt. Auschwitz ist mehr als die Summe der Teilgedächtnisse,

Auschwitz ist mehr als die Erinnerung, die sich für Juden aus ganz Europa, für die Polen und für die Deutschen damit verbindet; am Ende wenigstens genannt werden müssen die Sinti und Roma, die in Auschwitz ermordet wurden, ebenso wie die sowjetischen Kriegsgefangenen, die man als erste, zur Probe, ins Gas geschickt hat.

Alle diese Teilgedächtnisse werden bleiben, und der Geschichtswissenschaft bleibt die Aufgabe, die Vielzahl der Perspektiven und die Komplexität des Geschehenen immer wieder neu zu verdeutlichen. Daraus folgt nicht zwangsläufig, daß es den gegenwärtig vielerorts diskutierten Ambitionen einer europäischen Gedächtnispolitik zu widerraten gilt, für die im Zeichen eines zusammenwachsenden Europas manche plädieren. Aber es heißt, vor den Gefahren einer Überdehnung solcher Ambitionen zu warnen.

ANHANG

Anmerkungen

1945 und wir

1 Vgl. Klaus Naumann, Der Krieg als Text. Das Jahr 1945 im kulturellen Gedächtnis der Presse, Hamburg 1998, S. 12. Für Naumann stand das Gedenken 1995 in einem seit den siebziger Jahren sich entwickelnden Kontinuum
und präsentierte «den ganz normalen Rhythmus einer ausgereiften, eta-
blierten und hochgradig professionalisierten Gedenkkultur»; als Fort-
schreibung jetzt ders., Agenda 1945. Das Jahr des Kriegsendes im aktuellen
Geschichtsdiskurs, in: Bernd-A. Rusinek (Hrsg.), Kriegsende 1945. Verbrechen, Katastrophen, Befreiungen in nationaler und internationaler Perspektive, Göttingen 2004.
2 Kritisch dazu schon Ulrich Raulff, 1945. Ein Jahr kehrt zurück: Tausche
Geschichte gegen Gefühl, in: Süddeutsche Zeitung vom 30. 10. 2003, S. 11;
vgl. auch Hans Mommsen, Zeitgeschichtliche Kontroversen, in: NPL 49
(2004), S. 15–25.
3 Vgl. David M. Crowe, Oskar Schindler. The Untold Account of His Life,
Wartime Activities, and the True Story Behind the List, Cambridge 2004,
der das Vorhandensein mehrerer Namenslisten nachweist, Schindlers Rolle
bei deren Zustandekommen relativiert und die Ambivalenz der Persönlich-
keit stärker hervorhebt als Spielbergs Film.
4 Dazu im Überblick: Constantin Goschler, Schuld und Schulden. Die Politik der Wiedergutmachung für NS-Verfolgte seit 1945, Göttingen 2005.
5 Das gilt gerade auch für die innerfamiliäre Geschichtstradierung; vgl. Harald Welzer, Sabine Moller, Karoline Tschuggnall, «Opa war kein Nazi».
Nationalsozialismus und Holocaust im Familiengedächtnis, Frankfurt am
Main 2002. Ein Beispiel dafür ist der große Erfolg von Martin Doerry,
«Mein verwundetes Herz». Das Leben der Lilli Jahn 1900–1944, München
2002.
6 Vgl. Jan Philipp Reemtsma, «Wie hätte ich mich verhalten?» und andere
nicht nur deutsche Fragen. Reden und Aufsätze, München 2002.
7 Vgl. Robert G. Moeller, War Stories. The Search for a Usable Past in the
Federal Republic of Germany, Berkeley, Los Angeles, London 2001; als
Überblick und guter Einstieg in das Themenfeld vor allem: Klaus Naumann (Hrsg.), Nachkrieg in Deutschland, Hamburg 2001.
8 Zit. nach Norbert Frei, Vergangenheitspolitik. Die Anfänge der Bundesrepublik und die NS-Vergangenheit, München 1996, S. 282.

9 Hannah Arendt, Besuch in Deutschland, in: dies., Zur Zeit. Politische Essays, München 1989, S. 43–70; vgl. als spät übersetzten «Klassiker» des Genres: Saul K. Padover, Lügendetektor. Vernehmungen im besiegten Deutschland 1944/45, Frankfurt am Main 1999; James Stern, Die unsichtbaren Trümmer. Eine Reise im besetzten Deutschland 1945, Frankfurt am Main 2004; mit anderen Bewertungen: Carl Zuckmayer, Deutschlandbericht für das Kriegsministerium der Vereinigten Staaten von Amerika, hrsg. von Gunther Nickel, Johanna Schrön und Hans Wagener, Göttingen 2004.

10 Entgegen einem verbreiteten Mißverständnis bezog sich die spätere Diagnose der Mitscherlichs zunächst auf die uneingestandene Liebe der Deutschen zu Hitler und die daraus erwachsene «Derealisierung» der NS-Zeit; Alexander und Margarete Mitscherlich, Die Unfähigkeit zu trauern. Grundlagen kollektiven Verhaltens, München, Zürich 1967; dazu jetzt Tobias Freimüller, Der Umgang mit der NS-Vergangenheit und die «Unfähigkeit zu trauern», in: Françoise Lartillot (Hrsg.), Die Unfähigkeit zu trauern. Le deuil impossible de Alexander et Margarete Mitscherlich, Nantes 2004, S. 11–26.

11 Vgl. Dirk Moses, Die 45er. Eine Generation zwischen Faschismus und Demokratie, in: Neue Sammlung Heft 40 (2000), S. 234–263.

12 Vgl. Theodor Schieder (Bearb.), Dokumentation der Vertreibung aus Ost-Mitteleuropa, hrsg. vom Bundesministerium für Vertriebene, Flüchtlinge und Kriegsgeschädigte, 5 Bde., Bonn 1953–1961 (unveränderter Nachdruck als Taschenbuch: München 1984, achtbändige Ausgabe 2004). Vgl. als Publikationsreihe der Wissenschaftlichen Kommission für deutsche Kriegsgefangenengeschichte: Erich Maschke (Hrsg.), Zur Geschichte der deutschen Kriegsgefangenen des Zweiten Weltkrieges, 22 Bde., Bielefeld 1962–1974.

13 Vgl. zum Beispiel Caspar von Schrenck-Notzing, Charakterwäsche. Die amerikanische Besatzung in Deutschland und ihre Folgen, Stuttgart 1965; Armin Mohler, Der Nasenring. Im Dickicht der Vergangenheitsbewältigung, Essen 1989; erstaunlicherweise gerade wieder aufgelegt: Richard Tüngel, Hans Rudolf Berndorff, Stunde Null. Deutschland unter den Besatzungsmächten, Berlin 2004 (zuerst Hamburg 1958).

14 Walsers Rede abgedruckt in: Frank Schirrmacher (Hrsg.), Die Walser-Bubis-Debatte. Eine Dokumentation, Frankfurt am Main 1999, S. 7–17.

15 Günter Grass, Im Krebsgang. Eine Novelle, Göttingen 2002.

16 Jörg Friedrich, Der Brand. Deutschland im Bombenkrieg, München 2002; ders., Brandstätten. Der Anblick des Bombenkriegs, München 2003; kritisch dazu: Lothar Kettenacker (Hrsg.), Ein Volk von Opfern? Die neue Debatte um den Bombenkrieg 1940–45, Berlin 2003; zur regionalgeschichtlichen Literatur aus Anlaß des 60. Jahrestages verschiedener Bombennächte vgl. die Sammelrezension von Jörg Arnold, Bombenkrieg, in: http://hsozkult.geschichte.hu-berlin.de/rezensionen/2004-2-062.

17 Bruni Adler, Bevor es zu spät ist. Begegnungen mit der Kriegsgeneration, Tübingen 2004.

18 Anstelle einer Vielzahl literarischer Titel vgl. Harald Welzer, Schön unscharf. Über die Konjunktur der Familien- und Generationenromane, in: Mittelweg 36, 13 (2004) S. 53–64; Klaus Naumann, An die Stelle der Anklage ist die Klage getreten. Kronzeugen der Opfergesellschaft? In zahlreichen Buchveröffentlichungen melden sich die «Kriegskinder» als eine neue Erinnerungsgemeinschaft zu Wort, in: Frankfurter Rundschau vom 14. 4. 2004.

19 Dazu aus psychoanalytischer Sicht aufschlußreich Christian Schneider, Der Holocaust als Generationsobjekt. Generationsgeschichtliche Anmerkungen zu einer deutschen Identitätsproblematik, in: Margrit Frölich, Yariv Lapid, ders. (Hrsg.), Repräsentationen des Holocaust im Gedächtnis der Generationen. Zur Gegenwartsbedeutung des Holocaust in Israel und Deutschland, Frankfurt am Main 2004, S. 234–252.

20 Auf die generationelle Asymmetrie zwischen Tätern und Opfern verweist Richard Chaim Schneider, Warum ist Salomon Korn so wütend?, in: Tagesspiegel vom 29. 5. 2004; vgl. jetzt auch Felicitas von Aretin, Die Enkel des 20. Juli 1944. Leipzig 2004.

21 Vgl. Richard Herzinger, Der Sondermusterschüler. Über die jüngste Tendenz deutscher Vergangenheitspolitik, in: Neue Zürcher Zeitung vom 21. 6. 2004; Gunter Hofmann, Sehnsucht nach Anerkennung, in: Die Zeit vom 24. 6. 2004, S. 33.

22 Kohl benutzte die von Gaus geprägte Wendung am 24. 1. 1984 zur Eröffnung einer Ansprache vor der Knesset: «Ich rede vor Ihnen als einer, der in der Nazizeit nicht in Schuld geraten konnte, weil er die Gnade der späten Geburt und das Glück eines besonderen Elternhauses gehabt hat.» Kohl dazu später: «Der Sinn meiner Worte ist seither immer wieder – auch böswillig – in sein Gegenteil verkehrt worden. Wie oft habe ich erläutert, was ich damals zum Ausdruck bringen wollte: ‹Gnade› meint eben nicht das Recht, sich der gemeinsamen Haftung für das in deutschem Namen begangene Unrecht zu entziehen. Gerade umgekehrt: Sie bedeutet eine Verpflichtung – den durch eigenes Erleben beglaubigten Auftrag –, alles daranzusetzen, damit auf deutschem Boden nie wieder Unrecht, Unfreiheit und Unfrieden möglich werden. ‹Gnade› meint aber auch: Es ist nicht das moralische Verdienst meiner Generation, der Verstrickung in Schuld entgangen zu sein. Es war vielmehr der Zufall des Geburtsdatums. Dieser verleiht uns nicht das Recht zu pauschaler Verurteilung jener Generation, die das Dritte Reich bewußt erlebt hat und der diese ‹Gnade› nicht zuteil wurde.» Helmut Kohl: «Ich wollte Deutschlands Einheit». Dargestellt von Kai Dieckmann und Ralf-Georg Reuth, Berlin 1996, S. 240.

23 Nach seiner Landung auf dem Flughafen von Tel Aviv erklärte Kohl am 24. 1. 1984, er sei als Vertreter eines «neuen Deutschland» gekommen, als «erster Bundeskanzler aus der Nachkriegsgeneration».

24 Am 1. 11. 1998 sagte Gerhard Schröder in einem Interview mit dem Fernsehsender SAT 1: «Ich will ein Holocaust-Denkmal. Aber ich möchte es in einer Dimension, vor der die Berlinerinnen und Berliner, vor dem die Deutschen nicht Furcht empfinden, sondern wo sie gerne hingehen, um sich zu erinnern, um sich auseinanderzusetzen. Und ich hoffe, daß es einen Vorschlag gibt, der nicht nur vergangenheitszugewandt ist, sondern einen, der auch der Zukunft zugewandt ist.»

25 Rede des Bundeskanzlers bei den deutsch-französischen Feierlichkeiten zum 60. Jahrestag des «D-Day» in Caen am 6. 6. 2004; http://www.bundeskanzler.de/Reden-.771566356o/a.htm

26 Vgl. zum Beispiel Sabine Bode, Die vergessene Generation. Die Kriegskinder brechen ihr Schweigen, Stuttgart 2004; Hilke Lorenz, Kriegskinder. Das Schicksal einer Generation. München 2003.

27 Wie Anm. 26.

28 Sowohl die ARD (Die Vertriebenen. Hitlers letzte Opfer, 2001) als auch das ZDF (Die große Flucht. Das Schicksal der Vertriebenen, 2002) haben das Thema mit mehrteiligen Dokumentationen und Begleitbüchern aus der Perspektive der Zeitzeugen aufgegriffen – wie im übrigen schon 1981 eine als «Antwort» auf «Holocaust» konzipierte dreiteilige Serie des Bayerischen Fernsehens (Flucht und Vertreibung); das Buch zur Serie erschien damals noch im Anschluß: Rudolf Mühlfenzl (Hrsg.), Geflohen und vertrieben. Augenzeugen berichten. Nach der Fernseh-Dokumentation, München 1981. – Der Deutschlandfunk strahlte ab 29. 12. 2004 eine zweiwöchige Folge von Erinnerungssendungen aus, der ein Aufruf an die Hörerschaft vorausgegangen war; zum Auftakt erklärte der Programmdirektor ebenso pauschal wie effektheischend, das Thema sei lange vernachlässigt worden. Aus der Fülle der aktuellen Literatur vgl. zum Beispiel Helga Hirsch, Schweres Gepäck. Flucht und Vertreibung als Lebensthema, Hamburg 2004. Exemplarisch für das demagogische Spiel mit angeblichen Tabus: Klaus Rainer Röhl, Verbotene Trauer. Ende der deutschen Tabus. Mit einem Vorwort von Erika Steinbach, München 2002.

29 Als Einstieg ausgezeichnet: ZfG 51 (2003) 1, Themenheft: Flucht und Vertreibung in europäischer Perspektive, hrsg. von Jürgen Danyel und Philipp Ther.

30 Zit. nach http://www.bund-der-vertriebenen.de/infopool/zentrumggvertreibung.php3, Internet-Seite des BdV für die am 6. 9. 2000 gegründete Stiftung Zentrum gegen Vertreibungen; vgl. auch Erika Steinbach, «Zentrum soll kein Pranger sein», in: Kölner Stadt-Anzeiger vom 17. 7. 2003.

31 Der Antrag wurde aufgrund der Kritik der Regierungsparteien ohne Abstimmung in die zuständigen Ausschüsse verwiesen; Deutscher Bundestag, 15. Wahlperiode, Drucksache 15/3048 bzw. Stenographische Berichte, 114. Sitzung vom 17. 6. 2004.

32 Ebenda; nach einem Mahnmal für die Luftkriegstoten befragt, meinte Nooke im Interview mit der Süddeutschen Zeitung vom 17. 6. 2004, S. 15,

in diesem Punkt sei, anders als bei den Vertreibungsverbrechen, «die Debatte noch nicht so weit».

33 Vgl. zum Beispiel Gilad Margalit, Increased German «suffering», in der israelischen Tageszeitung Haaretz vom 17. 6. 2004.

34 Pressemitteilung des Zentralrats der Juden in Deutschland vom 21. 1. 2004, http://www.zentralratdjuden.de/down/PM_Saechsische_Gedenkstaetten.pdf.

35 Beide Texte jetzt in: Salomon Korn, Die fragile Grundlage. Auf der Suche nach der deutsch-jüdischen «Normalität», erw. Auflage Berlin 2004.

36 Rede des Bundeskanzlers zur Eröffnung der Friedrich Christian Flick Collection in Berlin am 21. 9. 2004; http://www.bundeskanzler.de/Reden-.7715717248/a.htm

37 Peter Frey, Der Kanzler und ein neues Klima, in: ZDF online vom 29. 9. 2004, http://zdf.de/ZDFde/inhalt/21/018722195925.00. html.

38 Hans-Ulrich Jörges, Schlußstrich mit links, Stern 46 (2004), S. 60; vgl. auch bereits ders., Blut und Bilder, Stern 39 (2004), S. 68, wo der geplante Auftritt des Kanzlers bei der Eröffnung der Flick-Ausstellung vorauseilend als «historisches Signal» bejubelt wird.

39 So jetzt Hans-Olaf Henkel, Die Kraft des Neubeginns, München 2004.

40 Vgl. – anstelle einer Vielzahl publizistischer Belege und demoskopischer Daten – die empirische Untersuchung auf der Basis einer Befragung von mehr als 2000 Essener Studenten: Klaus Ahlheim, Bardo Heger, Die unbequeme Vergangenheit. NS-Vergangenheit, Holocaust und die Schwierigkeit des Erinnerns, Schwalbach 2002; außerdem Alphons Silbermann, Manfred Stoffers, Auschwitz. Nie davon gehört? Erinnern und Vergessen in Deutschland, Berlin 2000.

41 Vgl. den Katalog zur Ausstellung des Deutschen Historischen Museums: Monika Flacke (Hrsg.), Mythen der Nationen. 1945 – Arena der Erinnerungen. 2 Bde., Mainz 2004.

42 Vgl. Henry Rousso, La hantise du passé, Paris 1998.

43 Wie weit auf diesem Weg inzwischen auch der Journalismus gekommen ist, demonstriert zum Beispiel die Schlagzeile der Bildzeitung vom 6. 12. 2004: «Hitler ließ heimlich Ufos bauen. War das die sagenhafte Wunderwaffe?»; vgl. ansonsten nur die kommerziell höchst erfolgreichen Hitler-Comics von Walter Moers.

Deutsche Lernprozesse

1 Hermann Rudolph, Ein Staat ist angekommen. Zum 40. Geburtstag der Bundesrepublik Deutschland, in: Süddeutsche Zeitung, Wochenendbeilage vom 20./21. 5. 1989, S. 1.

2 Alphons Silbermann, Manfred Stoffers, Auschwitz: Nie davon gehört?, Berlin 2000, S. 230.

3 Vgl. Jürgen Danyel (Hrsg.), Die geteilte Vergangenheit. Zum Umgang mit Nationalsozialismus und Widerstand in beiden deutschen Staaten, Berlin

1995; Jeffrey Herf, Zweierlei Erinnerung. Die NS-Vergangenheit im geteilten Deutschland, Berlin 1998.

4 Vgl. dazu Volkhard Knigge, Norbert Frei (Hrsg.), Verbrechen erinnern.
Die Auseinandersetzung mit Holocaust und Völkermord, München 2002.

5 Die Literatur zu den im folgenden angesprochenen Einzelthemen wächst
derzeit rasch an und kann hier nicht im einzelnen nachgewiesen werden.
Eine Zusammenstellung bis Mitte der neunziger Jahre findet sich in meiner
Darstellung: Vergangenheitspolitik. Die Anfänge der Bundesrepublik und
die NS-Vergangenheit, München 1996; vgl. darüber hinaus: Edgar Wolfrum,
Geschichtspolitik in der Bundesrepublik Deutschland. Der Weg zur bundesrepublikanischen Erinnerung 1948–1990, Darmstadt 1999; Peter Reichel,
Vergangenheitsbewältigung in Deutschland. Die Auseinandersetzung mit
der NS-Diktatur von 1945 bis heute, München 2001; Siegfried Grillmeyer,
Zeno Ackermann (Hrsg.), Erinnern für die Zukunft. Die nationalsozialistische Vergangenheit als Lernfeld der politischen Jugendbildung, Schwalbach
2002; Dan Michman (Hrsg.), Remembering the Holocaust in Germany,
1945–2000. German Strategies and Jewish Responses, New York usw. 2002;
Helmut König, Die Zukunft der Vergangenheit. Der Nationalsozialismus im
politischen Bewußtsein der Bundesrepublik, Frankfurt am Main 2003.

6 Vgl. dazu in diesem Band S. 179–182.

7 Aleida Assmann, Wendepunkte der deutschen Erinnerungsgeschichte, in:
dies., Ute Frevert, Geschichtsvergessenheit – Geschichtsversessenheit.
Vom Umgang mit den deutschen Vergangenheiten nach 1945, Stuttgart
1999, S. 145 ff.

8 Vgl. das unter dem Eindruck der zu Ende gehenden Gegenwart der «Zeitzeugen» verfaßte Reportagebuch des 1974 geborenen Journalisten Christoph Amend, Morgen tanzt die ganze Welt. Die Jungen, die Alten, der
Krieg. München 2003.

9 Hans Rothfels, Deutsche Opposition gegen Hitler. Eine Würdigung, Krefeld 1949. Zur Bedeutung dieses vielfach wiederaufgelegten Buches vgl. in
diesem Band S. 131 bzw. 209, Anm. 6; zur aktuellen Kontroverse um Rothfels vgl. S. 194 f., Anm. 11.

10 Zum Folgenden ausführlich und mit Belegen: Frei, Vergangenheitspolitik.

11 Dazu im Überblick Hans Günter Hockerts, Wiedergutmachung in Deutschland. Eine historische Bilanz 1945–2000, in: VfZ 49 (2001), S. 167–214; jetzt
ausführlich: Constantin Goschler, Schuld und Schulden. Die Politik der
Wiedergutmachung für NS-Verfolgte seit 1945, Göttingen 2005.

12 Vgl. dazu in diesem Band S. 145–155.

13 Vgl. dazu die beiden Ausstellungskataloge des Hamburger Instituts für Sozialforschung (Hrsg.), Vernichtungskrieg. Verbrechen der Wehrmacht
1941 bis 1944, Hamburg 1996; Verbrechen der Wehrmacht. Dimensionen
des Vernichtungskrieges 1941–1944, Hamburg 2002; aus der Fülle der
kontroversen Begleitliteratur zur ersten Ausstellung: Helmut Donat, Arn
Strohmeyer (Hrsg.), Befreiung von der Wehrmacht? Dokumentation der

Auseinandersetzung über die Ausstellung «Vernichtungskrieg – Verbrechen der Wehrmacht 1941 bis 1944» in Bremen 1996/97, Bremen 1997; Kulturreferat der Landeshauptstadt München (Hrsg.), Bilanz einer Ausstellung. Dokumentation der Kontroverse um die Ausstellung «Vernichtungskrieg – Verbrechen der Wehrmacht 1941 bis 1944» in München, München 1998.

14 Dazu im Überblick: Norbert Frei (Hrsg.), Hitlers Eliten nach 1945, München ²2004 (Titel der Originalausgabe: Karrieren im Zwielicht. Hitlers Eliten nach 1945, Frankfurt am Main 2001); Bernd Weisbrod (Hrsg.), Akademische Vergangenheitspolitik. Beiträge zur Wissenschaftskultur der Nachkriegszeit, Göttingen 2002.

15 Vgl. jetzt Marc von Miquel, Ahnden oder amnestieren? Westdeutsche Justiz und Vergangenheitspolitik in den sechziger Jahren, Göttingen 2004.

16 Peter Märthesheimer, Ivo Frenzel (Hrsg.), Im Kreuzfeuer: Der Fernsehfilm Holocaust. Eine Nation ist betroffen, Frankfurt am Main 1979.

17 Martin Broszat u. a. (Hrsg.), Deutschlands Weg in die Diktatur. Internationale Konferenz zur nationalsozialistischen Machtübernahme im Reichstagsgebäude zu Berlin. Referate und Diskussionen. Ein Protokoll, Berlin 1983.

18 Vgl. dazu in diesem Band S. 53 ff.

19 Vgl. als ersten Überblick mit nützlicher Chronologie und Grundsatzdokumenten: Susanne-Sophia Spiliotis, Verantwortung und Rechtsfrieden. Die Stiftungsinitiative der deutschen Wirtschaft, Frankfurt am Main 2003.

20 Vgl. Stockholm International Forum on the Holocaust. Proceedings, Stockholm 2000.

21 Vgl. Daniel Levy, Natan Sznaider, Erinnerung im globalen Zeitalter: Der Holocaust, Frankfurt am Main 2001.

22 Dazu pointiert Michael Jeismann, Auf Wiedersehen Gestern. Die deutsche Vergangenheit und die Politik von Morgen, München 2001.

23 Anregend dazu Jean-Michel Chaumont, Die Konkurrenz der Opfer. Genozid, Identität und Anerkennung, Lüneburg 2001.

Abschied von der Zeitgenossenschaft

1 Diese liegen ediert vor: Staatliches Museum Auschwitz-Birkenau (Hrsg.), Sterbebücher von Auschwitz. Fragmente. 3 Bände, München usw. 1995.

2 Hermann Langbein, Der Auschwitz-Prozeß. Eine Dokumentation. 2 Bde. Wien 1965, Neuauflage Frankfurt am Main 1995.

3 Vgl. Ulrich Herbert, Karin Orth, Christoph Dieckmann im Auftrag der Stiftung Buchenwald und Mittelbau-Dora (Hrsg.), Die nationalsozialistischen Konzentrationslager 1933–1945. Entwicklung und Struktur. 2 Bände, Göttingen 1998.

4 Vgl. jetzt aber das breit angelegte Werk von Wolfgang Benz, Barbara Distel (Hrsg.), Geschichte der Konzentrationslager 1933–1945. Bisher 3 Bände,

Berlin 2001–2003; aktuellster Überblick: Karin Orth, Das System der nationalsozialistischen Konzentrationslager, Hamburg 1999 (Taschenbuchausgabe
Zürich/München 2002).

5 Hermann Langbein, Menschen in Auschwitz, Wien/Zürich 1972; als kon-
zentrierter neuer Überblick jetzt: Sybille Steinbacher, Auschwitz. Geschichte und Nachgeschichte. München 2004.

6 Anfang der achtziger Jahre konnte ich dies persönlich erfahren, als Langbein eine Reihe meist jüngerer Historiker mit ehemaligen Lagerhäftlingen
zur Vorbereitung einer Spezialstudie über den Einsatz von Giftgas in Konzentrationslagern zusammenbrachte, um auf diese Weise den sich mehren-
den Publikationen der Auschwitz-Leugner entgegenzutreten; vgl. Eugen
Kogon, Hermann Langbein, Adalbert Rückerl u. a. (Hrsg.), Nationalsozialistische Massentötungen durch Giftgas. Eine Dokumentation, Frankfurt
am Main 1983, Taschenbuchausgabe 1986.

7 Vgl. Ulrich Herbert, Best. Biographische Studien über Radikalismus, Welt-
anschauung und Vernunft 1903–1989, Bonn 1996.

8 Die gängige Kritik an der Konsistenz und Effektivität der alliierten Säuberungspolitik zwischen 1945 und 1949 übersieht zumeist das Ausmaß der justitiellen Ahndungsbemühungen; vgl. dazu in diesem Band S. 27–30.

9 So hat beispielsweise Hans Günter Hockerts die schon vor längerem von
Karl Dietrich Bracher vorgeschlagene Unterscheidung zwischen «älterer»
und «neuerer Zeitgeschichte» aufgegriffen und spricht mit Blick auf die
DDR von nunmehr «drei Zeitgeschichten»; Hans Günter Hockerts, Zeitgeschichte in Deutschland. Begriff, Methoden, Themenfelder, in: Aus Politik und Zeitgeschichte H. 29–30 (1993), S. 3–19, hier S. 7.

10 Eine kritische Untersuchung der institutionellen und intellektuellen
Grundlegung der Zeitgeschichte in den späten vierziger und frühen fünfziger Jahren müßte der Frage nach Art und Inhalt der Einflußnahme durch
die Besatzungsmächte, vor allem der Amerikaner, ebenso systematisch
nachgehen wie den vergangenheitspolitisch bedingten Blindstellen der jungen Disziplin; vgl. einstweilen John Gimbel, The Origins of the Institut für
Zeitgeschichte: Scholarship, Politics, and the American Occupation, 1945–
1949, in: American Historical Review 70 (1965), S. 414–731; Hellmuth Au-
erbach, Die Gründung des Instituts für Zeitgeschichte, in: VfZ 18 (1970),
S. 529–554; Winfried Schulze, Deutsche Geschichtswissenschaft nach
1945, München 1989; anregend zur biographischen Dimension des Problems die einleitenden Bemerkungen von Peter Schöttler (Hrsg.), Geschichtsschreibung als Legitimationswissenschaft 1918–1945, Frankfurt am
Main 1997, S. 7–31; exemplarisch die Kontroverse: Karl Dietrich Erdmann
und der Nationalsozialismus, in: GWU 48 (1997). – Vgl. inzwischen: Nicolas Berg, Der Holocaust und die westdeutschen Historiker. Erforschung
und Erinnerung, Göttingen 2003, sowie das gleichnamige Internet-Forum
bei H-Soz-u-Kult 2004; außerdem weiter unten, Anm. 14.

11 Vgl. Winfried Schulze, Hans Rothfels und die deutsche Geschichtswissen-

schaft nach 1945, in: Christian Jansen, Lutz Niethammer, Bernd Weisbrod (Hrsg.), Von der Aufgabe der Freiheit. Politische Verantwortung und bürgerliche Gesellschaft im 19. und 20. Jahrhundert. Festschrift für Hans Mommsen, Berlin 1995, S. 83–98; um einiges kritischer gegenüber Rothfels: Fritz Stern, Verspielte Größe. Essays zur deutschen Geschichte des 20. Jahrhunderts, München 1996, S. 303, Anm. 47. Vgl. inzwischen auch Ingo Haar, Historiker im Nationalsozialismus. Die deutsche Geschichtswissenschaft und der «Volkstumskampf» im Osten, Göttingen 2000, sowie dessen Kontroverse mit Heinrich August Winkler in: VfZ 49/50 (2001/ 2002); außerdem Karl Heinz Roth, Hans Rothfels. Geschichtspolitische Doktrinen im Wandel der Zeiten. Weimar – NS-Diktatur – Bundesrepublik, in: ZfG 49 (2001), S. 1061–1073; Karl Dietrich Bracher, Zum 25. Todestag von Hans Rothfels (1891–1976), in: VfZ 49 (2001), S. 551; Michael Fahlbusch, Deutsche Ostforschung und polnische Westforschung im Spannungsfeld von Wissenschaft und Politik. Disziplinen im Vergleich, Osnabrück 2002; Karsten Borgmann, Hans Rothfels und die Zeitgeschichte, Historisches Forum 1/2004, http://edoc.hu-berlin.de/e_histfor/1/

12 Hans Rothfels, Zeitgeschichte als Aufgabe, in: VfZ 1 (1953), S. 1–8, Zitat S. 2.

13 Zur damaligen Kritik an dieser Veröffentlichung vgl. Schulze, Geschichtswissenschaft, S. 239 f.

14 Vgl. jetzt aber Mathias Beer, Der «Neuanfang» der Zeitgeschichte nach 1945. Zum Verhältnis von nationalsozialistischer Umsiedlungs- und Vernichtungspolitik und der Vertreibung der Deutschen aus Ostmitteleuropa, in: Schulze, Oexle (Hrsg.), Deutsche Historiker, S. 274–301; Eric J. Engstrom, Zeitgeschichte as Disciplinary History – On professional Identity, Self-Reflexive Narratives and Discipline-Building in Contemporary German History, in: Tel Aviver Jahrbuch für Deutsche Geschichte 24 (2000), S. 399–425; Berg, Der Holocaust und die westdeutschen Historiker; vgl. auch, zum 50. Jubiläum der Zeitschrift: VfZ 51 (2003) Heft 1.

15 Ungeachtet aller Wertschätzung für ihre jahrzehntelange Verwendung in der historisch-politischen Bildungsarbeit gilt dies auch für die erste – ursprünglich nicht mehr als 125 Druckseiten beanspruchende – Gesamtdarstellung aus der Feder eines jungen deutschen Historikers: Wolfgang Scheffler, Judenverfolgung im Dritten Reich. 1933 bis 1945, Berlin 1960; vgl. darüber hinaus meine Bemerkungen in: Auschwitz und Holocaust. Begriff und Historiographie, in: Hanno Loewy (Hrsg.), Holocaust – Grenzen des Verstehens. Eine Debatte über die Besetzung der Geschichte, Reinbek 1992, S. 101–109; Ulrich Herbert, Der Holocaust in der Geschichtsschreibung der Bundesrepublik Deutschland, in: ders., Olaf Groehler, Zweierlei Bewältigung. Vier Beiträge über den Umgang mit der NS-Vergangenheit in den beiden deutschen Staaten, Hamburg 1992, S. 67–86.

16 Karl Dietrich Bracher, Die Auflösung der Weimarer Republik. Eine Studie zum Problem des Machtverfalls in der Demokratie, Stuttgart und Düsseldorf 1955; dazu ausführlicher in diesem Band S. 87 ff.

17 So konstatierte Krausnick hinsichtlich der Zusammenarbeit von Wehrmacht und Einsatzgruppen, es sei zu «einer weitgehenden, in ihrem Ausmaß erschreckenden Integration des Heeres in das Vernichtungsprogramm und die Vernichtungspolitik Hitlers gekommen»; Helmut Krausnick, Hans-Heinrich Wilhelm, Die Truppe des Weltanschauungskrieges. Die Einsatzgruppen der Sicherheitspolizei und des SD 1938–1942, Stuttgart 1981, S. 278. Entsprechend wurde die Pionierstudie damals Gegenstand ebenso bösartiger wie ignoranter Kritik, auch aus Kreisen der Bundeswehr.

18 Hamburger Institut für Sozialforschung (Hrsg.), Vernichtungskrieg. Verbrechen der Wehrmacht 1941 bis 1944, Hamburg 1996. Zum Fortgang der Debatte und zur zweiten Ausstellung: dass. (Hrsg.), Verbrechen der Wehrmacht. Dimensionen des Vernichtungskrieges 1941–1944, Hamburg 2002.

19 Vgl. Daniel Jonah Goldhagen, Hitlers willige Vollstrecker. Ganz gewöhnliche Deutsche und der Holocaust, Berlin 1996; als Zusammenfassungen der (kritischen) Rezeption des Werkes vgl. bes. Julius H. Schoeps (Hrsg.), Ein Volk von Mördern? Die Dokumentation der Goldhagen-Kontroverse um die Rolle der Deutschen im Holocaust, Hamburg 1996; Ruth Bettina Birn, Norman G. Finkelstein, Eine Nation auf dem Prüfstand. Die Goldhagen-These und die historische Wahrheit, Hildesheim 1998; Johannes Heil, Rainer Erb (Hrsg.), Geschichtswissenschaft und Öffentlichkeit. Der Streit um Daniel J. Goldhagen, Frankfurt am Main 1998; Martin Kött, Goldhagen in der Qualitätspresse. Eine Debatte über «Kollektivschuld» und «Nationalcharakter» der Deutschen, Konstanz 1999; Norbert Frei, Goldhagen, die Deutschen und die Historiker. Über die Repräsentation des Holocaust im Zeitalter der Visualisierung, in: Martin Sabrow, Ralph Jessen, Klaus Große Kracht (Hrsg.), Zeitgeschichte als Streitgeschichte. Große Kontroversen seit 1945, München 2003, S. 138–151; Volker Ullrich, Eine produktive Provokation. Die Rolle der Medien in der Goldhagen-Kontroverse, in: ebenda, S. 152–170.

20 Zur neueren Holocaust-Geschichtsschreibung vgl. im Überblick: Jeffrey Diefendorf (Hrsg.), Lessons and Legacies VI: New Currents in Holocaust Research, Chicago 2004.

21 Vgl. Martin Broszat u. a. (Hrsg.), Deutschlands Weg in die Diktatur. Internationale Konferenz zur nationalsozialistischen Machtübernahme im Reichstagsgebäude zu Berlin. Referate und Diskussionen. Ein Protokoll, Berlin 1983; Hermann Lübbe, Der Nationalsozialismus im politischen Bewußtsein der Gegenwart, in: ebenda, S. 329–349.

22 Vgl. Martin Broszat, Plädoyer für eine Historisierung des Nationalsozialismus, in: Merkur (39) 1985, S. 373–385.

23 Vgl. Martin Broszat, Saul Friedländer, Um die «Historisierung des Nationalsozialismus». Ein Briefwechsel, in: VfZ 36 (1988), S. 339–372.

24 Vgl. etwa die Einführung zu den 1965 veröffentlichten Gutachten aus dem Frankfurter Auschwitz-Prozeß: In geradezu programmatischen Worten und erkennbar auch im Namen seiner Kollegen distanzierte sich Hans Buchheim dort von jeder «moralisch-emotionalen Betrachtungsweise».

Nicht «Aufrüttelung des Gewissens» sei in Deutschland geboten, «sondern nüchterne Arbeit mit Verstand und Vernunft. Nur so entgehen wir der Gefahr, aus der Vergangenheit gerade die falschen Lehren zu ziehen. Die Strenge der Gerichtsverfahren bietet einen Maßstab für die Rationalität, deren wir bedürfen.»; Hans Buchheim, Martin Broszat, Hans-Adolf Jacobsen, Helmut Krausnick, Anatomie des SS-Staates, Olten/Freiburg 1965; Taschenbuchausgabe München [7]1999, S. 11.

25 So der treffende Titel der Gedenkschrift: Klaus-Dietmar Henke, Claudio Natoli (Hrsg.), Mit dem Pathos der Nüchternheit. Martin Broszat, das Institut für Zeitgeschichte und die Erforschung des Nationalsozialismus, Frankfurt am Main/New York 1991.

26 Auf geradezu exemplarische Weise demonstrierte Mommsen dies in der Goldhagen-Debatte, als er wiederholt, so auch in unserem gemeinsamen Interview mit der Berliner Zeitung vom 24. 7. 1996, S. 29, scharfe Kritik an der Darstellung sadistischer Gewalt übte: «Wir haben […] gelernt, daß dies […] alles auslöst, nur keine rationale, politische und moralische Bewältigung der Geschichte. Bislang haben Historiker diesen Voyeurismus vermieden. Und zwar deshalb, weil die Dinge noch viel schlimmer waren, noch schlimmer auch, als sie Goldhagen schildern kann.»

27 Martin Broszat u. a. (Hrsg.), Bayern in der NS-Zeit. 6 Bände, München 1977–1983.

28 In diesem Punkt war, nebenbei bemerkt, Hermann Lübbe 1983 in Berlin diagnostisch schon weiter, nur ging das damals in seinem übereloquenten Funktionalismus unter. In meiner eigenen knappen Darstellung der inneren Geschichte des «Dritten Reiches» habe ich dann später allerdings versucht, das Element des Konsenses hervorzuheben: Der Führerstaat. Nationalsozialistische Herrschaft 1933 bis 1945, München 1987.

29 Die Haupttexte in: «Historikerstreit». Die Dokumentation der Kontroverse um die Einzigartigkeit der nationalsozialistischen Judenvernichtung, München/Zürich 1987.

30 Andreas Hillgruber, Zweierlei Untergang. Die Zerschlagung des Deutschen Reiches und das Ende des europäischen Judentums, Berlin 1986.

31 Vgl. dazu Ian Kershaw, Moshe Levin (Hrsg.), Stalinism and Nazism. Dictatorships in Comparison, Cambridge usw. 1997.

32 Vgl. Joachim Hoffmann, Stalins Vernichtungskrieg 1941 bis 1945, München 1995.

33 Die Debatte wurde in den entscheidenden Punkten mit keinem anderen Ergebnis als in den sechziger Jahren geführt; Näheres dazu in meinem Beitrag: Wie modern war der Nationalsozialismus?, in: GG 19 (1993), S. 367–387; zusammenfassend Axel Schildt, NS-Regime, Modernisierung und Moderne. Anmerkungen zur Hochkonjunktur einer andauernden Diskussion, in: Tel Aviver Jahrbuch für deutsche Geschichte 23 (1994), S. 3–22; zuletzt Riccardo Bavaj, Die Ambivalenz der Moderne im Nationalsozialismus. Eine Bilanz der Forschung, München 2003.

34 Detlev Peukert, Volksgenossen und Gemeinschaftsfremde. Anpassung, Ausmerze und Aufbegehren unter dem Nationalsozialismus, Köln 1982.

35 Vgl. Michael H. Kater, Gewagtes Spiel. Jazz im Nationalsozialismus, Köln 1995; Coco Schumann, Der Ghetto-Swinger. Eine Jazzlegende erzählt. Aufgez. von Max Christian Graeff und Michaela Haas, München 1997.

36 Vgl. dazu exemplarisch: Sybille Steinbacher, «Musterstadt» Auschwitz. Germanisierungspolitik und Judenmord in Ostoberschlesien, München 2000.

37 Vgl. Frank Bajohr, «Arisierung» in Hamburg. Die Verdrängung der jüdischen Unternehmer 1933–1945, Hamburg 1997; Fritz Bauer Institut (Hrsg.), «Arisierung» im Nationalsozialismus. Volksgemeinschaft, Raub und Gedächtnis, Frankfurt am Main/New York 2000; Götz Aly, Klasse und Rasse. Nachforschungen zum deutschen Wesen, Frankfurt am Main 2003; als Fallstudie: Angelika Baumann, Andreas Heusler (Hrsg.), München arisiert. Entrechtung und Enteignung von Juden in der NS-Zeit, München 2004.

38 Vgl. dazu inzwischen: Constantin Goschler, Jürgen Lillteicher (Hrsg.), «Arisierung und Restitution. Die Rückerstattung jüdischen Eigentums in Deutschland und Österreich nach 1945 und 1989, Göttingen 2002; Constantin Goschler, Philipp Ther, Raub und Restitution. «Arisierung» und Rückerstattung jüdischen Eigentums in Europa, Frankfurt am Main 2003.

39 Vgl. als Überblick: Ulrich Herbert (Hrsg.), Nationalsozialistische Vernichtungspolitik 1939–1935. Neue Forschungen und Kontroversen, Frankfurt am Main 1998, S. 9–66.

40 Vgl. Martin Broszat, Klaus Dietmar Henke, Hans Woller (Hrsg.), Von Stalingrad zur Währungsreform. Zur Sozialgeschichte des Umbruchs in Deutschland, München 1987.

41 Vgl. als Überblick: Norbert Frei (Hrsg.), Hitlers Eliten nach 1945. München ²2004.

42 Vgl. Bernd Wagner, IG Auschwitz. Zwangsarbeit und Vernichtung von Häftlingen des Lagers Monowitz 1941–1945, München 2000.

43 Statt vieler Einzelangaben vgl. als Überblick über die neuere unternehmens- und bankengeschichtliche Forschung: Paul Erker, «A New Business History»? Neuere Entwicklungen in der Unternehmensgeschichte, in: AfS 42, 2002, S. 557–604.

44 In diesem Sinne exemplarisch: Michael Wildt (Hrsg.), Die Judenpolitik des SD. Eine Dokumentation, München 1995; vgl. auch Peter Witte u. a. (Bearb.), Der Dienstkalender Heinrich Himmlers 1941/42, Hamburg 1999.

45 So treffend (und rhetorisch gemeint): Andreas Hillgruber, Endlich genug über Nationalsozialismus und Zweiten Weltkrieg? Forschungsstand und Literatur, Düsseldorf 1982.

Die Rückkehr des Rechts

1 Dies auf der Grundlage seiner bekannten Unterscheidung zwischen politischer Haftung sowie krimineller, moralischer und metaphysischer Schuld;

vgl. Karl Jaspers, Die Schuldfrage. Von der politischen Haftung Deutschlands, Heidelberg/Zürich 1946, Neuausgabe München 1965 u. ö.; vgl.
dazu Anson Rabinbach, In the Shadow of Catastrophe. German Intellectuals
between Apocalypse and Enlightenment, Berkeley usw. 1997, S. 129–165,
hier bes. S. 131, 143.

2 Der Kern des Arguments findet sich bereits in: Hannah Arendt, Organized
Guilt and Universal Responsibility, in: Jewish Frontier, 12 (1945) 1, S. 19–
23; deutsche Fassung unter dem Titel: Organisierte Schuld, in: Die Wandlung 1 (1946), S. 333–344.

3 Hannah Arendt, Karl Jaspers, Briefwechsel 1926–1969, hrsg. von Lotte
Köhler und Hans Saner, München/Zürich 1985, S. 90. Demgegenüber ar-
gumentierte Jaspers, es gelte, jeder Überhöhung des Nationalsozialismus
zu «satanischer Größe» vorzubeugen: «Mir scheint, man muß, weil es wirklich so war, die Dinge in ihrer ganzen Banalität nehmen, ihrer ganzen nüch-
ternen Nichtigkeit – Bakterien können völkervernichtende Seuchen machen und bleiben doch nur Bakterien. Ich sehe jeden Ansatz von Mythos
und Legende mit Schrecken, und jedes Unbestimmte ist schon solcher Ansatz.» Arendt zeigte sich von diesen Erläuterungen «halb überzeugt; das
heißt, ich sehe vollkommen ein, daß so wie ich es bisher ausgedrückt habe,
ich in gefährliche Nähe einer ‹satanischen Größe› komme, die ich doch mit
Ihnen ganz und gar ablehne.» Ebenda, S. 99 bzw. 106.

4 Görings vier Tage vor seinem Selbstmord am 15. Oktober 1946 formulier-
tes Schreiben an den Alliierten Kontrollrat ist abgedruckt bei David Irving,
Göring. Eine Biographie, Reinbek 1989, S. 768.

5 Arendt, Jaspers, Briefwechsel, S. 99.

6 In diesem Sinne auch Peter Steinbach, NS-Prozesse nach 1945. Auseinandersetzung mit der Vergangenheit – Konfrontation mit der Wirklichkeit,
in: Dachauer Hefte 13 (1997), S. 3–26, bes. S. 3.

7 Vgl. Ulrich Herbert, Olaf Groehler, Zweierlei Bewältigung. Vier Beiträge
über den Umgang mit der NS-Vergangenheit in den beiden deutschen
Staaten, Hamburg 1992; Jürgen Danyel (Hrsg.), Die geteilte Vergangenheit. Zum Umgang mit Nationalsozialismus und Widerstand in beiden
deutschen Staaten, Berlin 1995.

8 Dies zeigte um die Jahreswende 1994/95 beispielsweise die Debatte um
eine Amnestie für DDR-Straftäter, in der Gegner wie Befürworter Verglei-
che mit der Geschichte der justitiellen Aufarbeitung der NS-Verbrechen
zogen; vgl. Wolfgang Greive (Hrsg.), Amnestie für Straftaten unter der
SED-Diktatur? Loccumer Protokolle 7/95. Loccum 1996; Redaktion Kritische Justiz (Hrsg.), Die juristische Aufarbeitung des Unrechts-Staats, Baden-Baden 1998, bes. Teil IV.

9 Vgl. insbesondere den «Epilog» in: Hannah Arendt, Eichmann in Jerusalem. Ein Bericht von der Banalität des Bösen, München (1964), Neuausgabe 1986, S. 301–329.

10 Dazu Gary Smith, Avishai Margalit (Hrsg.), Amnestie oder: Die Politik der

Erinnerung in der Demokratie, Frankfurt am Main 1997; Gesine Schwan, Politik und Schuld. Die zerstörerische Macht des Schweigens, Frankfurt am Main 1997.

11 Vgl. als Überblick Klaus-Dietmar Henke, Hans Woller (Hrsg.), Politische Säuberung in Europa. Die Abrechnung mit Faschismus und Kollaboration nach dem Zweiten Weltkrieg, München 1991; Hans Woller, Die Abrechnung mit dem Faschismus in Italien 1943 bis 1948, München 1996.

12 Vgl. den im Nachlaß Helmuth James Graf von Moltkes überlieferten «Grundtext» des Kreisauer Kreises zum Thema «Bestrafung der Rechtsschänder» vom 14. 6. 1943, der die Einsetzung eines «gemeinsamen Völkergerichts» mit Sitz im Haag und explizit die – in einer späteren Fassung allerdings aufgegebene – «Schaffung einer rückwirkenden deutschen Strafbestimmung [vorsah], welche im ordentlichen Strafrechtszuge den Rechtsschänder mit Freiheitsstrafe oder Todesstrafe belegt»; abgedruckt in: Ger van Roon, Neuordnung im Widerstand. Der Kreisauer Kreis innerhalb der deutschen Widerstandsbewegung. München 1967, S. 553–556.

13 Vgl. Renate Knigge-Tesche, Peter Reif-Spirek, Bodo Ritscher (Hrsg.), Internierungspraxis in Ost- und Westdeutschland nach 1945. Eine Fachtagung. Erfurt 1993.

14 Vgl. dazu in diesem Band S. 145–155.

15 Die Umfrageexperten in der amerikanischen Hohen Kommission waren entsetzt: Eine so massive Verschiebung, wie sie der Rutsch von 78 auf 38 Prozent bei denjenigen darstellte, die den Prozeß für «fair» erachteten, hatte es noch nicht gegeben. Es handelte sich um die stärkste Veränderung demoskopischer Ergebnisse, die bis dahin in Deutschland beobachtet worden war; vgl. Anna J. Merrit, Richard L. Merrit (Hrsg.), Public Opinion in Occupied Germany. The OMGUS Surveys 1945–1949, Urbana, Chicago, London 1970, S. 33 ff., und dies., Public Opinion in Semisovereign Germany. The HICOG Surveys 1949–1955, Urbana, Chicago, London 1980, S. 11, 101.

16 Die Zahlen für die Westzonen: In den Dachauer und den übrigen Prozessen der amerikanischen Armee wurden von insgesamt 1672 Angeklagten 1416 verurteilt, davon 426 zum Tode; vermutlich 268 Todesurteile wurden vollstreckt. In den Nürnberger Nachfolgeprozessen gab es 184 Angeklagte und 142 Verurteilte, von den 24 Todesurteilen wurden zwölf vollstreckt. Vor britischen Militärgerichten wurden 1085 Personen angeklagt und 240 zum Tode verurteilt; französische Besatzungsgerichte verhängten 2107 Schuldsprüche, davon 104 Todesurteile. Ein vertraulicher Bericht des BMJ von 1961 schätzte die Zahl der insgesamt rechtskräftig abgeurteilten Täter auf über 10 000 Personen; BA, B 305/48, Die Verfolgung nationalsozialistischer Straftaten durch Staatsanwaltschaften und Gerichte im Gebiet der Bundesrepublik Deutschland seit 1945, o. D., S. 22.

17 Eine Ausnahme bilden in diesem Sinne gerade nicht die oft genannten Anklagepunkte der «Verbrechen gegen die Menschheit» und der «Verbrechen gegen den Frieden», sondern allenfalls der im Völkerrecht unde-

finierte Straftatbestand der «Verschwörung», allein aufgrund dessen aller-
dings keiner der vor dem IMT Angeklagten verurteilt worden ist; vgl.
Bradley F. Smith, Der Jahrhundert-Prozeß. Die Motive der Richter von
Nürnberg – Anatomie einer Urteilsfindung, Frankfurt am Main 1979,
S. 139 ff., 335.

18 Vgl. die prägnante Schilderung des «Weges nach Nürnberg» in der klassischen Studie von Bradley F. Smith, The Road to Nuremberg. New York
1981; sowie ders., Der Jahrhundert-Prozeß, S. 32–58; Frank M. Buscher,
The U.S. War Crimes Trial Program in Germany, New York/Westport/
London 1989, bes. S. 7–27. Die Literatur zu «Nürnberg» und den Folgewir-
kungen ist breit; vgl. als knappe, nach wie vor anregende historische Pro-
blemskizze: Lothar Gruchmann, Das Urteil von Nürnberg nach 22 Jahren.
In: VfZ 16 (1968), S. 385–389; ergänzend Reinhard Merkel, Nürnberg 1945,
Militärtribunal. Grundlagen, Probleme, Folgen, in: Merkur 50 (1995),
S. 918–936; darüber hinaus vor allem Telford Taylor, Die Nürnberger Prozesse. Hintergründe, Analysen und Erkenntnisse aus heutiger Sicht, München 1994; Ariel J. Kochavi, Prelude to Nuremberg. Allied War Crimes Poli-
cy and the Question of Punishment, Chapel Hill/London 1998.

19 Dazu im einzelnen meine Darstellung: Vergangenheitspolitik. Die Anfänge
der Bundesrepublik und die NS-Vergangenheit, München 1996, Teil II.

20 Die Zeit, 17. 11. 1949, S. 1.

21 Exemplarisch dazu: Susanne Jung, Die Rechtsprobleme der Nürnberger
Prozesse. Dargestellt am Verfahren gegen Friedrich Flick, Tübingen 1992.

22 Zahlen nach Adalbert Rückerl, NS-Verbrechen vor Gericht. Versuch einer Vergangenheitsbewältigung, Heidelberg ²1984, S. 210, bzw. Annette
Weinke, Die Verfolgung von NS-Tätern im geteilten Deutschland. Ver-
gangenheitsbewältigungen 1949–1969 oder: Eine deutsch-deutsche Be-
ziehungsgeschichte im Kalten Krieg, Paderborn usw. 2002, S. 46. Eine
neue Bilanz der sowjetischen Militärtribunale (SMT) kommt für die Zeit
zwischen 1941 und 1955 auf rund 70 000 verurteilte Deutsche, davon waren etwa die Hälfte Kriegsgefangene; vgl. Andreas Hilger, Ute Schmidt,
Mike Schmeitzner (Hrsg.), Sowjetische Militärtribunale. Band 2: Die Verurteilung deutscher Zivilisten 1945–1955/57, Köln/Weimar/Wien 2003.
Nach offiziellen sowjetischen Angaben von 1990 wurden 756 Deutsche
zum Tode verurteilt.

23 Martin Broszat, Siegerjustiz oder strafrechtliche «Selbstreinigung». Aspekte der Vergangenheitsbewältigung der deutschen Justiz während der Besatzungszeit 1945–1949, in: VfZ 29 (1981), S. 477–544.

24 Angaben nach der Statistik bei Rückerl, Strafverfolgung, S. 125.

25 Dieses und die folgenden Zitate nach Rückerl, Strafverfolgung, S. 34 f.

26 Rückerl, NS-Prozesse, S. 109.

27 Für diesen Hinweis danke ich Herrn OStA a. D. Alfred Spieß, Hilden.

28 Rückerl, NS-Prozesse, S. 109.

29 Christian Pross, Wiedergutmachung. Der Kleinkrieg gegen die Opfer,

Frankfurt am Main 1988; vgl. jetzt aber Constantin Goschler, Schuld und Schulden. Die Politik der Wiedergutmachung für NS-Verfolgte seit 1945, Göttingen 2005.

30 Vgl. jetzt aber Marc von Miquel, Ahnden oder amnestieren? Westdeutsche Justiz und Vergangenheitspolitik in den sechziger Jahren. Göttingen 2004.

31 Hans Buchheim, Martin Broszat, Hans-Adolf Jacobsen, Helmut Krausnick, Anatomie des SS-Staates, Olten/Freiburg 1965; Taschenbuchausgabe München [7]1999. Ausführlicher dazu mein Aufsatz: Der Frankfurter Auschwitz-Prozeß und die deutsche Zeitgeschichtsforschung, in: Fritz Bauer Institut (Hrsg.), Auschwitz. Geschichte, Rezeption und Wirkung, Frankfurt am Main/New York 1996, S. 123–138; vgl. jetzt auch den Katalog zur Ausstellung des Fritz Bauer Instituts: Irmtrud Wojak (Hrsg.), Auschwitz-Prozeß 4 Ks 2/63, Frankfurt am Main/Köln 2004.

32 Martin Walser, Unser Auschwitz, in: Kursbuch 1 (1965), S. 189–200.

33 Zur Verjährung nationalsozialistischer Verbrechen. Dokumentation der parlamentarischen Bewältigung des Problems 1960–1979, hrsg. vom Deutschen Bundestag, Presse- und Informationszentrum, Bonn 1980; auch dazu jetzt aber Miquel, Ahnden oder amnestieren.

34 Fritz Bauer, Im Namen des Volkes. Die strafrechtliche Bewältigung der Vergangenheit [Titel im Inhaltsverzeichnis: In unserem Namen], in: Helmut Hammerschmidt (Hrsg.), Zwanzig Jahre danach. Eine deutsche Bilanz 1945–1965, München usw. 1965, S. 301–314; dieses und die folgenden Zitate S. 307 f.

35 Vgl. Rückerl, NS-Prozesse, S. 190; Miquel, Ahnden oder amnestieren, S. 327–343.

36 Dazu Frei, Vergangenheitspolitik, bes. S. 106–110.

37 Vgl. Norbert Frei, Auschwitz und Holocaust. Begriff und Historiographie, in: Hanno Loewy (Hrsg.), Holocaust – Grenzen des Verstehens. Eine Debatte über die Besetzung der Geschichte, Reinbek 1992, S. 101–109.

Epochenjahr 1933

1 Vgl. Martin Broszat u. a. (Hrsg.), Deutschlands Weg in die Diktatur. Internationale Konferenz zur nationalsozialistischen Machtübernahme im Reichstagsgebäude zu Berlin. Referate und Diskussionen. Ein Protokoll, Berlin 1983.

2 Friedrich Meinecke, Die deutsche Katastrophe. Betrachtungen und Erinnerungen, Wiesbaden 1946.

3 Rudolf Diels, Lucifer ante portas. Zwischen Severing und Heydrich, Zürich 1949; Hjalmar Schacht, 76 Jahre meines Lebens, Bad Wörishofen 1953; Otto Meissner, Staatssekretär unter Ebert, Hindenburg, Hitler. Der Schicksalsweg des deutschen Volkes von 1918–1945, wie ich ihn erlebte, Hamburg 1950; Franz von Papen, Der Wahrheit eine Gasse, München 1952.

4 Karl Dietrich Bracher, Die Auflösung der Weimarer Republik. Eine Studie

zum Problem des Machtverfalls in der Demokratie, Stuttgart und Düsseldorf 1955; das folgende Zitat S. XXII.

5 Franz Neumann, Behemoth. Struktur und Praxis des Nationalsozialismus 1933–1944, Frankfurt am Main/Köln 1977 (amerikanische Erstausgabe ‹Behemoth› 1942).

6 Ernst Fraenkel, Der Doppelstaat, Frankfurt am Main/Köln 1974 (amerikanische Erstausgabe ‹The Dual State› 1941).

7 Bracher, Auflösung, S. XX.

8 So Horst Möller: Die nationalsozialistische Machtergreifung. Konterrevolution oder Revolution?, in: VfZ 31 (1983), S. 25–51; als Antwort darauf Martin Broszat, Grundzüge der gesellschaftlichen Verfassung des Dritten Reiches, in: ders., Horst Möller (Hrsg.), Das Dritte Reich. Herrschaftsstruktur und Geschichte, München 1983, S. 38–63.

9 Karl Dietrich Bracher, Wolfgang Sauer, Gerhard Schulz, Die nationalsozialistische Machtergreifung. Studien zur Errichtung des totalitären Herrschaftssystems in Deutschland 1933/34, Köln/Opladen 1960.

10 Fraenkel, Doppelstaat, S. 26.

11 Verhandlungen des Deutschen Bundestages. Stenographische Berichte, 1. Wahlperiode, 7.9.1949, S. 1 f.

12 Bracher, Sauer, Schulz, Machtergreifung, S. 21.

13 Vgl. dazu in diesem Band S. 110 ff.

14 Außerordentlich illustrativ dazu Sebastian Haffner, Geschichte eines Deutschen. Die Erinnerungen 1914–1933, Erweiterte Taschenbuchausgabe München 2002, bes. S. 145–149; vgl. auch Rudolf Heberle, Zur Soziologie der nationalsozialistischen Revolution. Notizen aus dem Jahre 1934, in: VfZ 13 (1965), S. 438–445.

15 Vgl. dazu in diesem Band S. 129–144.

16 Vgl. die Antrittsvorlesung von Karl Dietrich Bracher, Stufen totalitärer Gleichschaltung: Die Befestigung der nationalsozialistischen Herrschaft 1933/34, in: VfZ 4 (1956), S. 30–42.

17 Vgl. dazu Martin Broszat, Soziale Motivation und Führer-Bindung des Nationalsozialismus, in: VfZ 18 (1970), S. 392–409.

18 Vgl. u.a. Joseph Wulf, Kultur im Dritten Reich. Eine Dokumentation. 5 Bände, Frankfurt/Main (u.a.) 1989 (Erstveröffentlichung Gütersloh 1963 bzw. 1964); ders. Das Dritte Reich und seine Vollstrecker. Die Liquidation von 500 000 Juden im Ghetto Warschau, Berlin 1961; ders. Lodz. Das letzte Ghetto auf polnischem Boden, Bonn 1962; in Koautorschaft: Léon Poliakov, ders., Das Dritte Reich und die Juden. Dokumente und Aufsätze, Berlin 1955; zu Wulf jetzt Nicolas Berg, Der Holocaust und die westdeutschen Historiker. Erforschung und Erinnerung, Göttingen 2003.

19 Kritisch dazu schon Martin Broszat, in: ders., Saul Friedländer, Um die «Historisierung des Nationalsozialismus». Ein Briefwechsel, in: VfZ 36 (1988), S. 339–372, hier S. 341 f.

20 Beispielsweise kam es, nachdem die Funktionseliten insgesamt durchaus

schon längere Zeit auf der Forschungsagenda standen, seit der zweiten
Hälfte der neunziger Jahre zu einer nachholenden Debatte um die NS-Ver-
gangenheit der historischen Profession; vgl. als Einstieg und Überblick:
Winfried Schulze, Otto Gerhard Oexle (Hrsg.), Deutsche Historiker im
Nationalsozialismus, Frankfurt am Main 1999.

21 Vgl. dazu auch Dirk van Laak, Der Platz des Holocaust im deutschen Geschichtsbild, in: Konrad H. Jarausch, Martin Sabrow (Hrsg.), Die historische Meistererzählung. Deutungslinien der deutschen Nationalgeschichte
nach 1945, Göttingen 2002, S. 163–193.

Mythos Stalingrad

1 Vgl. Gerd R. Ueberschär, Das Scheitern des «Unternehmens Barbarossa».
Der deutsch-sowjetische Krieg vom Überfall bis zur Wende vor Moskau im
Winter 1941/42, in: ders., Wolfram Wette (Hrsg.), Der deutsche Überfall
auf die Sowjetunion. «Unternehmen Barbarossa» 1941, Frankfurt am Main
1991, S. 85–122.

2 Die Suchmaschine «Google» verzeichnete Anfang April 2003 nicht weniger als 189 000 Einträge zum Stichwort «Stalingrad». Reichlich die Hälfte
(93 400) dieser Einträge war damals weniger als 12 Monate alt, und knapp
ein Drittel (58 200) entstammte dem ersten Vierteljahr 2003, mithin der
Phase des Gedenkens zum 60. Jahrestag.

3 Einen kompakten Eindruck von der neueren Forschungsentwicklung vermitteln zwei Sammelbände: Wolfram Wette, Gerd Ueberschär (Hrsg.),
Stalingrad. Mythos und Wirklichkeit einer Schlacht, Frankfurt am Main
1992; Jürgen Förster (Hrsg.), Stalingrad. Ereignis – Wirkung – Symbol,
München/Zürich 1992.

4 Ursula von Kardorff, Berliner Aufzeichnungen 1942 bis 1945. Unter Verwendung der Original-Tagebücher neu herausgegeben und kommentiert
von Peter Hartl, München 1992, S. 61.

5 Ebenda, S. 61 f.

6 Vgl. Erich von Manstein, Verlorene Siege, Bonn 1955; zu Mansteins Weg
nach 1945 jetzt Bert-Oliver Manig, Die Politik der Ehre. Die Rehabilitierung der Berufssoldaten in der frühen Bundesrepublik, Göttingen 2004,
bes. S. 463–472.

7 Vgl. aber Michael Schornstheimer, Bombenstimmung und Katzenjammer.
Vergangenheitsbewältigung: Quick und Stern in den 50er Jahren, Köln
1989.

8 Vgl. Detlev Vogel, Die deutschen und österreichischen Stalingradbünde.
Schritte vom Mythos zur Realität, in: Wette, Ueberschär (Hrsg.), Stalingrad, S. 247–253.

9 Vgl. die gründliche Darstellung von Ute Schmidt, Spätheimkehrer oder
«Schwerstkriegsverbrecher»? Die Gruppe der 749 «Nichtamnestierten»,
in: Andreas Hilger, dies., Günther Wagenlehner (Hrsg.), Sowjetische Mili-

tärtribunale. Band 1: Die Verurteilung deutscher Kriegsgefangener 1941–1953, Köln/Weimar/Wien 2001, S. 273–350.

10 Dazu im einzelnen meine Studie: Vergangenheitspolitik. Die Anfänge der Bundesrepublik und die NS-Vergangenheit, München 1996.

11 In diesem Sinne auch Manfred Hettling, Täter und Opfer? Die deutschen Soldaten in Stalingrad, in: AfS 35 (1995), S. 515–531.

12 Dazu im Überblick die Einleitung von Wolfram Wette (Hrsg.), Der Krieg des kleinen Mannes. Eine Militärgeschichte von unten, München 1992.

13 Vgl. Gerd R. Ueberschär, Die Schlacht von Stalingrad in der deutschen Historiographie; ders., Literaturauswahl zur Schlacht von Stalingrad, in: Wette, Ueberschär (Hrsg.), Stalingrad, S. 192–204 bzw. 304–313. Eine Dokumentation entsprechender Umschlagtitel bei Hannes Heer, Die Bilderwelt der Nachkriegsjahre, in: Hamburger Institut für Sozialforschung (Hrsg.), Vernichtungskrieg. Verbrechen der Wehrmacht 1941 bis 1944, Hamburg 1996, S. 8–18.

14 Vgl. dazu in diesem Band S. 37–40.

«*Volksgemeinschaft*»

1 Völkischer Beobachter, 25.9.1933, S. 1.

2 Vgl. dazu in diesem Band S. 145–155.

3 Dt. Ausgabe: David Schoenbaum, Hitlers braune Revolution, Köln 1968.

4 Vgl. Tim Mason, Sozialpolitik im Dritten Reich. Arbeiterklasse und Volksgemeinschaft, Opladen 1977.

5 Heinrich August Winkler, Vom Mythos der Volksgemeinschaft, in: AfS 17 (1977), S. 484–490, Zit. S. 485.

6 Vgl. bes. Lutz Niethammer (Hrsg.), «Die Jahre weiß man nicht, wo man die heute hinsetzen soll.» Faschismuserfahrungen im Ruhrgebiet, Berlin/Bonn 1983; einen eher gegenläufigen Akzent setzt immer wieder Hans Mommsen, vgl. etwa seine Einleitung, in: ders., Susanne Willems (Hrsg.), Herrschaftsalltag im Dritten Reich. Studien und Texte, Düsseldorf 1988, S. 9–23.

7 Vgl. Tim Mason, Die Bändigung der Arbeiterklasse im nationalsozialistischen Deutschland. Eine Einleitung, in: Carola Sachse u. a., Angst, Belohnung, Zucht und Ordnung. Herrschaftsmechanismen im Nationalsozialismus, Opladen 1982, S. 11–53.

8 Werner Conze, Staats- und Nationalpolitik. Kontinuitätsbruch und Neubeginn, in: ders., M. Rainer Lepsius (Hrsg.), Sozialgeschichte der Bundesrepublik. Beiträge zum Kontinuitätsproblem, Stuttgart 1983, S. 441–467, hier S. 456.

9 Vgl. aus neurechter Ecke die Darstellung von Karlheinz Weißmann, Der Weg in den Abgrund. Deutschland unter Hitler 1933–1945, Berlin 1995.

10 Vgl. Bernd Stöver, Volksgemeinschaft im Dritten Reich. Die Konsensbereitschaft der Deutschen aus der Sicht sozialistischer Exilberichte, Düsseldorf 1993; als zeitgenössische Analyse anregend: Sebastian Haffner, Germany: Je-

kyll & Hyde. 1939 – Deutschland von innen betrachtet, Berlin 1996 (Über-
setzung der englischen Originalausgabe, London 1940); aus soziologischer
Perspektive, mit allerdings geringem empirischem Ertrag: Franz Janka, Die
braune Gesellschaft. Ein Volk wird formatiert, Stuttgart 1997.

11 Teile des Folgenden greifen zurück auf frühere Arbeiten: Wie modern war
der Nationalsozialismus?, in: GG 19 (1993), S. 367–387; Hitlers Krieg und
die Deutschen, in: Norbert Frei, Hermann Kling (Hrsg.), Der nationalsozialistische Krieg, Frankfurt am Main 1990, S. 283–301.

12 Vgl. Hitler. Reden, Schriften, Anordnungen. Februar 1925 bis Januar
1933. Band I: Februar 1925-Juni 1926, hrsgg. und kommentiert von Clemens Vollnhals. Band II: Juli 1926-Juli 1927, hrsgg. und kommentiert von
Bärbel Dusik. Band IV/1: Oktober 1930-Juni 1931, hrsgg. und kommentiert von Constantin Goschler, München usw. 1992, 1994 (im folgenden:
Hitler, Reden I, II bzw. IV), hier z. B. Hitler, Reden II/1, S. 238 (6. 4. 1927);
ähnlich auch noch in Hitler, Reden IV, S. 329 f. (24. 4. 1931).

13 Hitler, Reden II/2, S. 541 (9. 11. 1927); ähnlich z. B. auch S. 690 (29. 2. 1928)
und S. 738 (3. 3. 1928).

14 Vgl. dazu Martin Broszat, Soziale Motivation und Führer-Bindung des Nationalsozialismus, in: VfZ 18 (1970), S. 392–409, bes. S. 393–398.

15 Seinem biologistischen Weltbild entsprechend, verglich Hitler die Menschen zur Zufriedenheit seines Publikums eine Zeitlang gerne mit Blättern
am Stamm des Volkes: «Wir werden erkennen, daß das Wesentliche nicht
die Blätter sind, sondern der Stamm [...]. Ob ich Schriftsteller bin, ist gar
nicht wichtig, ob Du ein Bauernjunge bist, das ist nicht wichtig, ob Du dies
oder jenes bist, das ist alles gar nicht wichtig, wichtig aber ist, daß ich ein
Deutscher bin, und daß Du ein Deutscher bist. (Stürmischer Beifall!) Wir
müssen wissen, daß wir zusammengehören auf dieser Welt, weil eine All-
mutter Natur, ein allmächtiger Gott geschaffen hat, und wir müssen verstehen, daß wir auf dieser Welt zueinander gehören, und daß wir das umso
leichter hinnehmen können, je mehr wir diese Notwendigkeit einsehen und
die Kleinheit des Lebens aus dem Vordergrund rücken und die einzelnen
Menschen ihre Wichtigkeit zurücksetzen. Nur so ergibt sich die geistige
Voraussetzung für das, was man Volksgemeinschaft heißt.»; Hitler, Reden IV/1, S. 59 (5. 11. 1930); das Blätter-Bild auch S. 319 (19. 4. 1931).

16 Hitler, Reden I, S. 96 f. (12. 6. 1925).

17 Noch bevor seit etwa Mitte der dreißiger Jahre eine weitgehende sozialpsychische Integration der Arbeiterschaft gelang, gab es nicht unbeträchtliche
politische Re-Integrationserfolge im Zusammenhang mit den Vertrauens-
ratswahlen 1934/5. Neue Analysen auf Betriebsebene zeigen, daß die ältere
Literatur den nach dem Verbot der Gewerkschaften zu erwartenden Mißer-
folg der Nationalsozialisten überzeichnet hat. Frühere parteipolitische und
weltanschauliche Bindungen waren für die Wahlentscheidung offenbar von
geringerer Bedeutung als konkrete materielle und innerbetriebliche Inter-
essenlagen. Die politische Zäsur von 1933 hatte sich ins kollektive Bewußt-

sein der Arbeiterschaft also anscheinend weniger eingebrannt als bisher angenommen; vgl. dazu im einzelnen Klaus Wisotzky, Der Ruhrbergbau im Dritten Reich. Studien zur Sozialpolitik im Ruhrbergbau und zum sozialen Verhalten der Bergleute in den Jahren 1933 bis 1939, Düsseldorf 1983; Rüdiger Hachtmann, Industriearbeit im «Dritten Reich». Untersuchungen zu den Lohn- und Arbeitsbedingungen in Deutschland 1933–1945, Göttingen 1989; Martin Rüther, Arbeiterschaft in Köln 1928–1945, Köln 1990; Wolfgang Zollitsch, Arbeiter zwischen Weltwirtschaftskrise und Nationalsozialismus. Ein Beitrag zur Sozialgeschichte der Jahre 1928 bis 1936, Göttingen 1990; Matthias Frese, Betriebspolitik im Dritten Reich. Deutsche Arbeitsfront, Unternehmer und Staatsbürokratie in der westdeutschen Großindustrie 1933–1939, Paderborn 1991.

18 Deutschland-Berichte der Sozialdemokratischen Partei Deutschlands (Sopade) 1934–1940, Salzhausen, Frankfurt am Main 1980 (im folgenden: Sopade-Berichte).

19 Bernd Stöver (Hrsg.), Berichte über die Lage in Deutschland. Die Meldungen der Gruppe Neu Beginnen aus dem Dritten Reich 1933–1936, Bonn 1996.

20 Ebenda, S. 2, Hervorhebung im Original.

21 Stöver (Hrsg.), Berichte, S. 7 f.

22 Vgl. vor allem Ian Kershaw, Der Hitler-Mythos. Volksmeinung und Propaganda im Dritten Reich, Stuttgart 1980; ders., Hitlers Macht. Das Profil der NS-Herrschaft, München 1992; schließlich auch ders., Hitler. 2 Bände, München 1998, 2000.

23 Dazu ausführlicher meine Darstellung: Der Führerstaat. Nationalsozialistische Herrschaft 1933–1945, München ⁷2002, bes. S. 96–147.

24 So die treffende Formulierung (bei einer insgesamt skeptischeren Interpretation) von Ian Kershaw, Der NS-Staat. Geschichtsinterpretationen und Kontroversen im Überblick. Reinbek ²1994, S. 260.

25 Vgl. Schoenbaum, Braune Revolution, bes. S. 150 f.

26 Zur Propaganda um den «KdF-Wagen» Hans Mommsen, Manfred Grieger, Das Volkswagenwerk und seine Arbeiter im Dritten Reich. Düsseldorf 1996, bes. S. 179–202.

27 Dazu u. a. Herwart Vorländer, NS-Volkswohlfahrt und Winterhilfswerk des deutschen Volkes, in: VfZ 34 (1986), S. 341–380.

28 Sopade-Berichte 1939, S. 980.

29 Heinz Boberach (Hrsg.), Meldungen aus dem Reich 1938–1945. Die geheimen Lageberichte des Sicherheitsdienstes der SS. Herrsching 1984 (im folgenden: SD-Berichte), S. 449 (13. 11. 1939).

30 Vgl. Kershaw, Hitler-Mythos, S. 136.

31 Vgl. dazu Avraham Barkai, The German Volksgemeinschaft from the Persecution of the Jews to the ‹Final Solution›, in: Michael Burleigh (Hrsg.), Confronting the Nazi Past. New Debates on Modern German History, London 1996, S. 84–97.

32 Vgl. Ian Kershaw, Popular Opinion and Political Dissent in the Third
Reich. Bavaria 1933–1945. Oxford 1983, S. 358–372. – Als Hans Rothfels
1959 von Wilhelm Cornides stammende Aufzeichnungen über die Judenvernichtung im Generalgouvernement publizierte, bemerkte er einleitend,
die Dokumente belegten, «daß die Kenntnis der Vorgänge – was man an
sich schon vermuten durfte – im Generalgouvernement durchaus verbreitet
war und daß es jedenfalls verhältnismäßig geringer Anstrengung bedurfte,
ihnen auf die Spur zu kommen. Freilich werden nur wenige den Willen
dazu gehabt haben oder gar den Wunsch, das Gesehene und Gehörte
schriftlich festzulegen»; Hans Rothfels (Hrsg.), Zur «Umsiedlung» der Juden im Generalgouvernement, in: VfZ 7 (1959), S. 333–336.
33 Das galt etwa für das Jugendschutzgesetz von 1938 oder für das Mutter-
schutzgesetz von 1942.
34 Martin Broszat, The Third Reich and the German People. Unveröffent-
lichtes Vortragsmanuskript, S. 20.
35 SD-Berichte, S. 4831.
36 Ebenda, S. 4733.
37 Näheres dazu in diesem Band, S. 90 ff.
38 Daniel Jonah Goldhagen, Hitlers willige Vollstrecker. Ganz gewöhnliche
Deutsche und der Holocaust, Berlin 1996; vgl. in diesem Band S. 196,
Anm. 19.

Erinnerungskampf

1 Vgl. die kritische Bilanz von Ulrich Heinemann, Arbeit am Mythos. Neuere Literatur zum bürgerlich-aristokratischen Widerstand gegen Hitler und
zum 20. Juli 1944 (Teil I), in: GG 21 (1995), S. 111–139; ders., Michael
Krüger-Charlé, Arbeit am Mythos. Der 20. Juli 1944 in Publizistik und wissenschaftlicher Literatur des Jubiläumsjahres 1994 (Teil II), in: GG 23
(1997), S. 475–501.
2 Vgl. als Überblick: Gerd R. Ueberschär (Hrsg.), Der 20. Juli 1944. Das
«andere Deutschland» in der Vergangenheitspolitik, Berlin 1998; Edgar
Wolfrum, Geschichtspolitik in der Bundesrepublik Deutschland. Der Weg
zur bundesrepublikanischen Erinnerung 1948–1990, Darmstadt 1999;
Thomas Schnabel (Hrsg.), Formen des Widerstandes im Südwesten 1933–
1945. Scheitern und Nachwirken, Ulm 1994; Themenheft 20. Juli, ZfG 42
(1994) 7; Jürgen Danyel (Hrsg.), Die geteilte Vergangenheit. Zum Umgang
mit Nationalsozialismus und Widerstand in beiden deutschen Staaten, Berlin 1995; vgl. auch Regina Holler, 20. Juli 1944. Vermächtnis oder Alibi?
Wie Historiker, Politiker und Journalisten mit dem deutschen Widerstand
gegen den Nationalsozialismus umgehen. Eine Untersuchung der wissenschaftlichen Literatur, der offiziellen Reden und der Zeitungsberichterstat-
tung in Nordrhein-Westfalen von 1945–1986, München usw. 1994.
3 Eine bezeichnende Situation notierte Kanzleramts-Staatssekretär Otto

Lenz im Vorfeld des siebten Jahrestages des 20. Juli: «Ich versuchte, den Alten zu bewegen, eine Erklärung wegen des 20. Juli abzugeben, die von [Jakob] Kaiser und Frau Dr. [Elfriede] Nebgen entworfen war. Er war auch anfangs dazu bereit, sagte es nachher aber wieder ab.»; Im Zentrum der Macht. Das Tagebuch von Staatssekretär Lenz 1951–1953. Bearb. von Klaus Gotto, Hans-Otto Kleinmann, Reinhard Schreiner, Düsseldorf 1989, S. 81 (Eintragung vom 10. 5. 1951).

4 «In Memoriam» (Gedenkrede auf die Opfer des Nationalsozialismus), in: Martin Vogt (Hrsg.), Theodor Heuss. Politiker und Publizist. Aufsätze und Reden, Tübingen 1984, hier S. 304.

5 Heuss hatte diese Worte zunächst als eine Antwort an Annedore Leber formuliert, sich dann aber, wie er dem Bundeskanzler mitteilte, nach Aufforderungen «von sehr verschiedenen Seiten» entschlossen, «zu der Sache der Diffamierung von Angehörigen der aktiven Widerstandsgruppen etwas zu sagen»; BA, B 136/4375, Heuss an Adenauer, 14. 7. 1952 (mit Anlage); Begleitschreiben gedr. in: Heuss – Adenauer. Unserem Vaterlande zugute. Der Briefwechsel 1948–1963. Bearb. von Hans Peter Mensing, Berlin 1989, S. 117; vgl. auch Jürgen C. Heß, Theodor Heuss und der Widerstand gegen den Nationalsozialismus, in: Liberal 36 (1994) 3, S. 64–70.

6 In durchaus nationaler Verteidigungshaltung hatte Rothfels 1948/49 bei den Alliierten eine «Phase völligen Schweigens, die noch nicht so lange zurückliegt», konstatiert, während der «die deutsche Opposition ‹tabu›» gewesen sei – und in den vielen folgenden Auflagen seiner berühmten, zuerst immerhin in den USA veröffentlichten Schrift eine Reihe nicht sonderlich beweiskräftiger Indizien drucken lassen, die dies belegen sollten; vgl. ders., Deutsche Opposition gegen Hitler. Eine Würdigung, Krefeld 1949, S. 27 f., bzw. neue, erweiterte Ausgabe Frankfurt am Main 1977, S. 31 und Anm. 28.

7 So etwa Gerd R. Ueberschär, Von der Einzeltat des 20. Juli 1944 zur «Volksopposition»? Stationen und Wege der westdeutschen Historiographie nach 1945, in: ders. (Hrsg.), Der 20. Juli, S. 101–125, hier S. 102; ähnlich Manfred Kittel, Die Legende von der «Zweiten Schuld». Vergangenheitsbewältigung in der Ära Adenauer, Berlin/Frankfurt am Main 1993, S. 187, der sich auf Peter Steinbach und Hans Mommsen beruft.

8 Hans Mommsen, Gesellschaftsbild und Verfassungspläne des deutschen Widerstandes; Hermann Graml, Die außenpolitischen Vorstellungen des deutschen Widerstandes; beide in: Walter Schmitthenner, Hans Buchheim (Hrsg.), Der deutsche Widerstand gegen Hitler. Vier historisch-kritische Studien, Köln 1966; wiederabgedruckt in: Hermann Graml (Hrsg.), Widerstand im Dritten Reich. Probleme, Ereignisse, Gestalten, Frankfurt am Main 1984; zur Rezeptionsgeschichte vgl. Hans Mommsen, Die Geschichte des deutschen Widerstands im Lichte der neueren Forschung, in: Aus Politik und Zeitgeschichte H. 50 (1986), S. 3–18.

9 Vgl. Constantin Goschler, Wiedergutmachung. Westdeutschland und die Verfolgten des Nationalsozialismus 1945–1954, München 1992.

10 Vgl. Christiane Toyka-Seid, Gralshüter, Notgemeinschaft oder gesellschaftliche «Pressure-group»? Die Stiftung «Hilfswerk 20. Juli 1944» im ersten Nachkriegsjahrzehnt, in: Ueberschär (Hrsg.), Der 20. Juli, S. 157–169, hier S. 159; dies., «Nicht in die Lage versetzt, Erbauer eines friedlichen Deutschlands zu sein». Die Vereinigung der Verfolgten des Naziregimes (VVN) in Württemberg-Baden, in: Schnabel (Hrsg.), Formen des Widerstandes, S. 270–283.

11 Vgl. Ian Kershaw, Der Hitler-Mythos. Volksmeinung und Propaganda im Dritten Reich, Stuttgart 1980, S. 187–191; ungeachtet seines Untertitels erstaunlicherweise ohne einen speziellen Beitrag zu dem Thema der aus Anlaß des 40. Jahrestages des 20. Juli entstandene, nach wie vor wichtige Band von Jürgen Schmädecke, Peter Steinbach (Hrsg.), Der Widerstand gegen den Nationalsozialismus. Die deutsche Gesellschaft und der Widerstand gegen Hitler, München 1985.

12 Vgl. Anna J. Merritt, Richard L. Merritt, Public Opinion in Occupied Germany. The OMGUS Surveys, Urbana/Chicago/London 1970, S. 33.

13 Erich Peter Neumann, Elisabeth Noelle, Antworten. Politik im Kraftfeld der öffentlichen Meinung, Allensbach 1954, S. 33. Das Ergebnis einer HICOG-Umfrage vom Oktober 1951 relativierte dieses Bild nicht wesentlich: Danach billigten 38 Prozent der Befragten das Attentat, 24 Prozent lehnten es ab, und 38 Prozent waren sich ihrer Meinung unsicher; vgl. Anna J. Merritt, Richard L. Merritt, Public Opinion in Semisovereign Germany. The HICOG Surveys, 1949–1955, Urbana, Chicago, London 1980, S. 147.

14 Neumann, Noelle, Antworten, S. 34; der Anteil der positiv urteilenden Berufssoldaten lag bei 35 Prozent, bei den Reservisten betrug die Relation 40:40 Prozent, bei den Zivilisten überwog mit 45:29 Prozent das positive Urteil; auffällig ist bei den beiden zuletzt genannten Gruppen allerdings der hohe Anteil derer, die die Statistik unter «Übrige» ausweist (20 bzw. 26 Prozent).

15 Vgl. Lenz-Tagebuch, S. 111, 120, 134 u. ö.

16 Vgl. dazu Frank M. Buscher, The U. S. High Commission and German Nationalism, 1949–52, in: Central European History 23 (1990), S. 57–75; Norbert Frei, «Vergangenheitsbewältigung» or «Renazification»? The American Perspective on Germany's Confrontation of the Nazi Past in the Early Years of the Adenauer Era, in: Michael Ermarth (Hrsg.), America and the Shaping of German Society, 1945–1955, New York, Oxford 1993, S. 47–59.

17 Frankfurter Rundschau, 12. 12. 1949, S. 2 («‹Geteilte Meinung› eines Abgeordneten über Vergasung von Juden»).

18 Urteilsbegründung (mit Anlagen), 9. 3. 1950, u. a. in: ADL, N1/1005.

19 Verhandlungen des Deutschen Bundestages. Drucksachen, 1. Wahlperiode, Nr. 563 bzw. 564 (Anträge vom 15. 2. 1950).

20 Verhandlungen des Deutschen Bundestages. Stenographische Berichte, 1. Wahlperiode, 5. 4. 1951, S. 4984; einhalb Jahre später wiederholte Adenauer diese Ehrenerklärung anläßlich der Debatte um den Generalvertrag.

21 Zur SRP nach wie vor wichtig: Otto Büsch, Peter Furth, Rechtsradikalismus im Nachkriegsdeutschland. Studien über die «Sozialistische Reichspartei», Berlin/Frankfurt am Main 1957; zu Remer: Dirk Geile, Der Remer-Mythos in der frühen Bundesrepublik. Ein Beitrag zum organisierten Rechtsextremismus in Niedersachsen, MA Göttingen 1993.

22 Die verbreiteten nationalistischen Reaktionen auf seine Entscheidung vom Januar 1951, bei aller Großzügigkeit einen Teil der in Landsberg einsitzenden Kriegsverbrecher nicht sofort freizulassen, hatten den Amerikaner in letzter Zeit ziemlich mißtrauisch, ja sogar ein wenig bitter werden lassen. Mit einiger Bestimmtheit erklärte er Adenauer nun, man sei «sehr beunruhigt», vertraue aber darauf, daß es der Bundesregierung gelinge, Remer und Konsorten «Herr zu werden». Jedoch ersparte McCloy dem Kanzler nicht die Bemerkung, «daß wir eingreifen», wenn sich dies «zu irgendeiner Zeit als notwendig erweisen würde». Briten und Franzosen bezog McCloy in diese Interventionsdrohung ein: «Ich bin überzeugt, daß ich nicht nur für mich selber, sondern auch für meine Kollegen spreche, wenn ich sage, daß wir Ihnen jederzeit zur Verfügung stehen, um mit Ihnen zusammenzuarbeiten, entweder durch Konsultation oder durch direkte Hilfe.» Das «alte Nazi-Abenteuer» dürfe nicht wiederholt werden; Akten zur Auswärtigen Politik der Bundesrepublik Deutschland. Adenauer und die Hohen Kommissare 1949–1951. Bearb. von Frank-Lothar Kroll und Manfred Nebelin, München 1989, S. 360 (Wortprotokoll der Sitzung vom 9. 5. 1951); vgl. auch Thomas Alan Schwartz, Die Atlantik-Brücke. John McCloy und das Nachkriegsdeutschland, Frankfurt am Main/Berlin 1992, S. 310.

23 Von vornherein fest stand dabei jedoch auch, daß die Bundesregierung an der Eröffnung des Verfahrens gegen die (immerhin noch im Bundestag vertretene) KPD einstweilen kein Interesse hatte; zum KPD-Verbot kam es dann bekanntlich erst 1956.

24 Zit. nach dem Urteil des LG Braunschweig, 15. 3. 1952, in: Herbert Kraus (Hrsg.), Die im Braunschweiger Remerprozeß erstatteten moraltheologischen und historischen Gutachten nebst Urteil, Hamburg 1953, S. 105. Das Kabinett hatte sich nach Bekanntwerden dieser Äußerung am 8. 5. 1951 nur vage darauf verständigt zu prüfen, «ob Remer wegen dieser Beleidigung nicht einer strafgerichtlichen Verfolgung ausgesetzt werden soll»; Die Kabinettsprotokolle der Bundesregierung. Band 4. 1951. Bearb. von Ursula Hüllbüsch, Boppard 1988, S. 371.

25 Dazu und zum folgenden Geile, Remer-Mythos, S. 117–139, Zit. S. 118; vgl. auch Rudolf Wassermann, Zur juristischen Bewertung des 20. Juli 1944. Der Braunschweiger Remer-Prozeß als Meilenstein der Nachkriegsgeschichte, in: Recht und Politik H. 2 (1984), S. 68–80; Peter Steinbach, Vergangenheit als Last und Chance. Vergangenheitsbewältigung in den 50er Jahren, in: Jürgen Weber (Hrsg.), Geschichte der Bundesrepublik Deutschland. Band 4, Paderborn usw. 1987, bes. S. 318 ff.; Franz Gress, Hans-Gerd Jaschke, Politische Justiz gegen rechts: Der Remer-Prozeß

1952 in paradigmatischer Perspektive, in: Rainer Eisfeld, Ingo Müller (Hrsg.), Gegen Barbarei. Essays Robert M. W. Kempner zu Ehren, Frankfurt am Main 1989, S. 453–478.

26 Gutachten und Urteil liegen gedruckt vor: Kraus (Hrsg.), Remerprozeß.

27 Vgl. Wassermann, Bewertung, S. 77.

28 Remer war am 12. 11. 1951 von der Zweiten Strafkammer des Landgerichts Verden wegen seiner Behauptung verurteilt worden, die Bundesregierung verfüge über Ausweichquartiere in London; obwohl es sich um eine Erststrafe handelte, wurde sie nicht zur Bewährung ausgesetzt.

29 Das folgende nach IfZ, Gb 10.03, Plädoyer Bauer, Zit. S. 1, 8.

30 Vgl. Urteil des LG Braunschweig, 15. 3. 1952, in: Kraus (Hrsg.), Remerprozeß, S. 123; die folgenden Angaben und Zit. S. 129, 132, 121.

31 Es wurde mit der Entscheidung des BGH vom 11. 12. 1952, den Remers Anwälte als Revisionsinstanz angerufen hatten, rechtskräftig. Remer entzog sich dem Haftantritt im Frühjahr 1953 jedoch durch Flucht in den Nahen Osten; in Ägypten arbeitete er angeblich als Militärberater. Nach seiner Rückkehr im September 1954 wurde die Strafe im Rahmen der Korrektur eines Formfehlers (es hätte mit der noch nicht vollständig abgesessenen Erststrafe eine Gesamtstrafe gebildet werden müssen) auf einen Monat Reststrafe reduziert und zur Bewährung ausgesetzt; dazu im einzelnen Geile, Remer-Mythos, S. 141 ff.

32 Zur Instrumentalisierung dieser Unterscheidung auf seiten der Rechtsradikalen vgl. Hans-Helmuth Knütter, Ideologien des Rechtsradikalismus im Nachkriegsdeutschland. Eine Studie über die Nachwirkungen des Nationalsozialismus, Bonn 1961, bes. S. 137–143.

33 Das Parlament, 20. 7. 1952, S. 1. Die Hauptüberschrift der reich bebilderten Sonderausgabe lautete: «Die Wahrheit über den 20. Juli 1944 – den hellsten und schwärzesten Tag der neueren deutschen Geschichte».

34 Joachim Perels, Die schrittweise Rechtfertigung der NS-Justiz. Der Huppenkothen-Prozeß, in: Peter Nahamowitz, Stefan Breuer (Hrsg.), Politik – Verfassung – Gesellschaft. Traditionslinien und Entwicklungsperspektiven. Otwin Massing zum 60. Geburtstag, Baden-Baden 1995, S. 51–60, Zit. S. 60.

35 Dies geht beispielsweise aus einer interessanten Umfrage des Liberalen Studentenbundes in München hervor, die sich an der Kritik eines AStA-Vertreters in einer Veranstaltung des «Arbeitskreises 20. Juli» im Sommer 1954 entzündete: Der Student hatte beklagt, daß der «größte Teil» seiner Kommilitonen das Thema unter dem Blickwinkel des Hoch- und Landesverrats betrachte und eine «endgültige Klärung [...] bis heute nicht erfolgt» sei; BA, B 168/159, Bericht: «Die Studentenschaft und der 20. Juli».

36 Vgl. Ulrich Brochhagen, Nach Nürnberg. Vergangenheitsbewältigung und Westintegration in der Ära Adenauer, Hamburg 1994, S. 220.

37 So, im Kontext der Feststellung, in Westdeutschland habe man das Andenken an die konservative Opposition «frühzeitig als identitätsstiftend für die

Nachkriegsgesellschaft erkannt», Wolfgang Benz, Walter H. Pehle (Hrsg.), Lexikon des deutschen Widerstandes, Frankfurt am Main 1994, S. 9.

Von deutscher Erfindungskraft

1 Dazu aus zeitgeschichtlicher Perspektive in wünschenswerter Klarheit: Josef Foschepoth, Zur deutschen Reaktion auf Niederlage und Besatzung, in: Ludolf Herbst (Hrsg.), Westdeutschland 1945–1955. Unterwerfung, Kontrolle, Integration, München 1986, S. 151–165, hier S. 154. Die ältere (und insgesamt schmale) politikwissenschaftliche beziehungsweise juristische Literatur konzediert zwar meist, eine Kollektivanklage der Deutschen und eine förmliche Kollektivschuldthese habe es nicht gegeben, kontrastiert diese Feststellung aber beispielsweise mit der Insinuation, dies sei nur ein Trick gewesen, der eine entsprechende alliierte Propaganda nicht behindert habe; vgl. Stefan T. Possonoy, Zur Bewältigung der Kriegsschuldfrage. Völkerrecht und Strategie bei der Auslösung zweier Weltkriege. Köln, Opladen 1968, S. 23. Neuerdings instruktiv: Jan Friedmann, Jörg Später, Britische und deutsche Kollektivschuld-Debatte, in: Ulrich Herbert (Hrsg.), Wandlungsprozesse in Westdeutschland. Belastung, Integration, Liberalisierung 1945–1980, Göttingen 2002.

2 Bericht über die Drei-Mächte-Konferenz von Potsdam, 2. 8. 1945, deutsche Fassung, in: Dokumente zur Deutschlandpolitik. II. Reihe, Band 1. Die Konferenz von Potsdam, Neuwied/Frankfurt am Main 1992, S. 2105 ff.; dort auch die folgenden Zit.

3 Zuerst wohl von Stalin, in wechselnden Koalitionen aber auch von Roosevelt und Churchill; vgl. Bradley F. Smith, Der Jahrhundertprozeß. Die Motive der Richter von Nürnberg – Anatomie einer Urteilsfindung, Frankfurt am Main 1977, S. 41 ff.; Telford Taylor, Die Nürnberger Prozesse. Hintergründe, Analysen und Erkenntnisse aus heutiger Sicht, München 1994, bes. S. 44–50.

4 Zur anders gelagerten Internierungs- und Verurteilungspraxis in der SBZ vgl. Renate Knigge-Tesche u. a. (Hrsg.), Internierungspraxis in Ost- und Westdeutschland nach 1945. Eine Fachtagung, Erfurt 1993; Sergej Mironenko, Lutz Niethammer, Alexander von Plato (Hrsg.), Sowjetische Speziallager in Deutschland 1945 bis 1955. 2 Bände, Berlin 1998; Andreas Hilger, Ute Schmidt, Mike Schmeitzner (Hrsg.), Sowjetische Militärtribunale. Band 2: Die Verurteilung deutscher Zivilisten 1945–1955/57, Köln 2003.

5 Das hinderte deren deutsche Kritiker freilich nicht, insbesondere im Anklagepunkt der «Verschwörung» und in der Anklage als «verbrecherische Organisation» den Ausdruck einer unterstellten Kollektivschuld zu sehen; vgl. Taylor, Nürnberger Prozesse, S. 678. Eine Zusammenstellung expliziter Zurückweisungen entsprechender Vorwürfe in Urteilen der Nachfolgeprozesse bei Heinrich Henkel, «Kollektivschuld», in: Internationales Recht und Diplomatie 5 (1960), S. 37–52, hier S. 46. Im Prozeß gegen Angehöri-

ge der IG Farben erklärte das Gericht z. B.: «Es ist undenkbar, daß die Mehrheit aller Deutschen verdammt werden soll mit der Begründung, daß sie Verbrechen gegen den Frieden begangen hätten. Das würde der Billigung des Begriffes der Kollektivschuld gleichkommen, und daraus würde logischerweise Massenbestrafung folgen, für die es keinen Präzedenzfall im Völkerrecht und keine Rechtfertigung in den Beziehungen zwischen den Menschen gibt.»

6 Vgl. als Überblick Klaus-Dietmar Henke, Die Trennung vom Nationalsozialismus. Selbstzerstörung, politische Säuberung, «Entnazifizierung», Strafverfolgung, in: ders., Hans Woller (Hrsg.), Politische Säuberung in Europa. Die Abrechnung mit Faschismus und Kollaboration nach dem Zweiten Weltkrieg, München 1991, S. 21–83.

7 Als ein solches muß die Stuttgarter Erklärung des Rats der EKD vom 19. Oktober 1945 gelten, die auf Druck des Weltkirchenrates abgegeben wurde; vgl. insgesamt Clemens Vollnhals, Evangelische Kirche und Entnazifizierung 1945–1949. Die Last der nationalsozialistischen Vergangenheit, München 1989.

8 Ein interessantes frühes Beispiel dafür bietet die von deutschen Kriegsgefangenen in den USA herausgegebene Wochenzeitung *Der Ruf.* Als Reaktion auf den Artikel «Die furchtbare Wahrheit. Enthüllungen aus deutschen KZ-Lagern» (Nr. 7 vom 15. 6. 1945, S. 5) veröffentlichte das Blatt auf der Titelseite eine Erklärung von Generaloberst von Arnim, der als «rangältester deutscher Offizier» in den Vereinigten Staaten meinte, die Wehrmacht könne für die Verbrechen «genau so wenig verantwortlich gemacht werden, wie die Allgemeinheit für die Taten einzelner. Die deutsche Wehrmacht hat vielmehr stets in offenem Kampf ihre Waffen den bestehenden Kriegsgesetzen gemäß geführt und ihre Ehre darein gesetzt, die Kriegsgefangenen anständig zu behandeln.» Ein Kommentar in derselben Ausgabe stellte demgegenüber fest, auch die Wehrmacht habe über die KZ Bescheid gewußt. Deshalb gebe es «zumindest eine moralische Mitschuld». Die interessanteste Schlußfolgerung allerdings lautete: «Es ist deswegen unumgänglich, darauf hinzuweisen, daß man den *Irrtum einer Kollektivschuld* Deutschlands nicht dadurch beseitigen wird, daß Heerführer in höchster Verantwortung nunmehr lediglich erklären, ihnen seien jetzt allgemein bekannte Tatsachen von jeher unbekannt geblieben.» (Nr. 10 vom 1. 8. 1945, S. 1 bzw. 3, Hervorhebung von mir.)

9 Vgl. dazu Dagmar Barnouw, Ansichten von Deutschland (1945). Krieg und Gewalt in der zeitgenössischen Photographie, Basel/Frankfurt am Main 1997; Cornelia Brink, Ikonen der Vernichtung. Öffentlicher Gebrauch von Fotografien aus nationalsozialistischen Konzentrationslagern nach 1945. Berlin 1998; United States Holocaust Memorial Museum (Hrsg.), 1945. The Year of Liberation, Washington 1995; außerdem meinen Aufsatz: «Wir waren blind, ungläubig und langsam.» Buchenwald, Dachau und die amerikanischen Medien im Frühjahr 1945, in: VfZ 35 (1987), S. 385–401.

10 Vgl. Brewster S. Chamberlin, Todesmühlen. Ein früher Versuch zur Massen-«Umerziehung» im besetzten Deutschland 1945–1946, in: VfZ 29 (1981), S. 420–436; das folgende Zit. S. 423; der Wortlaut des Films in: Michael Hoenisch u. a. (Hrsg.), USA und Deutschland. Amerikanische Kulturpolitik 1942–1949, Berlin 1980, S. 318–323.

11 Erich Kästner, Wert und Unwert des Menschen, in: Neue Zeitung, 4. 2. 1946 (Feuilleton- und Kunst-Beilage); Hervorhebungen im Original.

12 Eugen Kogon, Der SS-Staat. Das System der deutschen Konzentrationslager, München 1946, S. 327 f., bzw. ders., Gericht und Gewissen, in: Frankfurter Hefte 1 (1946) 1, S. 25–37.

13 Wesentlich differenzierter urteilte dagegen Kogons Mitherausgeber bei den Frankfurter Heften, Walter Dirks, der zwar gleichfalls forderte, der Begriff der Kollektivschuld müsse «ent-mythisiert» und die Schuld «lokalisiert» werden, im übrigen aber meinte: «Im uneigentlichen, abkürzenden Sinn kann man freilich gleichwohl kollektiv von der Schuld reden.»; Walter Dirks, Der Weg zur Freiheit. Ein Beitrag zur deutschen Selbsterkenntnis, in: Frankfurter Hefte 1 (1946) 4, S. 50–60, Zit. S. 52 f.

14 Eugen Kogon, Das Recht auf den politischen Irrtum, in: Frankfurter Hefte 2 (1947), S. 641–655.

15 Hannah Arendt, Organized Guilt and Universal Responsibility, in: Jewish Frontier, 12 (1945) 1, S. 19–23; dt. Fassung unter dem Titel: Organisierte Schuld, in: Die Wandlung 1 (1946), S. 333–344, die folgenden Zit. S. 334.

16 Nachdem sich Jaspers über die englische Fassung «entzückt» geäußert und die «Unbefangenheit und Gerechtigkeit und die verborgene, sich selbst fast nicht Sprache gestattende Liebe» gepriesen hatte, schenkte ihm Hannah Arendt das deutsche Originalmanuskript und bemerkte dazu: «Wenn Sie wollen, können Sie das natürlich für die ‹Wandlung› haben. (Gleichsam als Gegengewicht – ironically speaking – gegen den Morgenthau-Plan.)»; Hannah Arendt, Karl Jaspers, Briefwechsel 1926–1969, hrsg. von Lotte Köhler und Hans Saner, München/Zürich 1985, S. 62 f. bzw. 68.

17 Der ansonsten wortgetreu übertragene vollständige Satz lautet: «Dies sind die realen politischen Verhältnisse, die der Behauptung von einer *Gesamt*schuld des deutschen Volkes zugrunde liegen.» Arendt, Organisierte Schuld, S. 336, Hervorhebung von mir; die amerikanische Fassung u. a. in: Jerome Kohn (Hrsg.), Hannah Arendt. Essays in Understanding 1930–1954, New York usw. 1994, S. 121–132, hier S. 124. Zwanzig Jahre später war in einer Arendt-Übersetzung – nun allerdings ablehnend – von «Kollektivschuld» die Rede; vgl. dies., Eichmann in Jerusalem. Ein Bericht von der Banalität des Bösen, München/Zürich 1964, S. 25.

18 Hannah Arendt, Elemente und Ursprünge totaler Herrschaft, Frankfurt am Main 1955.

19 Vgl. Arendt, Organisierte Schuld, S. 338; dies., Eichmann in Jerusalem, S. 17; vgl. auch Hannah Arendt and *Eichmann in Jerusalem*. Special Issue: History and Memory 8 (1996), No. 2.

20 Ich denke hier u. a. an die Schriften Ernst von Salomons, Caspar von Schrenck-Notzings oder Armin Mohlers.

21 In einem Brief an ihren Ehemann schrieb Arendt am 14. Dezember 1949 aus Bonn: «Weißt Du eigentlich, wie recht Du hattest, nie wieder zurück zu wollen? [...] Die Deutschen leben von der Lebenslüge und der Dummheit. Letztere stinkt zum Himmel. [...] Nicht wahr ist, daß es hier viele Nazis gibt. Sie sehnen sich halt nach Hitlern ohne Krieg zurück, verstehen überhaupt nichts – die Studenten so wenig wie die Arbeiter.»; Hannah Arendt, Heinrich Blücher, Briefe 1936–1968, hrsg. und mit einer Einführung von Lotte Köhler, München/Zürich 1996, S. 175.

22 Während der halbjährigen Europareise kam es zu Besuchen in Basel um Weihnachten 1949 und im Februar 1950. Nach dem Erscheinen ihres Essays (sie selbst sprach von «Deutschlandreport») schrieb Arendt an Jaspers: «Ich habe mich bemüht, gerecht zu bleiben, und ich wünschte, Sie könnten sehen, daß ich mehr traurig als erbittert bin.»; vgl. Briefwechsel Arendt-Jaspers, S. 179–182 bzw. 194.

23 Bei aller Verehrung für Jaspers hatte Arendt gegenüber dem «Schuldbuch» daher auch erkennbare Vorbehalte; ihr schärfer urteilender Ehemann Heinrich Blücher meinte gar: «Dieses ganze innerdeutsche und innerlich-handelnde Volksgemeinschaftsversöhnungsgerede kann nur den Nazis dienen. Es wird dieser christlich-nationale Unsinn natürlich den Besatzungsmächten sehr gefallen. Denn es zielt auf den inneren Frieden und auf Ordnung ab.»; Briefwechsel Arendt-Blücher, S. 147 (vgl. auch S. 17 und 147); Elisabeth Young-Bruehl, Hannah Arendt. Leben, Werk und Zeit, Frankfurt am Main 1986, S. 307. – Karl Jaspers, Die Schuldfrage, Heidelberg 1946, bes. S. 38 ff., 67–72, verwirft die Möglichkeit der «Kollektivschuld eines Volkes», fordert aber von jedem Deutschen die Anerkennung einer Teilhabe an der «politischen Haftung» und das «eigene Bewußtsein einer Kollektivschuld». Als zeitgenössische Kritik an Jaspers (wie implizit an Kogon) vgl. Heinrich Scholz, Zur deutschen Kollektiv-Verantwortlichkeit, in: Frankfurter Hefte 2 (1947), S. 357–373, hier bes. 370.

24 Hannah Arendt, The Aftermath of Nazi-Rule. Report from Germany, in: Commentary H. 10 (1950), S. 342–353; deutsche Fassung unter dem Titel: Besuch in Deutschland, in: dies., Zur Zeit. Politische Essays. München 1989, S. 43–70, hier S. 58 f.

25 Natürlich brachte die an die politische Mobilisierungsästhetik der dreißiger Jahre anknüpfende Grafik der Nachkriegszeit eine Reihe von Plakaten hervor, die die Deutschen mit den Folgen der NS-Herrschaft konfrontierten; vgl. dazu Klaus Wasmund, Politische Plakate aus dem Nachkriegsdeutschland. Zwischen Kapitulation und Staatsgründung 1945–1949, Frankfurt am Main 1986, bes. S. 34 f., 240 f. Eine gewisse Ähnlichkeit mit dem von Arendt beschriebenen Motiv weisen aber nur jene beiden 1945 entstandenen Bildplakate auf, die von amerikanischen Heeresberichterstattern sofort nach der Befreiung der KL aufgenommene Fotos zeigen und die Überschriften tra-

gen: «Diese Schandtaten: Eure Schuld» beziehungsweise «Wessen Schuld?»
So nachdrücklich die Texte Mitverantwortung postulieren und an «alle Gewissen in Deutschland» appellieren, fällt doch nirgendwo der Begriff Kollektivschuld; Friedrich Arnold (Hrsg.), Anschläge. 220 politische Plakate als
Dokumente der deutschen Geschichte 1900–1980, Ebenhausen 1985, S. 191,
bzw. Christoph Kleßmann, Die doppelte Staatsgründung. Deutsche Geschichte 1945–1955, Bonn ⁵1991, S. 308; vgl. ansonsten die bei Barnouw,
Germany 1945, S. 10, abgebildete Aufnahme von einer Fotoausstellung unter
freiem Himmel mit der improvisierten Überschrift: «Deutsche Kultur
1945 Gardelegen Deutschland». Margaret Bourke-White, Deutschland
April 1945. (Dear Fatherland Rest Quietly), München 1979, Abb. 21, zeigt in
einer Ruinenlandschaft Kölns eine Anschlagtafel mit dem abgewandelten
Hitler-Zitat: «Gebt mir fünf Jahre und Ihr werdet Deutschland nicht wieder-
erkennen». Vgl. inzwischen auch Brink, Ikonen der Vernichtung, S. 70–78.

26 Als spezifische Auseinandersetzung mit dem Kollektivschuldbegriff konnte
nur der Aufsatz von Henkel, «Kollektivschuld», nachgewiesen werden (ursprünglich publiziert an entlegener Stelle in: Festgabe für Benedikt Kraft,
Monumentum Bambergense 1955); dort S. 45 auch wieder der von Arendt
kolportierte Hinweis auf Plakate mit Schildern «Das ist Eure Schuld». Im
übrigen absurde These von der Entstehung des «Kollektivschulddogmas»
durch die Kollektivverfolgungen in der NS-Zeit, S. 45.

27 Barbro Eberan, Luther? Friedrich «der Große»? Wagner? Nietzsche? …?
…? Wer war an Hitler schuld? Die Debatte um die Schuldfrage 1945–1949,
München 1983.

28 Bei der Feierstunde der Gesellschaft für Christlich-jüdische Zusammenarbeit im Dezember 1949 in Wiesbaden fragte Heuss: «Sind wir, bin ich, bist
du schuld, weil wir in Deutschland lebten, sind wir mitschuldig an diesem
teuflischen Verbrechen? Das hat vor vier Jahren die Menschen im Inland
und Ausland bewegt. Man hat von einer ‹Kollektivschuld› des deutschen
Volkes gesprochen. Das Wort Kollektivschuld und was dahinter steht, ist
aber eine simple Vereinfachung, es ist eine Umdrehung, nämlich der Art,
wie die Nazis es gewohnt waren, die Juden anzusehen: daß die Tatsache,
Jude zu sein, bereits das Schuldphänomen in sich eingeschlossen habe. Aber
etwas wie eine Kollektivscham ist aus dieser Zeit gewachsen und geblieben.
Das Schlimmste, was Hitler uns angetan hat – und er hat uns viel angetan –,
ist doch dies gewesen, daß er uns in die Scham gezwungen hat, mit ihm und
seinen Gesellen gemeinsam den Namen Deutsche zu tragen.» Bezeichnenderweise erwartete Heuss – trotz seines angehängten Bekenntnisses zu der
damals gängigen Selbststilisierung der Deutschen als Opfer Hitlers – als
Reaktion auf die Rede «anonyme Briefe und auch offene Briefe»; Theodor
Heuss. Politiker und Publizist. Aufsätze und Reden. Ausgewählt und einge-
leitet von Martin Vogt, Tübingen 1984, S. 382 f.

29 Ähnlich schon Foschepoth, Zur deutschen Reaktion auf Niederlage und
Besatzung, S. 154.

Auschwitz und die Deutschen

1 Marianne B., Bericht über die Dienstzeit als Gymnasiallehrerin in Auschwitz (1.9.1943–21.1.1945), Deutsches Tagebucharchiv Emmendingen, Reg. Nr. 463; ich danke Frau Dr. Sybille Steinbacher für den Hinweis auf diese Erinnerungen und für die großzügige Erlaubnis, sie hier vorzustellen.

2 Marianne B., Bericht, S. 8 f.; Hervorhebung im Original.

3 Ebenda, S. 10; die Autorin vermischt hier offensichtlich Selbsterlebtes mit später Angelesenem, denn «Selektionen» fanden am Bahnhof von Auschwitz nicht statt. Allerdings ist es denkbar, daß die Schulkinder das Vorgehen der SS gegenüber den Menschen in einen ankommenden Transport beobachtet hatten.

4 Ebenda, S. 29.

5 Ebenda, S. 46 f.

6 Ebenda, S. 47.

7 Ebenda, S. 16.

8 Dieser und die drei folgenden Abschnitte nach: Norbert Frei, Sybille Steinbacher, Auschwitz. Die Stadt, das Lager und die Wahrnehmung der Deutschen, in: Klaus-Dietmar Henke (Hrsg.), Auschwitz. Sechs Essays zu Geschehen und Vergegenwärtigung, Dresden 2001, S. 37–51; ausführlicher und mit Einzelbelegen: Sybille Steinbacher, «Musterstadt» Auschwitz. Germanisierungspolitik und Judenmord in Ostoberschlesien, München 2000; vgl. jetzt auch dies., Auschwitz. Geschichte und Nachgeschichte. München 2004.

9 Ein besonders signifikantes Beispiel dafür ist die Erfurter Fachfirma für Krematoriumsbauten Topf und Söhne, deren intensive Zusammenarbeit mit der SS zunächst in Buchenwald, dann vor allem in Auschwitz gegenwärtig im Rahmen eines Forschungs- und Ausstellungsprojekts der Stiftung Gedenkstätten Buchenwald und Mittelbau-Dora untersucht wird.

10 Zur Geschäftspolitik der Deutschen Bank in den besetzten Ostgebieten und zur Rolle ihres Vorstandsmitglieds Abs vgl. Harold James, Die Deutsche Bank und die «Arisierung», München 2001; jetzt auch Lothar Gall, Hermann Josef Abs. Eine Biographie, München 2004.

11 Bernd C. Wagner, IG Auschwitz. Zwangsarbeit und Vernichtung von Häftlingen des Lagers Monowitz 1941–1945, München 2000.

12 Vgl. als Zusammenfassung der diesbezüglichen Forschungsdiskussion den Besprechungsessay von Peter Hayes, Auschwitz, Capital of the Holocaust, in: Holocaust and Genocide Studies 17 (2003), S. 330–350.

13 SS-Sturmbannführer Rolf-Heinz Höppner an Adolf Eichmann, 16.7.1941, zit. nach Eugen Kogon u.a. (Hrsg.), Nationalsozialistische Massentötungen durch Giftgas, Frankfurt am Main 1983, S. 110 f.

14 Einzelheiten bei Kogon, Massentötungen, S. 111–145; Mathias Beer, Die Entwicklung der Gaswagen beim Mord an den Juden, in: VfZ 35 (1987), S. 403–417.

15 Vgl. Franciszek Piper, Die Zahl der Opfer von Auschwitz, Oświęcim 1993.

16 Ich verweise an dieser Stelle summarisch auf Yisrael Gutman, Michael Berenbaum (Hrsg.), Anatomy of the Auschwitz Death Camp, Bloomington 1994; Wacław Długoborski, Franciszek Piper (Hrsg.), Auschwitz 1940–1945. Central Issues in the History of the Camp. 5 Bände, Oświęcim 2000 (polnische Ausgabe bereits 1995, deutsche Ausgabe 1999); Debórah Dwork, Robert Jan van Pelt, Auschwitz, 1270 to the Present, New York 1996; vgl. außerdem die Reihe «Darstellungen und Quellen zur Geschichte von Auschwitz», die neben den Monographien von Sybille Steinbacher und Bernd C. Wagner (vgl. Anm. 8 und 12) die beiden folgenden Bände umfaßt: Norbert Frei, Thomas Grotum, Jan Parcer, Sybille Steinbacher, Bernd C. Wagner (Hrsg.), Standort- und Kommandanturbefehle des Konzentrationslagers Auschwitz 1940–1945; Norbert Frei, Sybille Steinbacher, Bernd C. Wagner (Hrsg.), Ausbeutung, Vernichtung, Öffentlichkeit. Neue Studien zur nationalsozialistischen Lagerpolitik, jeweils München 2000.

17 Standortbefehl Nr. 25/43 vom 1[2]. 7. 1943, in: Frei u. a. (Hrsg.), Standort- und Kommandanturbefehle, S. 306.

18 Dies geht aus den Standort- und Kommandanturbefehlen hervor, die dem Lagerkommandanten als Kommunikationsinstrument gegenüber den Wachmannschaften dienten und vielfältige Aufschlüsse über den Alltag der SS in Auschwitz geben.

19 Standortbefehl Nr. 17/44 vom 9. 6. 1944, in: Frei u. a. (Hrsg.), Standort- und Kommandanturbefehle, S. 454.

20 Vgl. Bernd Wagner: Gerüchte, Wissen, Verdrängung: Die IG Auschwitz und das Vernichtungslager Birkenau, in: Frei, Steinbacher, Wagner (Hrsg.), Ausbeutung, S. 231–248.

21 Zit. nach Walter Manoschek (Hrsg.), «Es gibt nur eines für das Judentum: Vernichtung.» Das Judenbild in deutschen Soldatenbriefen 1939–1944, Hamburg 1995, S. 63.

22 Vgl. den Leserbrief von Professor Dr. Hans-Martin Stimpel (Göttingen) in der Frankfurter Allgemeinen Zeitung vom 3. 2. 2004, S. 7; interessanterweise gibt der Autor diese Informationen als Bericht eines jüngeren Mitschülers wieder, obgleich die Detailliertheit der weiteren Schilderung seine Anwesenheit nahelegen.

23 Victor Klemperer, Ich will Zeugnis ablegen bis zum letzten. Tagebücher 1942–1945, Berlin 1995, S. 47.

24 Ebenda, Eintrag vom 17. 10. 1942, S. 259.

25 Vgl. dazu die Erinnerungen des Historikers Reinhart Koselleck: Vielerlei Abschied vom Krieg, in: Brigitte Sauzay, Heinz Ludwig Arnold, Rudolf von Thadden (Hrsg.), Vom Vergessen und Gedenken. Erinnerungen und Erwartungen in Europa zum 8. Mai 1945, Göttingen 1995, S. 19–25.

26 Vgl. Piper, Zahl.

27 Ruth Klüger, weiter leben. Eine Jugend, Göttingen 1992; Anita Lasker-

Wallfisch, Ihr sollt die Wahrheit erben. Breslau – Auschwitz – Bergen-Belsen, Bonn 1997.

28 Primo Levi, Ist das ein Mensch? Erinnerungen an Auschwitz, Frankfurt am Main 1961.

29 Elie Wiesel, Die Nacht zu begraben, Elischa. Nacht – Morgengrauen – Tag, München 1961.

30 Ella Lingens, Eine Frau im Konzentrationslager, Wien 1966.

31 Vgl. Hermann Langbein, Menschen in Auschwitz, München [4]1999 (zuerst Wien 1972).

32 Vgl. dazu den Katalog zur Ausstellung des Fritz Bauer Instituts: Irmtrud Wojak (Hrsg.), Auschwitz-Prozeß 4 Ks 2/63, Frankfurt am Main/Köln 2004.

33 Hans Buchheim, Martin Broszat, Hans-Adolf Jacobsen, Helmut Krausnick, Anatomie des SS-Staates. Olten/Freiburg 1965, Taschenbuchausgabe München [7]1999. Zur gutachterlichen Vorbereitung des Prozesses mein Aufsatz: Der Frankfurter Auschwitz-Prozeß und die deutsche Zeitgeschichtsforschung, in: Jahrbuch des Fritz Bauer Instituts (Hrsg.), Auschwitz. Geschichte, Rezeption und Wirkung, Frankfurt am Main/New York 1996, S. 123–138.

34 Vgl. Jahrbuch des Fritz Bauer Instituts (Hrsg.), «Gerichtstag halten über uns selbst ...». Geschichte und Wirkung des ersten Frankfurter Auschwitz-Prozesses. Frankfurt am Main/New York 2001.

35 Vgl. dazu die eingehende Untersuchung von Christoph Weiß, Auschwitz in der geteilten Welt. Peter Weiss und die «Ermittlung» im Kalten Krieg, Sankt Ingbert 2000.

36 Der vom Institut für Zeitgeschichte herausgegebene schmale Band: Studien zur Geschichte der Konzentrationslager, München 1970, blieb für viele Jahre der letzte empirische Forschungsbeitrag; als Zusammenfassung des Forschungsstands bis Mitte der neunziger Jahre vgl. Ulrich Herbert, Karin Orth, Christoph Dieckmann (Hrsg.), Die nationalsozialistischen Konzentrationslager. Entwicklung und Struktur. 2 Bände, Göttingen 1998.

37 Wilhelm Stäglich, Der Auschwitz-Mythos. Legende oder Wirklichkeit? Eine kritische Bestandsaufnahme. Tübingen 1979; das Buch wurde von der Bundesprüfstelle für jugendgefährdendes Schrifttum indiziert.

38 Ich beziehe mich hier auf eigene Erfahrungen bei der Vorbereitung eines Rundfunk-Features, das der Deutschlandfunk am 10.1.1979 unter dem Titel sendete: Die Dolmetscher der Unmenschen. Die Massenvernichtung im Spiegel rechtsradikaler Publizistik.

39 Hans Safrian, Die Eichmann-Männer, Wien 1993.

Abkürzungen

AHR	American Historical Review
AfS	Archiv für Sozialgeschichte
BA	Bundesarchiv
BdV	Bund der Vertriebenen
BGH	Bundesgerichtshof
DNVP	Deutschnationale Volkspartei
DP	Deutsche Partei
Gestapo	Geheime Staatspolizei
GG	Geschichte und Gesellschaft
GWU	Geschichte in Wissenschaft und Unterricht
IfZ	Institut für Zeitgeschichte
IMT	Internationales Militärtribunal
KL, KZ	Konzentrationslager
KPD	Kommunistische Partei Deutschlands
NPL	Neue Politische Literatur
NS	Nationalsozialismus, nationalsozialistisch
NSDAP	Nationalsozialistische Deutsche Arbeiterpartei
Pg.	Parteigenosse
SBZ	Sowjetische Besatzungszone
SD	Sicherheitsdienst (der SS)
Sopade	Sozialdemokratische Partei Deutschlands (im Exil)
SRP	Sozialistische Reichspartei
SS	Schutz-Staffel
UdSSR	Union der Sozialistischen Sowjetrepubliken
VfZ	Vierteljahrshefte für Zeitgeschichte
ZfG	Zeitschrift für Geschichtswissenschaft

Textnachweise

1945 und wir. Originalbeitrag (Auszüge in: Die Zeit vom 21. 10. 2004, S. 3).

Deutsche Lernprozesse. Erstdruck in: H. Uhl (Hrsg.), Zivilisationsbruch und Gedächtniskultur. Das 20. Jahrhundert in der Erinnerung des beginnenden 21. Jahrhunderts, Wien 2003, S. 87–102.

Abschied von der Zeitgenossenschaft. Erstdruck unter dem Titel: Farewell to the Era of Contemporaries. National Socialism and Its Historical Examination en Route into History, in: History & Memory 9 (1997), S. 59–79. Deutsche Fassung: Abschied von der Zeitgenossenschaft. Der Nationalsozialismus und seine Erforschung auf dem Weg in die Geschichte, in: WerkstattGeschichte 7 (1998) 20, S. 69–83.

Die Rückkehr des Rechts. Erstdruck in: A. Bauerkämper, M. Sabrow, B. Stöver (Hrsg.), Doppelte Zeitgeschichte. Deutsch-deutsche Beziehungen 1945–1990. Festschrift für Christoph Kleßmann, Bonn 1998, S. 417–431.

Epochenjahr 1933. Erstdruck unter dem Titel: Ein Datum, das verblaßt. Die Zäsur des 30. Januar 1933 entschwindet dem Gedächtnis der Deutschen, in: M. Okroy, U. Schrader (Hrsg.), Der 30. Januar 1933 – Ein Datum und seine Folgen. Aktuelle Forschungen zum Nationalsozialismus in Wuppertal. Wuppertal 2004, S. 7–15.

Mythos Stalingrad. Erstdruck unter dem Titel: Stalingrad im Gedächtnis der (West-)Deutschen, in: P. Jahn (Hrsg.), Stalingrad erinnern: Stalingrad im deutschen und im russischen Gedächtnis. Begleitbuch zur Ausstellung im Deutsch-Russischen Museum Berlin-Karlshorst, Berlin 2003, S. 8–15.

«Volksgemeinschaft». Erstdruck in: M. Zimmermann (Hrsg.): Das Dritte Reich. Eine historische Bilanz. Jerusalem 1999, S. 66–82 (in Hebräisch).

Erinnerungskampf. Erstdruck in: C. Jansen, L. Niethammer, B. Weisbrod (Hrsg.), Von der Aufgabe der Freiheit. Politische Verantwortung und bürgerliche Gesellschaft im 19. und 20. Jahrhundert. Festschrift für Hans Mommsen. Berlin 1995, S. 493–504.

Von deutscher Erfindungskraft. Erstdruck in: Rechtshistorisches Journal 16 (1997), S. 621–634.

Auschwitz und die Deutschen. Originalbeitrag.

(Die bereits an anderer Stelle erschienenen Texte wurden für den Neudruck durchgesehen und in den Anmerkungen aktualisiert.)

Personenregister